О.Н. Коротк

И.В. Одинцова

Загадай желание

*Пособие по развитию речи
для изучающих русский язык
как иностранный*

3-е издание, исправленное

Санкт-Петербург

«Златоуст»
2013

УДК 811.161.1

Короткова, О.Н., Одинцова, И.В.
  Загадай желание : пособие по развитию речи для изучающих русский язык как иностранный. — 3-е изд., испр. — СПб. : Златоуст, 2013. — 224 с.

Korotkova, O.N., Odintsova, I.V.
  Make a wish : a manual on speech development for foreign students of Russian. — 3rd ed., revised. — St. Petersburg : Zlatoust, 2013. — 224 p.

Рецензенты:
ст. преп. *А.Ф. Егорова,*
к. ф. н., ст. преп. *А.Г. Лилеева,*
к. ф. н., проф. *И.А. Пугачёв,*
к. ф. н., доц. *О.В. Чагина*

Корректоры: *О.М. Макарова, Н.А. Мирзоева*
Компьютерная вёрстка: *А.Н. Бугай*
Художник: *М. Гуров*

Цель пособия — активизация навыков русской устной разговорной речи, совершенствование коммуникативной и культурологической компетенций учащихся на первом сертификационном уровне (В1). Пособие состоит из четырёх глав, объединённых сквозным сюжетом. В каждой главе представлены полилоги, тексты монологического характера, различные виды заданий. Упражнения учебных разделов снабжены ключами. Активный лексико-грамматический материал каждой главы проверяется в заданиях специального параграфа, который помещён в конце книги.

ISBN 978-5-86547-524-8

Подписано в печать 21.12.12. Формат 60x90/8. Печать офсетная. Печ. л. 28. Тираж 1000 экз. Заказ № 1212172.
Код продукции: ОК 005-93-953005.

Санитарно-эпидемиологическое заключение на продукцию издательства Государственной СЭС РФ № 78.01.07.953.П.011312.06.10 от 30.06.2010 г.

Издательство «Златоуст»: 197101, С.-Петербург, Каменноостровский пр., д. 24, оф. 24.
Тел.: (+7-812) 346-06-68, факс: (+7-812) 703-11-79; e-mail: sales@zlat.spb.ru; http://www.zlat.spb.ru.

Отпечатано в типографии ООО «Лесник-Принт».
192007, г. Санкт-Петербург, Лиговский пр., д. 201, лит. А, пом. 3Н.

Оглавление

Предисловие

Данная книга представляет собой практическое пособие по развитию речи для иностранцев, изучающих русский язык. Книга адресуется учащимся продвинутого этапа обучения. Пособие может использоваться при подготовке к сдаче экзамена на сертификат первого уровня (B1) Государственного стандарта РФ по русскому языку как иностранному.

Цель пособия — активизация навыков устной речи, совершенствование коммуникативной и культурологической компетенции учащихся.

В основу пособия легли тексты, отражающие особенности устной разговорной речи. На продвинутом этапе обучения у иностранных учащихся уже сформированы основные речевые навыки. Вместе с тем, погружаясь в разговорную речевую среду, они испытывают большие трудности. Поэтому одной из главных задач этого этапа является развитие навыков понимания и продуцирования речевых произведений, характерных для разговорной речи.

Коммуникативная направленность данного пособия проявляется в организации материала — учебных текстов и заданий. Все тексты связаны единым сюжетом. Задания к этим текстам, дополняя и развивая сюжетные линии, предполагают активное участие иностранных учащихся в прогнозировании судеб героев, в моделировании их поведения в разных жизненных ситуациях и т. д. Задания организованы таким образом, что они дают возможность не только овладеть определенным языковым и речевым материалом, но и активно использовать его в речи.

Присутствие в каждой главе разделов, посвящённых речевому этикету, позволяет расширить представление иностранцев о культуре поведения русских в разных ситуациях общения; углубить их знания о традициях, обычаях, характерных для носителей русского языка.

Пособие состоит из четырёх глав:
1. Что в имени тебе моём...
2. Дела школьные
3. Деловая женщина
4. Раз в крещенский вечерок...

Каждая глава состоит из трех разделов: «Делу — время», «Познакомимся поближе», «Почитаем на досуге».

Учебный материал первого раздела представлен полилогом, текстом монологического характера и различными заданиями. Все тексты этого раздела созданы специально для данного пособия с учётом особенностей русской разговорной речи. В них используются экспрессивная лексика, разговорные клише, синтаксические конструкции, характерные для устной речи, и т. д. Упражнения этого раздела направлены на развитие навыков глобального и фрагментарного понимания текстов, активизацию лексико-грамматического материала, синтаксических конструкций, речевых моделей, необходимых для адекватного понимания текстов и спонтанного выхода в речь на определённую тему. Заключает первый раздел словарь активной лексики. Упражнения этого раздела снабжены ключами, которые помещены в конце книги. Учебные тексты первого раздела — полилог и монолог — записаны в аудиоприложении.

Главная цель второго раздела «Познакомимся поближе» — сформировать навыки речевого поведения учащихся в разных ситуациях общения. В этом разделе учащимся предлагаются задания, связанные с речевым этикетом, с языком жестов, а также задания, позволяющие сравнить речевое поведение носителей русского языка и представителей других национальностей.

Третий раздел «Почитаем на досуге» включает в себя тексты для ознакомительного чтения. Это статьи из российских книг, газет и журналов, предлагаемые в сокращённом виде. В данном разделе представлено большое количество текстов, различных по объёму и степени сложности. Это позволяет преподавателю использовать тексты выборочно в зависимости от уровня и интересов группы. Каждый текст содержит предтекстовые задания, цель которых заинтересовать учащихся чтением. Послетекстовые задания имеют, как правило, проблемный характер. Они позволяют учащимся творчески интерпретировать полученную информацию, а преподавателям — организовать обсуждение, дискуссию.

В конце книги содержится параграф «Проверьте себя!», где помещены проверочные работы к каждой главе. Эти работы содержат шесть заданий. В первых трёх делается акцент на проверке лексико-грамматического материала, в трёх следующих — на проверке активного словаря.

Во втором и третьем разделах использовались материалы из периодической печати, а также отрывки из книг: *Горбаневский М.В.* Иван да Марья: Рассказы о русских именах, отчествах, фамилиях, прозвищах, псевдонимах. М., 1987; *Комарова Р.А.* Мне дали имя при крещении — Анна // Русская речь. 1994. № 2; *Комарова Р.А.* Никола Чудотворец Богом силён // Русская речь. 1995. № 3; *Кобзева В.В.* Этикет в ответах и вопросах. М., 2000; Этикет на все случаи жизни. М., 1999.

Главы первая и четвёртая написаны *О.Н. Коротковой*, главы вторая и третья — *И.В. Одинцовой*.

Авторы выражают глубокую благодарность рецензентам: доценту кафедры русского языка для иностранных учащихся филологического факультета МГУ *О.В. Чагиной*, старшему преподавателю кафедры русского языка для иностранных учащихся филологического факультета МГУ *А.Г. Лилеевой*, старшему преподавателю кафедры русского языка для иностранных учащихся естественных факультетов МГУ *А.Ф. Егоровой*, а также профессору кафедры русского языка для иностранных учащихся РУДН *И.А. Пугачёву* за ряд ценных замечаний.

Действующие лица

Джон Смит (Д.С.) — американский журналист, 28 лет, не женат.

Николай Чернышов (Н.Ч.) — ведущий популярной телепередачи, 31 год, женат.

Елена Чернышова (Е.Ч.) — жена Николая, модельер, директор Дома моды, 30 лет.

Саша Чернышов (С.Ч.) — сын Николая и Елены, 5 лет.

Анна Кузнецова (А.К.) — сестра Елены, студентка психологического факультета МГУ, 20 лет, не замужем.

Иван Петрович Кузнецов (И.П.) — отец Елены и Анны, филолог, профессор МГУ, 58 лет.

Татьяна Васильевна Истомина (Т.В.) — жена Ивана Петровича, мать Елены и Анны, художница, 56 лет.

Что в и́мени тебе́ моём...

Де́лу — вре́мя

 Вот э́то встре́ча! 🎧

Америка́нский журнали́ст Джон Смит прие́хал в Москву́, что́бы собра́ть материа́л для свое́й но́вой кни́ги «Росси́я глаза́ми америка́нца». Никола́й Чернышо́в, да́вний знако́мый Джо́на, пригласи́л его́ к себе́ в го́сти на семе́йный у́жин. Обы́чно по суббо́там в до́ме у Никола́я и его́ жены́ Ле́ны собира́ется вся семья́: прихо́дят роди́тели Ле́ны Ива́н Петро́вич и Татья́на Васи́льевна, прихо́дит и сестра́ Ле́ны А́нна (роди́тели Никола́я живу́т в Петербу́рге).

В суббо́ту в кварти́ре Чернышо́вых. Разда́ётся звоно́к. Никола́й открыва́ет дверь.

Н.Ч. — Джон, здра́вствуй! Рад тебя́ ви́деть! Добро́ пожа́ловать!

Д.С. — Приве́т, Никола́й!

Джон и Никола́й пожима́ют друг дру́гу ру́ки.

Е.Ч. — До́брый ве́чер, Джон. Ско́лько лет, ско́лько зим! Ка́жется, мы не ви́делись це́лую ве́чность!

Джон целу́ет Ле́ну в щёку и вруча́ет ей краси́вый буке́т цвето́в.

Д.С. — Здра́вствуй, Ле́ночка! Мы действи́тельно до́лго не ви́делись, почти́ шесть лет. А ты всё така́я же краса́вица! Нет, я не прав. Ты ста́ла ещё краси́вее.

Е.Ч. — Джон, ты совсéм не измени́лся. Всё тако́й же ма́стер говори́ть комплимéнты.

Н.Ч. — *(Смеётся.)* На э́тот раз он сказа́л чи́стую пра́вду. Я действи́тельно жена́т на Елéне Прекра́сной. *(Обраща́ясь к Джо́ну.)* Лéночка у нас как луч со́лнца. Ведь неда́ром Елéна в перево́де с грéческого означа́ет «со́лнечная», «свéтлая».

Е.Ч. — Джон, не удивля́йся. В на́шем до́ме все сейча́с говоря́т об имена́х. Дéло в том, что па́па рабо́тает над кни́гой о ру́сских имена́х, о́тчествах и фами́лиях. Впро́чем, об э́том он мо́жет рассказа́ть тебé сам. Проходи́ в ко́мнату. Я познако́млю тебя́ со свои́ми роди́телями.

В ко́мнате.

Е.Ч. — Ма́ма, па́па, познако́мьтесь, пожа́луйста. Джон Смит, америка́нский журнали́ст, наш да́вний друг.

Д.С. — Здра́вствуйте.

Т.В. — До́брый вéчер. Татья́на Васи́льевна. Ра́да познако́миться с ва́ми, Джон. Я мно́го слы́шала о вас от Ко́ли и Лéны. *(Протя́гивает Джо́ну ру́ку.)*

Д.С. — *(Пожима́ет ру́ку Татья́не Васи́льевне.)* Я то́же о́чень рад.

И.П. — А меня́ зову́т Ива́н Петро́вич. Я па́па хозя́йки до́ма, тесть хозя́ина *(в э́тот момéнт в ко́мнату вбега́ет пятилéтний ма́ль-*

чик) и дéдушка э́того молодо́го человéка. Кста́ти, вы не знако́мы? *(Улыба́ясь, смо́трит на вну́ка, хотя́ стара́ется каза́ться серьёзным.)* В тако́м слу́чае разреши́те вам предста́вить Чернышо́ва-мла́дшего. Прошу́ люби́ть и жа́ловать.

Н.Ч. — Э́то наш сын, Са́ша.

Д.С. — *(Протя́гивает Са́ше ру́ку.)* О́чень прия́тно. Джон.

С.Ч. — Прости́те, а како́е у вас о́тчество?

Д.С. — О́тчество?

С.Ч. — Дава́йте я угада́ю сам. Скажи́те, как зову́т ва́шего па́пу?

Д.С. — Билл.

С.Ч. — Джон Би́ллович. Звучи́т о́чень стра́нно. Пра́вда, дéдушка?

И.П. — Са́шенька, о́тчества есть то́лько у ру́сских, а Джон — америка́нец.

С.Ч. — *(Обраща́ясь к Джо́ну.)* Как же мне вас называ́ть? Ба́бушка говори́т, что дéти должны́ обраща́ться ко взро́слым по и́мени и о́тчеству.

Д.С. — Дава́й сдéлаем исключéние. Зови́ меня́ про́сто Джон.

С.Ч. — А вы называ́йте меня́ Са́ша и́ли Шу́ра, как вам бо́льше нра́вится. То́лько, пожа́луйста, не зови́те меня́ Шу́рик и́ли Са́шенька. Ведь я не ма́ленький. Мне ско́ро бу́дет шесть лет.

Д.С. — Договори́лись. А ты зна́ешь, Са́ша, я люблю́, когда́ ма́ма называ́ет меня́ Джо́нни. Мне ка́жется, что я ещё ма́ленький и у меня́ всё впереди́.

Т.В. — Такова́ жизнь! Взро́слым хо-
те́лось бы верну́ться в де́тство,
а ма́леньким — скоре́е вы́расти.

Раздаётся звоно́к в дверь.

Н.Ч. — А вот и А́ня.

Никола́й идёт открыва́ть дверь.

Т.В. — Наконе́ц-то пришла́ Аню́та.
Е.Ч. — А́ннушка, как обы́чно, заде́р-
живается.
И.П. — Ах, А́ся, А́ся! Всегда́ застав-
ля́ет себя́ ждать.
С.Ч. — Ура́! Ню́ся пришла́!

Са́ша бежи́т в прихо́жую.

Н.Ч. — Ну, наконе́ц-то. Мы тебя́ за-
жда́ли́сь!
Т.В. — Уже́ да́же на́чали волнова́ть-
ся — тебя́ всё нет и нет.
А.К. — Я была́ на о́чень интере́сной
ле́кции.
Н.Ч. — О ле́кции расска́жешь пото́м.
Проходи́, у нас го́сти. *(Обра-
ща́ясь к Джо́ну.)* А вот и на́ша
А́нна.

*В ко́мнату вошла́ о́чень краси́вая де́вуш-
ка. Взгляну́в на неё, Джон почу́вство-
вал не́которое волне́ние. Он соверше́нно
растеря́лся.*

Д.С. — Разреши́те предста́виться.
Джон Смит, журнали́ст.
А.К. — О́чень прия́тно. *(Протя́гива-
ет Джо́ну ру́ку. Джон целу́ет
А́нне ру́ку.)* А́нна, студе́нтка
психологи́ческого факульте́та

МГУ. Джон, Ко́ля говори́л, что
вы пи́шете кни́гу о Росси́и. Как
она́ называ́ется, е́сли э́то не
секре́т?
Д.С. — Что вы! Како́й секре́т! Я ду́маю
назва́ть её так: «Росси́я глаза́-
ми америка́нца».
А.К. — Ну что ж, бу́дет интере́сно
взгляну́ть на свою́ страну́ ва́ши-
ми глаза́ми.
Д.С. — А́нна, у вас о́чень поэти́чное
и́мя.
А.К. — Вы, наве́рное, вспо́мнили А́нну
Керн, кото́рой Пу́шкин посвя-
ти́л своё знамени́тое стихотво-
ре́ние?
Н.Ч. — И́ли герои́ню рома́на Тол-
сто́го — А́нну Каре́нину?
Д.С. — Вы не угада́ли. Я поду́мал сей-
ча́с о друго́й А́нне — до́чери
Яросла́ва Му́дрого.
И.П. — А! О той са́мой, кото́рая ста́ла
короле́вой Фра́нции? Говоря́т,
когда́ францу́зский коро́ль Ге́н-
рих I уви́дел А́нну, он был поражён её красото́й и умо́м.
Д.С. — *(Смо́трит на А́нну.)* Ви́димо,
все А́нны сла́вятся свое́й кра-
сото́й. Кста́ти, а что означа́ет
ва́ше и́мя?
А.К. — В перево́де с древнеевре́йско-
го оно́ означа́ет «благода́ть».
Д.С. — Встре́тить таку́ю де́вушку, как
вы, — э́то действи́тельно бла́го.
А́нна, а где ва́ши подру́ги?
А.К. — Мои́ подру́ги?! Каки́е?
Д.С. — Аню́та, Ню́ся, А́ся...
Т.В. — *(Улыба́ется.)* Джон, так мы на-
зыва́ем на́шу А́нну.
С.Ч. — И не то́лько так. А ещё А́нну-
шка, А́нечка, Ню́ша.

И.П. — И э́то далеко́ не всё. Наско́лько я зна́ю, и́мя А́нна име́ет бо́лее двадцати́ вариа́нтов.

Д.С. — *(Расте́рянно.)* Бо́лее двадцати́?! А́нна, а как же я вас до́лжен называ́ть?

А.К. — Друзья́ называ́ют меня́ А́ней. И, е́сли вы не про́тив, дава́йте перейдём на «ты». Я наде́юсь, что мы с ва́ми подру́жимся. А ведь друзья́ в Росси́и говоря́т друг дру́гу «ты».

Д.С. — С удово́льствием принима́ю ва́ше предложе́ние.

Е.Ч. — Я предлага́ю продо́лжить на́шу бесе́ду за у́жином. Пиро́г уже́ гото́в. Прошу́ всех к столу́.

---

1 Са́шу Чернышо́ва все называ́ют «почему́чкой». Де́ло в том, что он о́чень лю́бит задава́ть вопро́сы, и все они́ начина́ются со сло́ва «почему́». Ох уж э́ти де́тские вопро́сы! Попро́буйте отве́тить на них. Е́сли возни́кнут тру́дности, прочита́йте ещё раз полило́г.

1. Почему́ в до́ме у Чернышо́вых все говоря́т то́лько об имена́х?
2. Почему́ Никола́й называ́ет свою́ жену́ Еле́ной Прекра́сной?
3. Почему́ Са́ше не нра́вится, когда́ его́ называ́ют Са́шенькой?
4. Почему́ Джо́ну нра́вится, когда́ ма́ма называ́ет его́ Джо́нни?
5. Почему́ у Джо́на нет о́тчества?
6. Почему́ Джон поду́мал, что А́ня пришла́ с подру́гами?
7. Почему́ Джон не зна́ет, как называ́ть А́нну?

---

2 Джон постоя́нно соверше́нствует свой ру́сский. Помоги́те ему́ найти́ слова́ и выраже́ния, бли́зкие по значе́нию.

А

1. __*2*__ неда́ром
2. _____ зажда́ться (А́нну)
3. _____ тесть
4. _____ уга́дывать/угада́ть (жела́ние)
5. _____ подружи́ться (с А́нной)
6. _____ вруча́ть/вручи́ть (цветы́ А́нне)
7. _____ взгляну́ть (на А́нну)
8. _____ растеря́ться
9. _____ сла́виться (свое́й красото́й)

1) о́чень до́лго ждать (А́нну)
2) не зря, не без причи́ны
3) догада́ться; сказа́ть пра́вильно
4) оте́ц жены́
5) посмотре́ть (на А́нну)
6) стать друзья́ми
7) дава́ть/дать (цветы́ А́нне)
8) быть изве́стным (свое́й красото́й)
9) не знать, что де́лать, как поступи́ть

Б

10. _____ чи́стая пра́вда		1) А́нна всё не идёт	
11. _____ обраща́ться/обрати́ться по и́мени и о́тчеству		2) челове́к, кото́рый уме́ет чт́о-то де́лать о́чень хорошо́	
12. _____ де́лать/сде́лать исключе́ние		3) како́й ви́дит Росси́ю америка́нец	
13. _____ А́нны всё нет и нет		4) абсолю́тно пра́вильно, ве́рно	
14. _____ Росси́я глаза́ми америка́нца		5) назва́ть и́мя и о́тчество челове́ка	
15. _____ заставля́ть себя́ ждать		6) отступи́ть от пра́вила	
16. _____ ма́стер чт́о-либо де́лать		7) опа́здывать	
17. _____ не ви́деться це́лую ве́чность		8) говори́ть друг дру́гу «ты», а не «вы»	
18. _____ переходи́ть/перейти́ на «ты»		9) о́чень до́лго не встреча́ться	
19. _____ да́вний знако́мый		10) так всегда́ быва́ет в жи́зни	
20. _____ у меня́ всё впереди́		11) ста́рый знако́мый	
21. _____ Такова́ жизнь!		12) у меня́ всё в бу́дущем	

3 В гостя́х у Ко́ли и Ле́ны Чернышо́вых Джон провёл незабыва́емый ве́чер. Почему́? Вы, наве́рное, догада́лись. Ведь там он познако́мился с А́нной. Впро́чем, у вас есть шанс вме́сте с Джо́ном вспо́мнить все дета́ли. Посмотри́те ещё раз полило́г и зада́ние 2. Подбери́те к вы́деленным слова́м слова́ и выраже́ния, бли́зкие по значе́нию.

Не́сколько дней наза́д я был в гостя́х у моего́ **да́внего дру́га** Ко́ли Чернышо́ва, с кото́рым я не ви́делся **о́чень давно́**. У него́ краса́вица-жена́. **Не зря** Никола́й называ́ет её Еле́ной Прекра́сной. Впро́чем, сестра́ Ле́ны А́нна то́же удиви́тельно краси́ва. Уви́дев её, я **не знал, что де́лать,** и предста́вился, по-мо́ему, сли́шком официа́льно. К сча́стью, А́нна предложи́ла **говори́ть друг дру́гу «ты»**. Так в Росси́и при́нято **называ́ть** бли́зких люде́й. «Я наде́юсь, мы с ва́ми **ста́нем друзья́ми**», — сказа́ла А́нна.

Все счита́ют, что я **уме́ю** говори́ть комплиме́нты. Но э́то, увы́, не так. Мне сле́довало сказа́ть А́нне, кака́я она́ краса́вица (и э́то бы́ло бы **абсолю́тно ве́рно**). Но я почему́-то промолча́л.

А сего́дня ещё ху́же. Мы собира́лись с А́нной и Никола́ем пое́хать на телеви́дение и договори́лись встре́титься у метро́. Я до́лго выбира́л цветы́ для А́нны и... опозда́л. «Ну, наконе́ц-то! Мы тебя́ **о́чень до́лго ждём**», — воскли́кнул Никола́й. «Ах, Джон, мы уже́ на́чали волнова́ться, почему́ **ты всё не идёшь,** — сказа́ла А́нна. — Что случи́лось?» Что я мог сказа́ть? **Так всегда́ быва́ет в жи́зни!** Хо́чешь сде́лать, как лу́чше, а получа́ется, увы́, наоборо́т.

4 Как мо́жно познако́миться с краси́вой де́вушкой? На э́тот вопро́с Никола́ю Черны́шо́ву прихо́дится отвеча́ть дово́льно ча́сто. Э́то поня́тно, ведь его́ жена́ Ле́на — настоя́щая краса́вица. У вас есть возмо́жность узна́ть, как познако́мились Ле́на и Никола́й, для э́того то́лько ну́жно подобра́ть необходи́мые слова́. Они́ даны́ внизу́ под звёздочкой (*).

Мы с Ле́ной _____*познакомились*_____ в теа́тре. Э́то случи́лось 10 лет наза́д. Да, да, уже́ 10 лет прошло́. _____ . Де́ло бы́ло так. Я до́лжен был пойти́ в теа́тр совсе́м с друго́й де́вушкой. Её _____ Ната́ша. Я ждал Ната́шу у вхо́да, но её _____ . Увы́, Ната́ша всегда́ _____ . «Но сего́дня она́ могла́ бы _____ и прийти́ во́время, — ду́мал я. — Ведь так тру́дно бы́ло доста́ть биле́ты на премье́ру». Вдруг я заме́тил де́вушку. Каза́лось, она́ то́же кого́-то ждёт.

Че́рез пять мину́т начина́лся спекта́кль. Ната́ши не́ было. Незнако́мая де́вушка стоя́ла о́чень гру́стная. Мне ста́ло жаль её. Я подошёл к ней и сказа́л: «Де́вушка, вы хоти́те пойти́ в теа́тр? Я _____».

Че́рез не́сколько мину́т мы уже́ бы́ли в теа́тре. Лу́чшего спекта́кля я не ви́дел никогда́ в жи́зни. Я не по́мню, как он _____ , я не смотре́л на сце́ну, я ви́дел то́лько де́вушку, кото́рая сиде́ла ря́дом.

«Прости́те, но мы ещё не _____», — сказа́л я в антра́кте и _____ . «Ну что ж, _____! Меня́ _____ Ле́на», — сказа́ла де́вушка и _____ ру́ку. Я _____ ру́ку, взгляну́л в её глаза́ и по́нял, что влюби́лся.

* Звать (2 ра́за); называ́ться; познако́миться; протяну́ть; пожа́ть; угада́ть; знако́м, -а, -ы; сде́лать исключе́ние; заставля́ть себя́ ждать; почу́вствовать не́которое волне́ние; всё не́ было и не́ было; Как бы́стро лети́т вре́мя!; Дава́йте познако́мимся!

⇨ А вы ве́рите в любо́вь с пе́рвого взгля́да?

5 Татья́на Васи́льевна — большо́й ма́стер составля́ть гороско́пы. А вы хоти́те попро́бовать предугада́ть свою́ судьбу́? Прочита́йте, что сего́дня предска́зывают звёзды Козеро́гам, и напиши́те, что ждёт Водоле́ев, Рыб и О́внов. (И́менно под э́тими зна́ками роди́лись А́нна, Джон, Никола́й и Ле́на.) Бу́дьте осо́бенно внима́тельны, ведь речь идёт о знако́мствах и возмо́жных встре́чах.

Козеро́ги:

ма́стер говори́ть комплиме́нты, заде́рживаться/задержа́ться, поэти́чное и́мя, принима́ть/приня́ть предложе́ние.

> *Может быть, вам сегодня придётся задержаться на работе. Не расстраивайтесь. У вас появится возможность познакомиться с интересным человеком. У него очень поэтичное имя. Он мастер говорить комплименты. Но это не всё. Он предложит вам то, о чём вы давно мечтали. Смело принимайте предложение. Вас ждёт удивительный вечер.*

Водоле́и:

чу́вствовать/почу́вствовать не́которое волне́ние, встреча́ть/встре́тить да́внего знако́мого (да́внюю знако́мую), не ви́деться це́лую ве́чность, смотре́ть на мир его́ (её) глаза́ми. Как бы́стро лети́т вре́мя! Такова́ жизнь!

Ры́бы:

заставля́ть/заста́вить себя́ ждать, де́лать/сде́лать исключе́ние, впро́чем, (у вас) всё впереди́, неда́ром, уга́дывать/угада́ть.

О́вны:

знако́миться/познако́миться, переходи́ть/перейти́ на «ты», подружи́ться, рассчи́тывать на бо́льшее, говори́ть/сказа́ть комплиме́нт, целова́ть/поцелова́ть.

---

6 Семе́йные свя́зи — вопро́с о́чень сло́жный. Помоги́те Джо́ну разобра́ться, кто есть кто. Табли́ца из кни́ги Ива́на Петро́вича помо́жет вам в э́том.

Жена́	Муж
Па́па жены́ — тесть. Ма́ма жены́ — тёща.	Па́па му́жа — свёкор. Ма́ма му́жа — свекро́вь.
Муж до́чери — зять.	Жена́ сы́на — неве́стка.

1. Ива́н Петро́вич — _____ *тесть Никола́я.* _____
2. Татья́на Васи́льевна — _____
3. Никола́й — _____
4. Серге́й Алекса́ндрович, па́па Никола́я — _____
5. Наде́жда Алексе́евна, ма́ма Никола́я — _____
6. Ле́на — _____

7 **Звать, называ́ть, называ́ться...** Каки́е похо́жие, но всё-таки ра́зные слова́. Попро́буйте разобра́ться в их значе́нии.

7.1. Джон понра́вился А́нне. Вот что она́ рассказа́ла о нём свое́й лу́чшей подру́ге. Чита́я расска́з А́нны, обрати́те внима́ние на употребле́ние глаго́лов **звать, называ́ть/назва́ть, называ́ться**.

Вчера́ я познако́милась с о́чень прия́тным челове́ком. Э́то америка́нский журнали́ст. Его́ *зову́т* Джон Смит. Джон сказа́л, что так его́ *назва́ли* в честь де́душки, и он э́тим о́чень горди́тся. Са́ша, коне́чно же, стал спра́шивать, како́е у него́ о́тчество. Но Джон разреши́л *звать* его́ про́сто по и́мени. Са́ша был о́чень рад, ведь он счита́ет себя́ взро́слым, а ма́ма стро́го следи́т, что́бы он *называ́л* всех по и́мени и о́тчеству.

Джон прие́хал в Москву́ на не́сколько ме́сяцев. Здесь он пи́шет кни́гу, кото́рая *бу́дет называ́ться* «Росси́я глаза́ми америка́нца». Джон о́чень мно́го зна́ет о на́шей стране́. *Назови́* любу́ю кни́гу — он её чита́л, *назови́* любо́й фильм — он его́ смотре́л. Мне ка́жется, что нет вопро́са, на кото́рый бы он не отве́тил. Недаро́м друзья́ *называ́ют* его́ в шу́тку «ходя́чей энциклопе́дией».

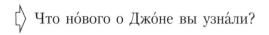 Что но́вого о Джо́не вы узна́ли?

7.2. Джон продолжа́ет соверше́нствовать свой ру́сский. Обрати́те внима́ние на табли́цу, кото́рую он соста́вил с по́мощью Ива́на Петро́вича (как хорошо́ име́ть знако́мого фило́лога, пра́вда?).

глаго́л	управле́ние	значе́ние	приме́ры
звать (НСВ)	кого́? как?	име́ть, носи́ть и́мя	Её зову́т А́нна. Её зва́ли А́нна (А́нной).
		обраща́ться по и́мени к кому́-ли́бо	[Её зову́т А́нна.] Но до́ма её зову́т по-ра́зному: А́ня (А́ней), Анюта (Анютой), А́ся (А́сей).
называ́ться (НСВ)	как?	име́ть, носи́ть назва́ние	Э́тот фильм называ́ется «А́нна Каре́нина». Э́тот го́род называ́ется Санкт-Петербу́рг.
		получи́ть характери́стику, определе́ние	Э́та шко́ла сейча́с называ́ется гимна́зией.
называ́ть/ назва́ть	кого́? что? как?	дать и́мя, про́звище, назва́ние	Ребёнка назва́ли Са́шей (Са́ша). До́ма Са́шу называ́ют «почему́чкой». Петербу́рг называ́ют Се́верной Вене́цией.
		обраща́ться по и́мени к кому́-либо	[Её зову́т А́нна.] Но до́ма её называ́ют по-ра́зному: А́ня (А́ней), Анюта (Анютой), А́ся (А́сей).
	что? кому́?	произноси́ть и́мя, назва́ние	Назови́те и́мя э́того челове́ка. Он назва́л нам все свои́ люби́мые фи́льмы.

7.3. Прове́рьте свою́ па́мять! Отве́тьте на вопро́сы, испо́льзуя глаго́лы **звать, называ́ть/назва́ть, называ́ться**.

1. Как зову́т жену́ Никола́я? Как Никола́й её называ́ет? Почему́ он так её называ́ет?

2. Как зову́т сестру́ Ле́ны? Как называ́ют А́нну её родны́е: па́па и ма́ма, сестра́, Никола́й, Са́ша? Как называ́ют А́нну её друзья́? Каки́е ещё вариа́нты и́мени А́нна вы зна́ете?

3. Как зовёт Джо́на ма́ма? Как Са́ша бу́дет называ́ть Джо́на?

4. Как ла́сково называ́ют Са́шу до́ма?
   Са́ше нра́вится, как его́ называ́ют родны́е?

5. Как называ́ется кни́га Джо́на?

6. Как называ́ется университе́т, в кото́ром у́чится А́нна?

7.4. Отве́тьте на вопро́сы, испо́льзуя глаго́лы **звать**, **называ́ть/назва́ть**, **называ́ться**.

Как вы ду́маете?

1. Како́й рома́н Л.Н. Толсто́го Джон лю́бит бо́льше всего́?

2. Джон зна́ет, како́е стихотворе́ние А.С. Пу́шкин посвяти́л А́нне Керн?

3. Никола́й по́мнит, како́й спекта́кль он смотре́л в день знако́мства с Ле́ной?

4. Са́ша зна́ет, как ну́жно обраща́ться ко взро́слым?

5. Джон знако́м с роди́телями Никола́я? Он зна́ет их имена́?

7.5. В свое́й кни́ге Джон хо́чет написа́ть о места́х, где он побыва́л, о лю́дях, с кото́рыми он познако́мился в Росси́и. Вот не́которые набро́ски из его́ записно́й кни́жки. Прочита́йте их, испо́льзуя глаго́лы **звать**, **называ́ть/назва́ть**, **называ́ться**.

1. В 1703 году́ на берегу́ Невы́ был постро́ен го́род. Э́тот го́род _____*назва́ли*_____ в честь свято́го Петра́ Санкт-Петербу́ргом. С тех пор прошло́ 300 лет. За э́ти го́ды го́род не́сколько раз меня́л своё назва́ние. Он _____ Петрогра́д, Ленингра́д. И вот сейча́с он опя́ть _____ Санкт-Петербу́рг. Петербу́ржцы о́чень лю́бят свой го́род. Они́ _____ его́ ла́сково «наш Пи́тер».

⇨ А как ещё называ́ют Петербу́рг?

2. Неда́вно я познако́мился с о́чень интере́сным челове́ком. Его́ _____ Ива́н Петро́вич Кузнецо́в. Ива́н Петро́вич — изве́стный фило́лог. Сейча́с он рабо́тает над кни́гой о ру́сских имена́х, о́тчествах и фами́лиях. Он ду́мает о том, как _____ свою́ кни́гу. У него́ есть не́сколько вариа́нтов. Он _____ мне три:

«Како́е вы́брать и́мя», «Как _____ ребёнка», «Как вас _____». Интере́сно, как он всё-таки _____ свою́ кни́гу.

⇨ А как бы вы назва́ли э́ту кни́гу?

7.6. Ка́ждый день Джон стара́ется найти́ отве́ты на интересу́ющие его́ вопро́сы. По-мо́ги́те ему́ пра́вильно записа́ть вопро́сы, употребля́я глаго́лы **звать, называ́ть/назва́ть, называ́ться** (где возмо́жно, да́йте вариа́нты).

1. Како́й го́род Росси́и ___*называ́ют*___ Се́верной Вене́цией?
2. Почему́ в наро́дной поэ́зии со́лнце _____ кра́сным, де́вушку _____ кра́сной? Почему́ гла́вная пло́щадь Москвы́ то́же Кра́сная?
3. Как _____ де́вушку, е́сли роди́тели _____ её Ми́ла, а друзья́ _____ Лю́ся?
4. Как _____ стихотворе́ние Пу́шкина, кото́рое поэ́т посвяти́л А́нне Керн.
5. Как _____ специа́льная лингвисти́ческая дисципли́на, объе́ктом изуче́ния кото́рой явля́ются со́бственные имена́ люде́й?

⇨ На каки́е из поста́вленных вопро́сов мо́жете отве́тить вы?

7.7. Татья́на Васи́льевна хо́чет, что́бы Са́ша был воспи́танным ма́льчиком. Прочита́йте сове́ты, кото́рые она́ даёт вну́ку. Сформули́руйте их по-друго́му, употребля́я глаго́лы **звать, называ́ть/назва́ть, называ́ться**.

1. Е́сли ты говори́шь со взро́слыми, обраща́йся к ним по и́мени и о́тчеству.
   Е́сли ты говори́шь со взро́слыми, называ́й их по и́мени и о́тчеству.

2. Е́сли ты не запо́мнил и́мя челове́ка, с кото́рым то́лько что познако́мился, спроси́ его́ ещё раз.

   _____

   _____

3. Е́сли ты хо́чешь познако́миться с де́вочкой, снача́ла предста́вься сам, а пото́м спроси́ её и́мя.

   _____

   _____

18

4. Е́сли ты хо́чешь поддержа́ть разгово́р с челове́ком, кото́рого ещё пло́хо зна́ешь, спроси́, каку́ю кни́гу он сейча́с чита́ет, каки́е переда́чи он лю́бит смотре́ть по телеви́зору.

_____

_____

5. Е́сли тебе́ не о́чень нра́вится и́мя, кото́рое тебе́ да́ли, не расстра́ивайся. Мо́жет быть, оно́ понра́вится тебе́ пото́м.

_____

_____

6. Е́сли тебе́ не о́чень нра́вится и́мя де́вочки, с кото́рой ты познако́мился, не волну́йся. Гла́вное, что́бы она́ нра́вилась тебе́ сама́.

_____

_____

⇨ А како́й сове́т могли́ бы вы дать Са́ше?

8 Вспо́мните, что де́лал Джон, когда́ пришёл в го́сти к свои́м друзья́м. Напиши́те об э́том, соста́вив предложе́ния из отде́льных слов.

1. Никола́й... пригласи́ть... Джон... семе́йный у́жин... —
   Никола́й пригласи́л Джо́на на семе́йный у́жин.

2. Суббо́ты... дом... Никола́й и Ле́на... собира́ться... вся семья́... —

_____

3. Суббо́та... кварти́ра... Чернышо́вы... разда́ться... звоно́к... —

_____

4. Э́то Джон... прийти́... го́сти... —

_____

5. Джон... поздоро́ваться... Никола́й и Ле́на —

_____

6. Джон... пожа́ть... рука́... Никола́й... —

_____

7. А Ле́на... Джон... поцелова́ть... щека́... —

_____

8. Он... вручи́ть... она́... буке́т... цветы́... —

_____

9. Ле́на... познако́мить... Джон... роди́тели... —

_____

9 В свои́х мы́слях Джон сно́ва и сно́ва возвраща́ется к тому́ незабыва́емому ве́черу, кото́рый он провёл у Ле́ны и Никола́я. Вспо́мните и вы не́которые дета́ли. Что́бы сде́лать э́то точне́е, замени́те прямую́ речь ко́свенной.

1. Д.С.: «Ле́ночка, ты всё така́я же краса́вица». —
   Джон сказал Лене, что она всё такая же красавица.

2. Е.Ч.: «Джон, ты совсе́м не измени́лся». —
   _____

3. Т.В.: «Джон, я мно́го слы́шала о вас от Ко́ли и Ле́ны». —
   _____

4. И.П.: «А́ня! Ты всегда́ заставля́ешь себя́ ждать!» —
   _____

5. А.К.: «Па́па, я была́ на о́чень интере́сной ле́кции». —
   _____

6. Т.В.: «Са́ша, ты до́лжен обраща́ться ко взро́слым то́лько по и́мени и о́тчеству». —
   _____
   _____

7. С.Ч.: «Ба́бушка, не называ́й меня́ Шу́риком». —
   Саша попросил бабушку, чтобы она не называла его Шуриком.

8. С.Ч.: «Ма́ма, не зови́ меня́ Са́шенькой». —
   _____

9. Е.Ч.: «Па́па, пожа́луйста, не заде́рживайся». —
   _____

10. И.П.: «А́ня, не заставля́й себя́ ждать». —
    _____

11. А.К.: «Джон, расскажи́те, пожа́луйста, о свое́й но́вой кни́ге». —
    _____

12. Н.Ч.: «Ле́ночка, принеси́, пожа́луйста, пиро́г». —
    _____

13. Е.Ч.: «Прошу́ всех к столу́». —
    Лена пригласила всех к столу.

14. Т.В.: «Прошу́ всех в гости́ную». —
    _____

15. Н.Ч.: «Джон, проходи́ в ко́мнату». —
    _____

16. И.П.: «Джон, приходи́те к нам в го́сти». —
    _____

17. Т.В.: «Джон, пойдёмте вы́пьем ча́ю». —

_____

18. А.К.: «Джон, дава́йте перейдём на «ты». —
   Анна предложила Джону перейти на «ты».

19. А.К.: «Джон, дава́йте поговори́м о кни́ге, кото́рую вы пи́шете». —

_____

20. Н.Ч.: «Ле́ночка, дава́й вспо́мним, как мы познако́мились». —

_____

21. Е.Ч.: «Дава́йте продо́лжим бесе́ду за у́жином». —

_____

22. Т.В.: «Дава́йте подождём А́ню». —

_____

10 Встре́чи, знако́мства, проща́ния... Как мно́го их бы́ло у Джо́на в Москве́! Изме-ни́в предложе́ния по образцу́, вы вспо́мните, с кем встре́тился и познако́мился Джон.

1. Н.Ч.: «Джон, здра́вствуй, рад тебя́ ви́деть». —
   Николай поздоровался с Джоном и сказал, что рад его видеть.

2. Е.Ч.: «Здра́вствуй, Джон. Мы не ви́делись це́лую ве́чность». —

_____

3. Т.В.: «До́брый ве́чер, Джон. Ра́да познако́миться с ва́ми». —

_____

4. Д.С.: «Здра́вствуйте, Ива́н Петро́вич. Я чита́л ва́ши кни́ги и давно́ мечта́л познако́миться с ва́ми». —

_____

5. Н.Ч.: «Ива́н Петро́вич, познако́мьтесь, пожа́луйста. Джон Смит, мой да́вний друг». —
   Николай познакомил Ивана Петровича с Джоном Смитом, сво-им давним другом.

6. Е.Ч.: «Ма́ма, познако́мься. Джон Смит, изве́стный америка́нский жур-нали́ст».—

7. И.П.: «Джон, познако́мьтесь, пожа́луйста, с мои́м вну́ком». —

8. Т.В.: «Джон, познако́мьтесь. Э́то А́ня, моя́ мла́дшая дочь». —

_____

9. Н.Ч.: «До свида́ния, Джон!» —
   Никола́й попроща́лся с Джо́ном.

10. Д.С.: «Са́ша, пока́!» —
    _____

11. Д.С.: «Всего́ до́брого, Татья́на Васи́льевна!» —
    _____

12. Д.С.: «До ско́рой встре́чи, Ива́н Петро́вич!» —
    _____
    _____

11 Не упусти́те шанс прове́рить свою́ па́мять и сообрази́тельность.

11.1. Скажи́те, кто задаёт э́ти вопро́сы?

1. «А́нна, что означа́ет ва́ше и́мя?» —
   Джон спроси́л А́нну, что означа́ет её и́мя.

2. «Джон, как называ́ется кни́га, кото́рую вы сейча́с пи́шете?» —
   _____

3. «А́нна, а где ва́ши подру́ги?» —
   _____

4. «А́нна, как я до́лжен вас называ́ть?» —
   _____
   _____

⇨ Вы по́мните, что отве́тили на э́ти вопро́сы Джон и А́нна?

11.2. Джон хоте́л зада́ть А́нне мно́го вопро́сов, но почему́-то растеря́лся и не за́дал. Скажи́те, о чём Джон хоте́л спроси́ть А́нну?

1. «Вы за́мужем?» —
   Джон хоте́л спроси́ть А́нну, за́мужем ли она́.

2. «Вы встреча́етесь с ке́м-нибудь?» —
   _____

3. «Вы свобо́дны в воскресе́нье ве́чером?» —
   _____

4. «Вы влюблены́ в кого́-нибудь?» —
   _____

5. «Все де́вушки в МГУ таки́е же краса́вицы, как вы?» —
   _____
   _____

⇨ Как вы ду́маете, почему́ Джон не за́дал э́ти вопро́сы?

12 Интерéсно подели́ться впечатлéниями с бли́зкими людьми́, прáвда?

— Ивáн Петрóвич с больши́м интерéсом слу́шал разговóр Сáши и Джóна. Он передáл егó со всéми подрóбностями Áнне. А вы мóжете э́то сдéлать?

— Лéна накрывáла на стол и не слы́шала, о чём говори́ли Áнна и Джон. К счáстью, Татья́на Васи́льевна не пропусти́ла ни слóва. Онá во всех детáлях передалá Лéне содержáние разговóра. Попрóбуйте и вы э́то сдéлать.

— Áнна óчень жалéет, что задержáлась на лéкции и пришлá в гóсти к сестрé сли́шком пóздно. Пришлóсь Лéне рассказáть ей, о чём все говори́ли до её прихóда. А как рассказáли бы об э́том вы?

13 Джóну мóжно прóсто позави́довать. В Москвé он встрéтился со свои́ми дáвними друзья́ми и познакóмился с их рóдственниками. Просмотри́те ещё раз полилóг и отвéтьте на вопрóсы.

1. Чем занимáются знакóмые Джóна?
2. Какóе впечатлéние произвелá на Джóна Áнна? Что говори́т о том, что Áнна óчень понрáвилась Джóну?
3. Что вы узнáли об и́мени Áнна?
4. Как Ивáн Петрóвич предстáвил Джóну своегó внýка? Почемý он хотéл казáться серьёзным, представля́я Сáшу?
5. Каки́е, на ваш взгляд, отношéния у Лéны и Николáя? Лю́бят ли они́ друг дрýга?

 Джон ведёт дневни́к, в котóром опи́сывает всё, что с ним происхóдит. Вот и сейчáс врéмя пóзднее, а он сиди́т за столóм и пи́шет. Как вы дýмаете, о чём?

Отры́вок из дневникá Джóна 🎧

Вчерá вéчером я был в гостя́х у свои́х дáвних знакóмых, Лéны и Николáя Чернышóвых. Я не ви́дел их цéлую вéчность, ведь со дня нáшей послéдней встрéчи прошлó почти́ шесть лет. Как бы́стро лети́т врéмя! Когдá я уезжáл из Москвы́ шесть лет назáд, Лéна и Кóля тóлько собирáлись пожени́ться. А сейчáс у них растёт сын Сáша, воспи́танный, хорóший мáльчик. Лéна всё такáя же красáвица. Недáром Николáй называ́ет её в шýтку Елéной Прекрáсной, как скáзочную принцéссу.

Мне óчень понрáвились роди́тели Лéны — настоя́щие рýсские интеллигéнты. Ивáн Петрóвич, пáпа Лéны, — филóлог, пи́шет кни́гу о рýсских именáх, óтчествах и фами́лиях. Он расскáзывал интерéсные вéщи. Мóжно сказáть, что мы с ним однофами́льцы. Дéло в том, что его́ фами́лия, Кузнецóв, происхóдит от слова «кузне́ц». Моя́ фами́лия, Смит (Smith), в перево́де с англи́йского то́же зна́чит «кузне́ц». Как знать, мо́жет быть, на́ши далёкие пре́дки бы́ли кузнеца́ми?

Но на одно́й фами́лии совпаде́ния не конча́ются. И́мя Джон — са́мое распространённое англи́йское и́мя. А како́е и́мя ча́ще всего́ встреча́ется у ру́сских? Ну, коне́чно же, Ива́н. Так вот, Джон и Ива́н происхо́дят от одного́ древнееврейского и́мени Иохана́н (Иоа́нн), кото́рое че́рез рели́гию попа́ло во мно́гие языки́ ми́ра. В э́то тру́дно пове́рить, но неме́цкое и́мя Иога́нн, францу́зское Жан, италья́нское Джова́нни, да́тское Йенс, шве́дское Ю́хан, испа́нское Хуа́н — «ро́дственники» ру́сского и́мени Ива́н.

Увлека́тельную семе́йную исто́рию рассказа́ла и Татья́на Васи́льевна. Когда́ роди́лся её люби́мый и еди́нственный внук, все до́лго ду́мали, как его́ назва́ть. На семе́йном сове́те ника́к не могли́ вы́брать подходя́щее и́мя. Де́душка хоте́л, что́бы ребёнку да́ли како́е-нибу́дь ре́дкое и́мя. Ба́бушка наста́ивала на том, что́бы и́мя бы́ло доста́точно распространённым. Ле́на счита́ла, что у сы́на должно́ быть необы́чное совреме́нное и́мя, кото́рое бы привлека́ло всео́бщее внима́ние. Никола́й же полага́л, что ма́льчику бо́льше подхо́дит древнеру́сское и́мя. По́сле до́лгих спо́ров вспо́мнили ста́рую и́стину: не и́мя кра́сит челове́ка, а челове́к — и́мя. И назва́ли ребёнка в честь прадеде́душки Алекса́ндром. Са́ша, как мне ка́жется, дово́лен свои́м и́менем. Ива́н Петро́вич сказа́л ему́, что в перево́де с гре́ческого Алекса́ндр означа́ет «защи́тник». Вот он и хо́чет стать си́льным и сме́лым челове́ком, как Алекса́ндр Не́вский.

Но е́сли уж речь зашла́ об имена́х, то, наве́рное, са́мое краси́вое и поэти́чное и́мя — э́то А́нна. Мо́жет быть, мне э́то то́лько ка́жется. Не зна́ю. Но сестра́ Ле́ны А́нна действи́тельно удиви́тельно краси́ва. Уви́дев её, я растеря́лся и предста́вился, по-мо́ему, сли́шком официа́льно. К сча́стью, А́нна предложи́ла перейти́ на «ты» (так в Росси́и при́нято обраща́ться к бли́зким лю́дям). «Я наде́юсь, мы с ва́ми подру́жимся», — сказа́ла при э́том А́нна. Но я, признаю́сь, рассчи́тываю на бо́льшее.

Че́стно говоря́, у меня́ возника́ет мно́го вопро́сов, когда́ слы́шу, как знако́мятся ру́сские. Наприме́р, когда́ Ива́н Петро́вич знако́мил меня́ со свои́м пятиле́тним вну́ком, он почему́-то предста́вил его́ о́чень официа́льно, как бу́дто э́то не ребёнок, а взро́слый, все́ми уважа́емый челове́к. Я всегда́ счита́л, что так обраща́ются не к де́тям, а к ю́ношам.

Впро́чем, вопро́сы появля́ются на ка́ждом шагу́. Э́то поня́тно. Ведь я иностра́нец. Никола́й сове́тует не иска́ть отве́ты на все вопро́сы сра́зу. Пожа́луй, он прав. Бу́дем реша́ть пробле́мы по ме́ре поступле́ния.

14 Чита́ть дневни́к — увлека́тельное заня́тие. Сего́дня у вас был уника́льный шанс. С любе́зного разреше́ния Джо́на вы смогли́ загляну́ть в его́ дневни́к. Отме́тьте га́лочкой (√) информа́цию, кото́рая оказа́лась для вас но́вой.

1. __√__ Фами́лия Смит в перево́де с англи́йского зна́чит «кузне́ц».

2. _____ Имена́ Джон и Ива́н происхо́дят от одного́ и́мени Иоа́нн.

3. _____ Джон не ви́дел Ко́лю и Ле́ну шесть лет.

4. _____ У Ле́ны и Ко́ли растёт сын Са́ша.

5. _____ Когда́ у Ле́ны и Никола́я роди́лся сын, все до́лго ду́мали, как его́ назва́ть.

6. _____ Са́шу назва́ли в честь праде́душки.

7. _____ Сестра́ Ле́ны А́нна — о́чень краси́вая де́вушка.

8. _____ Уви́дев А́нну, Джон растеря́лся.

9. _____ А́нна предложи́ла Джо́ну перейти́ на «ты».

10. _____ Вопро́сы у Джо́на появля́ются на ка́ждом шагу́.

11. _____ Никола́й сове́тует Джо́ну реша́ть пробле́мы по ме́ре поступле́ния.

---

15 Перечита́в страни́цу из своего́ дневника́, Джон заду́мался. Мно́гое, о чём он услы́шал у Чернышо́вых, удиви́ло его́. Что же и́менно? Отме́тьте га́лочкой (√) информа́цию, о кото́рой упомина́ет Джон, и вы узна́ете, что показа́лось ему́ интере́сным, занима́тельным, необы́чным.

1. Джо́ну показа́лось интере́сным то, что

   а) __√__ Ива́н Петро́вич Кузнецо́в и Джон Смит — однофами́льцы;

   б) _____ имена́ Джон и Ива́н происхо́дят от ра́зных имён;

   в) _____ Никола́й в перево́де с гре́ческого означа́ет «победи́тель наро́дов».

2. Джо́ну показа́лся занима́тельным расска́з Татья́ны Васи́льевны

   а) _____ о вы́боре и́мени вну́ку;

   б) _____ о но́вой переда́че Никола́я;

   в) _____ о кни́ге Ива́на Петро́вича.

3. Джо́ну показа́лось необы́чным то, что

   а) _____ ма́ленький ребёнок ещё не спит;

   б) _____ Ле́на и Никола́й никогда́ не ссо́рятся;

   в) _____ Ива́н Петро́вич предста́вил ему́ своего́ вну́ка о́чень официа́льно.

---

16 Пре́жде чем писа́ть свой дневни́к по-ру́сски, Джон основа́тельно к э́тому подгото́вился. Он сде́лал мно́го упражне́ний. Вот не́которые из них. Попро́буйте и вы сде́лать э́ти упражне́ния.

16.1. Выберите правильный ответ.

1. Однофамилец — это

а) ___√___ человек (не родственник), который носит одинаковую с кем-нибудь фамилию;

б) _____ человек, который никогда не менял фамилию.

2. Распространённое имя — это

а) _____ имя, которое часто встречается;

б) _____ очень длинное имя.

3. Подходящее имя — это

а) _____ имя, которое первым приходит в голову;

б) _____ соответствующее имя.

4. Совпадение — это

а) _____ случайная совмещённость событий;

б) _____ совместное падение.

16.2. Закончите предложения словами и выражениями из текста, и вы получите несколько полезных советов. Помните, что вам надо вставить только одно слово или выражение.

1. Не стоит искать ответы на все вопросы сразу, даже если эти вопросы появляются _____*на каждом шагу*_____ .

2. Решайте проблемы _____ .

3. Не торопите время, оно и так очень быстро _____ .

4. Нельзя не видеться с друзьями целую _____ .

5. Встретив свою давнюю знакомую через много лет, скажите, что она всё такая же _____ .

⇨ Какой из этих советов показался вам полезным и почему?

17 Иван Кузнецов и Джон Смит — что общего между этими именами? Вы ответите на поставленный вопрос, если восстановите микротекст.

Можно сказать, что Иван Кузнецов и Джон Смит _____*однофамильцы*_____ . Дело в том, что фамилия Кузнецов _____ от слова «кузнец». А фамилия Смит _____ с английского тоже _____ «кузнец». Возможно, _____ людей с этими фамилиями были кузнецами. Но на одной фамилии _____ не кончаются.

Ока́зывается, имена́ Джон и Ива́н происхо́дят _____
Иоа́нн. И́мя Иоа́нн че́рез _____ попа́ло во мно́гие
языки́ ми́ра.

➪ Прове́рьте свою́ па́мять. Назови́те
«ро́дственников» ру́сского и́мени Ива́н
в ра́зных языка́х.
Кто назовёт бо́льше?!

[18] У Джо́на вопро́сы появля́ются на ка́ждом шагу́. Како́й вопро́с возни́к на э́тот
раз? Вы узна́ете об э́том, е́сли поста́вите слова́, да́нные в ско́бках, в ну́жном
падеже́.

Че́стно говоря́, _____у меня_____ (я) возника́ет мно́го вопро́сов,
когда́ я знако́млюсь _____ (ру́сские). Вот вчера́, наприме́р,
Ива́н Петро́вич познако́мил _____ (я) _____
(внук Са́ша). _____ (ма́льчик) то́лько 5 лет, а Ива́н Петро́вич
предста́вил _____ (он) о́чень официа́льно. «Разреши́те
_____ (вы) предста́вить _____ (Чернышо́в-мла́д-
ший)», — сказа́л он. Мне всегда́ каза́лось, что так должны́ представля́ть
_____ (взро́слый), а не _____ (ребёнок). Я
так растеря́лся, что протяну́л _____ (Са́ша) ру́ку. Ра́ньше я
счита́л, что _____ (де́ти) ру́ку не протя́гивают.

К сча́стью, Никола́й _____ (я) всё пото́м объясни́л.
Ока́зывается, _____ (Са́ша) хо́чется скоре́е вы́расти. А Ива́н
Петро́вич о́чень лю́бит _____ (внук). Поэ́тому и разгова́ривает
_____ (он), как _____ (взро́слый). Тепе́рь мне
поня́тно, почему́ Са́ша не лю́бит, когда́ _____ (он) называ́ют
Шу́рик и́ли Са́шенька. Ведь так обы́чно обраща́ются _____
(ма́ленькие).

А вот _____ (я) нра́вится, когда́ ма́ма называ́ет меня́
Джо́нни. Мне ка́жется, что я ещё ма́ленький и _____ (я) всё
впереди́. Такова́ жизнь! _____ (взро́слые) хо́чется верну́ться
_____ (де́тство), а _____ (ма́ленькие) хо́чется
скоре́е вы́расти.

➪ А вы хоте́ли бы верну́ться в де́тство?
И́ли вам хо́чется скоре́е вы́расти?
А мо́жет быть, вы предпочита́ете
останови́ть вре́мя?

19 **Жени́ться** и́ли **не жени́ться, выходи́ть за́муж** и́ли нет? Э́тот вопро́с ра́но и́ли по́здно встаёт пе́ред ка́ждым челове́ком.

19.1. Гля́дя на счастли́вую семью́ роди́телей Ле́ны, Джон заду́мался над тем, что же тако́е семе́йное сча́стье. Прочита́йте, что рассказа́ли ему́ об э́том Татья́на Ва-си́льевна и Ива́н Петро́вич.

> Т.В.: С Ива́ном Петро́вичем мы *пожени́лись* 35 лет наза́д. Да, уже́ 35 лет прошло́. Как бы́стро лети́т вре́мя! Да́же не ве́рится, что мы *жена́ты* так до́лго. А ведь когда́ мы встре́тились, мне то́лько испо́лнилось 20 лет, и я, че́стно говоря́, совсе́м не собира́лась *выходи́ть за́муж*. Мне хоте́лось учи́ться, рисова́ть, ходи́ть в теа́тры, на вы́ставки.
>
> И.П.: На вы́ставке мы и познако́мились. Когда́ я уви́дел Та́нечку, я по́нял, что до́лжен *жени́ться* то́лько на э́той де́вушке. И вот прошло́ уже́ мно́го лет, и я могу́ сказа́ть, как сказа́л когда́-то Пу́шкин: «Я *жена́т* — и сча́стлив». Верне́е, я сча́стлив, потому́ что *жена́т* на са́мой чуде́сной же́нщине.
>
> Т.В.: Да, са́мое большо́е сча́стье — э́то быть *за́мужем* за челове́ком, кото́ро-го лю́бишь. Мы лю́бим друг дру́га, в э́том и есть секре́т на́шего сча́стья.

⇩ А в чём вы ви́дите секре́т семе́йного сча́стья?

19.2. У Никола́я и Ле́ны мно́го друзе́й. Одни́ уже́ жена́ты, други́е то́лько собира́ются пожени́ться. Испо́льзуя табли́цу, кото́рую Джон нашёл в кни́ге Ива́на Петро́вича, напиши́те о друзья́х Ле́ны и Никола́я.

он	*она́*	*они́*
жени́ться *на ком?*	выходи́ть/вы́йти за́муж *за кого́?*	пожени́ться
жена́т *на ком?* (он жена́т, он был жена́т, он бу́дет жена́т)	за́мужем *за кем?* (она́ за́мужем, она́ была́ за́мужем, она́ бу́дет за́мужем)	жена́ты (они́ жена́ты, они́ бы́ли жена́ты, они́ бу́дут жена́ты)

1. Андре́й, Ка́тя (че́рез ме́сяц)

   Андрей женится на Кате.

   Катя выйдет замуж за Андрея.

   Они поженятся через месяц.

2. Серге́й, Ксе́ния (че́рез полго́да)

_____

_____

3. Алёша, Да́ша (че́рез год).

_____

_____

4. Анто́н, Мари́я (5 лет наза́д).

Анто́н жени́лся на Мари́и 5 лет наза́д. Он жена́т на Мари́и 5 лет.
Мари́я вы́шла за́муж за Анто́на 5 лет наза́д. Мари́я за́мужем за Анто́ном 5 лет.
Они́ пожени́лись 5 лет наза́д. Они́ жена́ты 5 лет.

5. И́горь, Ю́ля (7 лет наза́д).

_____

_____

6. Ю́рий, Ната́лья (3 го́да наза́д).

_____

_____

_____

19.3. А у вас есть друзья́, кото́рые уже́ пожени́лись и́ли собира́ются э́то сде́лать? Напиши́те о них, испо́льзуя табли́цу.

_____

_____

20 Вы по́мните, как на семе́йном сове́те Са́ше выбира́ли и́мя? Е́сли забы́ли, взгляни́те ещё раз в дневни́к Джо́на. Он о́чень подро́бно описа́л э́ту исто́рию. А тепе́рь напиши́те, кто како́е и́мя хоте́л дать ма́льчику.

1. Де́душка хоте́л, что́бы _ребёнку да́ли ре́дкое и́мя._

2. Ба́бушка наста́ивала, что́бы _____

3. Ма́ма счита́ла, что _____

4. Па́па полага́л, что _____

⇨ Вы не забы́ли, в честь кого́ ма́льчика назва́ли Алекса́ндром? Как вы ду́маете, почему́ Са́ша дово́лен свои́м и́менем?

21 Прове́рьте свою́ па́мять и сообрази́тельность.

21.1. Вы, наве́рное, по́мните значе́ние тех имён, о кото́рых уже́ прочита́ли. Напиши́те, что зна́чит ка́ждое и́мя и из како́го языка́ оно́ пришло́.

1. А́нна — *древнееврейское имя. Оно означает «благодать».*

2. Еле́на — _____

3. Алекса́ндр — _____

4. Никола́й — _____

21.2. А сейча́с попро́буйте догада́ться о значе́нии не́которых ру́сских имён.

Влади́мир	све́тлая
Людми́ла	владе́ть ми́ром
Светла́на	боро́ться за сла́ву
Борисла́в	владе́ть сла́вой
Владисла́в	ми́лая лю́дям

22 Как образу́ются ру́сские о́тчества? Отвеча́я на э́тот вопро́с Джо́на, Ива́н Петро́вич Кузнецо́в дал ему́ просту́ю схе́му.

И́мя	*О́тчество*
Ива́н	Ива́н**ович**, Ива́н**овна**
И́горь	И́гор**евич**, И́гор**евна**
Андре́й	Андре́**евич**, Андре́**евна**
Арсе́ний	Арсе́нь**евич**, Арсе́нь**евна**

22.1. Испо́льзуя э́ту схе́му, попро́буйте определи́ть, как зову́т отцо́в знако́мых Джо́на.

1. Пётр Ю́рьевич — *Юрий*

2. Наде́жда Ви́кторовна — _____

3. Татья́на Васи́льевна — _____

4. О́льга Никола́евна — _____

5. Ю́лия Миха́йловна — _____

6. Ири́на Евге́ньевна — _____

7. Владисла́в Анато́льевич — _____

8. Макси́м Фёдорович — _____

22.2. У вас есть ру́сские друзья́? Напиши́те их имена́ и о́тчества. Скажи́те, как зову́т отцо́в ва́ших друзе́й.

_____

_____

_____

_____

_____

_____

_____

22.3. Джон собира́ется в Петербу́рг, где живу́т ро́дственники Никола́я, поэ́тому он реши́л записа́ть, как кого́ зову́т. Но Никола́й назва́л лишь имена́. Помоги́те Джо́ну к ка́ждому и́мени написа́ть о́тчество.

Ро́дственники Никола́я по отцу́	*Ро́дственники Никола́я по ма́тери*
Де́душка — Алекса́ндр Бори́сович	Де́душка — Алексе́й Петро́вич
Ба́бушка — Светла́на Гео́ргиевна	Ба́бушка — О́льга Влади́мировна

1. Па́па — Серге́й *Александрович* _____
2. Ма́ма — Наде́жда _____
3. Сестра́ — Ве́ра _____
4. Брат — Ви́ктор _____
5. Племя́нник — Па́вел _____
6. Племя́нница — Мари́на _____

23 Поро́й Джо́ну быва́ет тру́дно разобра́ть, как кого́ зову́т. Э́то поня́тно, ведь нере́дко уменьши́тельная фо́рма ру́сских имён соверше́нно не похо́жа на по́лную. А есть ещё и уменьши́тельно-ласка́тельные имена́.

23.1. Вспо́мните и напиши́те, как называ́ют родны́е А́нну, Еле́ну, Никола́я, их сы́на Алекса́ндра.
1. Еле́на — *Лена, Леночка* _____
2. А́нна — _____
3. Никола́й — _____
4. Алекса́ндр — _____

23.2. Определи́те уменьши́тельные фо́рмы наибо́лее популя́рных ру́сских имён.

Ли́дия	Сла́ва
Татья́на	О́ля
Наде́жда	Серёжа
Ната́лья	Алёша
Екатери́на	Пе́тя
Мари́я	Ната́ша
Вячесла́в	На́дя
Алексе́й	Ма́ша
Влади́мир	Ли́да
О́льга	Ка́тя
Пётр	Воло́дя
Серге́й	Та́ня

23.3. Определи́те, от каки́х имён образо́ваны не́которые уменьши́тельно-ласка́тельные имена́ (они́ даны́ под *).

1. Та́ня — *Та́нечка, Таню́ша*
2. Ве́ра — _____
3. На́дя — _____
4. Ма́ша — _____
5. Ка́тя — _____
6. О́ля — _____
7. Серёжа — _____
8. Алёша — _____
9. Сла́ва — _____

* Ве́рочка, Таню́ша, На́денька, Сла́вик, Серёженька, Ма́шенька, Катю́ша, Алёшенька, Та́нечка, О́лечка, Надю́ша, О́ленька.

24 Дава́йте познако́мимся побли́же. Сде́лать э́то бу́дет ле́гче, е́сли вы отве́тите на сле́дующие вопро́сы:

1. Како́е ва́ше и́мя — ре́дкое и́ли распространённое?
2. Что означа́ет ва́ше и́мя? Зна́ете ли вы, отку́да оно́ пришло́?
3. Как называ́ют вас бли́зкие и друзья́? Есть ли у вас уменьши́тельное и́мя?
4. Нра́вится ли вам ва́ше и́мя?
5. Како́е и́мя вы бы вы́брали для ва́шего ребёнка: стари́нное, совреме́нное, распространённое, ре́дкое, необы́чное, привлека́ющее всео́бщее внима́ние? Почему́?

25 Вы мо́жете вспо́мнить каку́ю-нибудь интере́сную исто́рию, свя́занную с имена́ми? Дава́йте послу́шаем друг дру́га и реши́м, чья же исто́рия са́мая интере́сная.

Слова́рь

Слова́

взгляну́ть (св) *на кого? на что?*

возника́ть/возни́кнуть

воспи́танный

волне́ние

вруча́ть/вручи́ть *что? кому?*

вспомина́ть/вспо́мнить *кого?*

выбира́ть/вы́брать *что? (и́мя)*

догова́риваться/договори́ться *о чём?*

дово́лен, -а, -ы *чем?*

жени́ться *на ком?* (Ко́ля жени́лся на Ле́не.)

> выходи́ть/вы́йти за́муж *за кого?* (Ле́на вы́шла за́муж за Ко́лю.)

> пожени́ться (Ле́на и Ко́ля пожени́лись.)

> жена́т *на ком?* (Ко́ля жена́т на Ле́не.)

> за́мужем *за кем?* (Ле́на за́мужем за Ко́лей.)

> жена́ты (Ко́ля и Ле́на жена́ты.)

заде́рживаться/задержа́ться *где?* *(у кого?)*

заждаться *кого?*

звать *кого? как?*

> называ́ть/назва́ть *кого? что? как?*

> называ́ться *как?*

знако́мить/познако́мить *кого? с кем?*

знако́миться/познако́миться *с кем?*

и́мя:

> необы́чное,
> подходя́щее,
> поэти́чное,
> привлека́ющее внима́ние
> распространённое,
> ре́дкое,

совреме́нное,
стари́нное

каза́ться/показа́ться *кому? каки́м?*

кни́га *о чём?*

наста́ивать/настоя́ть *на чём?*

неда́ром

обраща́ться/обрати́ться *к кому? как?* (по и́мени и о́тчеству)

однофами́лец

означа́ть (нсв)

отве́тить *на что?* (на вопро́с)

о́тчество

перево́д, в перево́де *с како́го языка? на како́й?*

подружи́ться (св) *с кем?*

полага́ть (нсв) *что?*

попада́ть/попа́сть *куда?*

посвяща́ть/посвяти́ть *что? кому?*

предлага́ть/предложи́ть *что? кому?*

предложе́ние

пре́док, пре́дки

представля́ть/предста́вить *кого? кому?*

представля́ться/предста́виться *кому?*

приглаша́ть/пригласи́ть *кого? куда?* *(к кому?)*

приглаше́ние

происходи́ть/произойти́ *от чего?* (и́мя происхо́дит от...)

проси́ть/попроси́ть *кого? о чём?*

рабо́тать/порабо́тать *над чем?*

растеря́ться (св)

расте́рянно

расти́/вы́расти

сла́виться (нсв) *чем?*

слы́шать/услы́шать *что? о ком? о чём? от кого?*

собира́ться/собра́ться *где?* (*у кого́?*)
совпаде́ние
счита́ть (нсв) *что?*
уга́дывать/угада́ть *что?*

фами́лия
целова́ть/поцелова́ть
    кого? куда́? (дочь в щёку);
    кому? что? (А́нне ру́ку)

Выраже́ния

впереди́: *у кого́* всё впереди́
говори́ть друг дру́гу «ты»
говори́ть/сказа́ть чи́стую пра́вду
да́вний знако́мый, да́вний друг
де́лать/сде́лать исключе́ние
заставля́ть/заста́вить себя́ ждать
и́мя: не и́мя кра́сит челове́ка,
    а челове́к — и́мя
ма́стер говори́ть комплиме́нты
называ́ть/назва́ть:
    называ́ть *кого?* в честь *кого?*
    называ́ть *кого?* в шу́тку *как?*
    называ́ть *кого?* по и́мени
        и о́тчеству
нет: всё нет и нет (не́ было и
    не́ было) *кого?*
переходи́ть/перейти́ на «ты»
пожима́ть/пожа́ть ру́ку *кому?*
протя́гивать/протяну́ть ру́ку *кому?*
рассчи́тывать на бо́льшее
речь: *о чём* идёт речь;
    речь зашла́ *о чём?*
реша́ть пробле́мы по ме́ре
    поступле́ния
со́лнце: *кто? у кого́?* как луч со́лнца
семе́йный сове́т
шаг: на ка́ждом шагу́
че́стно говоря́

Вы не знако́мы?
Добро́ пожа́ловать!
Как бы́стро лети́т вре́мя!
Мы не ви́делись це́лую ве́чность.
О́чень прия́тно (познако́миться).
Прошу́ люби́ть и жа́ловать.
Прошу́ всех к столу́.
Познако́мьтесь, пожа́луйста.
Рад(а) с ва́ми познако́миться.
Разреши́те вам предста́вить *кого?*
Разреши́те предста́виться.
Ско́лько лет, ско́лько зим!
Такова́ жизнь!

Познако́мимся побли́же

Дава́йте познако́мимся

«Дава́йте познако́мимся», «Бу́дем знако́мы», «Я хоте́л бы (мне хоте́лось бы) познако́миться с ва́ми» — эти этике́тные фра́зы обы́чно говоря́т ру́сские, когда́ хотя́т познако́миться с ке́м-нибудь са́ми (ведь быва́ют в жи́зни слу́чаи, когда́ ря́дом нет челове́ка, кото́рый бы вас предста́вил). Разуме́ется, перед те́м как познако́миться, до́лжен состоя́ться небольшо́й разгово́р. Е́сли вы мужчи́на, как говори́тся, вам и ка́рты в ру́ки. Инициати́ва должна́ исходи́ть то́лько от вас. Уви́дев де́вушку, изуча́ющую, наприме́р, театра́льную афи́шу, вы мо́жете спроси́ть её сове́та, на како́й спекта́кль вам лу́чше пойти́. Сло́во за сло́во, и вы о́ба вовлечены́ в непринуждённую бесе́ду, в середи́не кото́рой са́мое вре́мя сказа́ть: «А тепе́рь дава́йте познако́мимся». И пе́рвым предста́виться. Не спеши́те протя́гивать ру́ку. Это обы́чно де́лает де́вушка, называ́я своё и́мя. Впро́чем, она́ мо́жет ограни́читься и кивко́м головы́.

А что де́лать де́вушке, е́сли вдруг ей понра́вится како́й-нибудь молодо́й челове́к? Увы́, ничего́. В Росси́и пе́рвой проявля́ть инициати́ву де́вушке не при́нято. Впро́чем, са́мые реши́тельные мо́гут постара́ться привле́чь внима́ние. Мо́жно что́-нибудь урони́ть в наде́жде, что молодо́й челове́к бы́стро подни́мет упа́вшую вещь. Мо́жно спроси́ть, где нахо́дится та и́ли ина́я у́лица, како́й авто́бус идёт до метро́ и т. д. Но да́же е́сли вы переки́нулись не́сколькими фра́зами, инициати́ва знако́мства принадлежи́т мужчи́не. Тут уж ничего́ не поде́лаешь.

Но не ду́майте, что все ру́сские знако́мятся са́ми. На э́то спосо́бны са́мые реши́тельные. Гора́здо про́ще, когда́ нахо́дится о́бщий знако́мый, кото́рый мо́жет вас предста́вить. Обы́чно э́то де́лается со слова́ми: «Позво́льте (разреши́те) вам предста́вить тако́го-то (таку́ю-то)». По́сле чего́ называ́ется ва́ше и́мя. Иногда́ добавля́ется ещё не́сколько слов в ка́честве рекоменда́ции, наприме́р: «Андре́й Ники́тин, ваш колле́га, то́же журнали́ст». В отве́т, как пра́вило, то́же произно́сятся этике́тные фра́зы ти́па «О́чень рад», «О́чень прия́тно» и́ли «Мно́го о вас слы́шал, давно́ мечта́л с ва́ми познако́миться» (е́сли вы действи́тельно слы́шали об э́том челове́ке и действи́тельно мечта́ли с ним познако́миться).

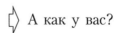 А как у вас?

 1. При́нято ли в ва́шей стране́ знако́миться на у́лице, в магази́не, на дискоте́ке?

2. Что вы сде́лаете, е́сли на авто́бусной остано́вке уви́дите де́вушку (молодо́го челове́ка), о кото́ром (кото́рой) мечта́ли всю жизнь? Реши́тесь ли вы познако́миться с ней (ним)? Е́сли реши́тесь, то как вы э́то сде́лаете?

3. Мо́жет ли де́вушка в ва́шей стране́ быть инициа́тором знако́мства? Что, на ваш взгляд, ну́жно сде́лать де́вушке, что́бы привле́чь внима́ние молодо́го челове́ка, с кото́рым она́ хо́чет познако́миться?

4. Как вы ду́маете, в каки́х слу́чаях есте́ственно предста́виться самому́?

Дава́й пожмём друг дру́гу ру́ки...

Этике́т знако́мства предполага́ет соблюде́ние це́лого ря́да усло́вностей. Запо́лните табли́цу и сравни́те, что при́нято де́лать при знако́мстве в Росси́и и в ва́шей стране́.

Э́то мо́жно сде́лать	*в Росси́и*	*в ва́шей стране́*
1. Пожа́ть друг дру́гу ру́ки	Наибо́лее распространённый жест	
2. Ограни́читься кивко́м головы́	Доста́точно распространённый жест (осо́бенно у же́нщин)	
3. Ограни́читься лёгким покло́ном		
4. Обня́ться	Допусти́мо для бу́дущих ро́дственников	
5. Поцелова́ться		
6. Поцелова́ть да́ме ру́ку	Знак глубо́кого уваже́ния	
7. Улыбну́ться и посмотре́ть челове́ку в глаза́	При́знак хоро́шего то́на	

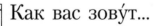

Как вас зову́т...

В моме́нт знако́мства ва́жно обрати́ть осо́бое внима́ние на то, как ваш но́вый знако́мый называ́ет себя́: по фами́лии, по и́мени и о́тчеству, про́сто по и́мени и́ли по и́мени в уменьши́тельной фо́рме. Представля́ться то́лько по фами́лии у ру́сских не при́нято. Как пра́вило, в официа́льной обстано́вке называ́ют фами́лию, и́мя и о́тчество, наприме́р: *Лопа́тин Ви́ктор Ни-*

колаевич, *Михайлова Виктория Николаевна*. Однако обращаться только по фамилии (*господин Лопатин, госпожа Михайлова*) допустимо в весьма редких случаях, на пресс-конференции, например. В остальных ситуациях лучше называть вашего нового знакомого по имени и отчеству.

Когда знакомятся молодые (особенно в неофициальной обстановке), они иногда называют свои уменьшительные имена: *Витя, Вика*. Представиться уменьшительным именем может и человек постарше, если он чувствует себя молодым. Особенно это характерно для женщин, которые, как известно, не стареют. Но всё-таки чаще всего люди среднего возраста, знакомясь со своими ровесниками, называют полные имена: *Виктор, Виктория*.

Если ваш новый знакомый представился только по имени, это ещё не значит, что вы должны перейти на «ты» с первых минут. Обычно это происходит через некоторое время. Что для этого нужно сделать? Один путь вам известен. Вспомните, что сказала Анна Джону, когда предложила ему перейти на «ты». Можно сказать и по-другому: «Может быть, перейдём на "ты"?» Но это возможно только в том случае, если ваше знакомство стало по-настоящему дружеским.

 А как у вас?

1. Принято ли в вашей стране называть при знакомстве только имя, или только фамилию? В каких случаях к вашему новому знакомому можно обратиться только по имени, в каких — только по фамилии?

2. Принято ли в вашей стране называть при знакомстве уменьшительное имя? Если принято, в каких ситуациях это возможно сделать?

Ах, эта первая встреча...

Первая встреча с новым человеком. Окажется ли это знакомство приятным, зависит от каждого из нас. Знание этикета поможет вам обрести новых друзей. Вспомните о принятых в России и в вашей стране правилах этикета и заполните таблицу.

Желаем вам приятных встреч!

Что делают	в России	в вашей стране
1. Принято ли знакомиться самим?		
2. Кого кому представляют: а) мужчину женщине;		

Что де́лают	*в Росси́и*	*в ва́шей стране́*
б) же́нщину мужчи́не;		
в) ста́ршего мла́дшему;		
г) мла́дшего ста́ршему?		
3. Кто кому́ протя́гивает ру́ку:		
а) мужчи́на же́нщине;		
б) же́нщина мужчи́не;		
в) ста́рший мла́дшему;		
г) мла́дший ста́ршему?		

Для вас, знатоки́ этике́та

1 Посмотри́те ещё раз полило́г и те́ксты из разде́ла «Познако́мимся побли́же». Продо́лжите спи́сок этике́тных фраз, кото́рые употребля́ются при знако́мстве.

1. Вы знако́митесь са́ми:

Позво́льте предста́виться...

Прости́те, мы не знако́мы? Ка́жется, мы где-то встреча́лись. Вы меня́ не узнаёте?

_____

_____

_____

2. Вас знако́мят:

Позво́льте познако́мить вас с на́шим но́вым преподава́телем.

Разреши́те вас познако́мить.

_____

_____

_____

3. Что вы отвеча́ете при знако́мстве:

О́чень прия́тно с ва́ми познако́миться.

Я сча́стлив с ва́ми познако́миться.

Мы уже́ знако́мы.

Мы уже́ встреча́лись.

_____

_____

_____

2 Допо́лните диало́ги. Скажи́те, где они́ мо́гут происходи́ть?

1. — Мы всегда́ сиди́м с ва́ми ря́дом в библиоте́ке, но до сих пор не знако́мы.
   _____ . Меня́ зову́т Андре́й. _____ ?
   — А меня́ — Ве́ра.
   — _____ . А на како́м факульте́те вы у́читесь?
   — На филологи́ческом.

2. — Прости́те, вы не знако́мы?
   — К сожале́нию, нет.
   — _____ . Петро́в Никола́й Дми́триевич, профе́ссор Петер-
   бу́ргского университе́та.
   — _____ . Алексе́й Миха́йлович Стицо́вский, ваш колле́га
   из Моско́вского университе́та.
   — Я чита́л ва́ши рабо́ты и давно́ _____ .

3. — Га́ля, _____ — э́то мой однокла́ссник Оле́г. Мы с ним си-
   де́ли за одно́й па́ртой де́сять лет.
   — Алёна, не удивля́йся, но _____ . Мы у́чимся с Оле́гом
   на одно́м факульте́те.

4. — Вы не подска́жете, где я могу́ найти́ профе́ссора Васи́льева?
   — Э́то я.
   — Извини́те, я не зна́ю _____ .
   — И́горь Па́влович.
   — И́горь Па́влович, меня́ попроси́ли переда́ть вам э́ту статью́.
   — Спаси́бо.

5. — Прости́те, ва́ше лицо́ мне о́чень знако́мо. Мо́жет быть, _____ ?
   — Ду́маю, нет. Я вас ви́жу впервы́е.
   — Но у меня́ хоро́шая па́мять на ли́ца. Я вас то́чно где́-то ви́дел. Но где?
   Вспо́мнил! Одна́жды на поэти́ческом ве́чере в университе́те вы чита́ли
   свои́ стихи́, и они́ мне о́чень понра́вились.
   — Я действи́тельно пишу́ стихи́, иногда́ выступа́ю на поэти́ческих вечера́х.
   А вы лю́бите стихи́?

— О́чень. Впро́чем, _____ . Меня́ зову́т Анто́н
Петро́вич Лопухи́н. Мо́жно про́сто Анто́н.

— _____ Ли́ка.

— _____ .

— _____ .

6. — Ма́ма, _____ . Э́то Франсуа́. Он изуча́ет ру́сский язы́к
в на́шем университе́те.

— _____ О́льга Ива́новна. _____ .
Я мно́го слы́шала о вас от своего́ сы́на.

3 Соста́вьте возмо́жные вариа́нты диало́гов в зави́симости от ситуа́ции и разыг-
ра́йте их.

1. Молодо́й челове́к знако́мит де́вушку со свое́й ма́мой.
2. Де́вушка знако́мит подру́гу со свои́м одноку́рсником.
3. На конфере́нции знако́мятся дво́е учёных.
4. Молодо́й челове́к и де́вушка знако́мятся в самолёте.

4 До встре́чи с А́нной Джон пыта́лся познако́миться со мно́гими де́вушками. Но
ему́ не везло́. Мо́жет быть, он что́-то де́лал не так? Прочита́йте две исто́рии
и отве́тьте на вопро́сы.

Исто́рия пе́рвая

Вот уже́ мно́го дней по доро́ге в библиоте́ку Джон встреча́ет одну́ и
ту же де́вушку. Они́ вме́сте е́дут в ли́фте. Джон улыба́ется де́вушке, но она́
не отвеча́ет на его́ улы́бку. Они́ доезжа́ют до четвёртого этажа́, а пото́м
расхо́дятся в ра́зные сто́роны. Но вот сего́дня де́вушка улыбну́лась, и Джон
реши́л с ней познако́миться. «Де́вушка, как вас зову́т?» — спроси́л Джон.
«Извини́те, я спешу́», — сказа́ла де́вушка и скры́лась за две́рью.

Исто́рия втора́я

Ко́ля, да́вний друг Джо́на, реши́л познако́мить его́ со свое́й подру́гой
де́тства. «Джон, Ю́ля, вы ещё не знако́мы?» — спроси́л Ко́ля. «Я давно́
хоте́л с тобо́й познако́миться. Меня́ зову́т Джон», — ра́достно сказа́л Джон,
протяну́в Ю́ле ру́ку.

1. Скажи́те, каки́е пра́вила этике́та нару́шил Джон? Как Джо́ну сле́довало
бы вести́ себя́ в подо́бных ситуа́циях, и что ему́ ну́жно бы́ло бы сказа́ть?
2. Разыгра́йте э́ти ситуа́ции по всем пра́вилам этике́та.
3. Вспо́мните, как прошёл ве́чер в до́ме Чернышо́вых. Вы́учил ли Джон
к тому́ вре́мени пра́вила ру́сского этике́та?

Почита́ем на досу́ге

«Как вас зову́т?» — спра́шиваем мы, знако́мясь с но́вым челове́ком. И слы́шим в отве́т фами́лию, и́мя и о́тчество. А зна́ете ли вы, о чём мо́жет сказа́ть и́мя челове́ка? Когда́ на Руси́ появи́лись фами́лии? Что тако́е о́тчество? Отве́ты на все э́ти вопро́сы вы найдёте в да́нных статья́х.

Ру́сские имена́

Имена́ — часть исто́рии и культу́ры любо́го наро́да. В имена́х отража́ются отноше́ние челове́ка к окружа́ющему ми́ру, род его́ заня́тий, истори́ческие конта́кты наро́дов.

В Дре́вней Руси́ фу́нкцию ли́чного и́мени челове́ка могло́ выполня́ть практи́чески любо́е древнеру́сское сло́во. У люде́й в то вре́мя бы́ли не про́сто ли́чные имена́, а имена́-про́звища. Почему́? И́мя бы́ло приме́той, по кото́рой мо́жно бы́ло вы́делить челове́ка из семьи́ и́ли ро́да. В наро́дном созна́нии с и́менем ча́сто свя́зывались сча́стье и́ли уда́ча, боле́знь и́ли смерть, си́ла и́ли сла́бость.

Имена́-про́звища бы́ли ра́зными. Одни́ отража́ли каки́е-то черты́ хара́ктера: *Добр, Храбр, Молча́н*. Други́е — вне́шность челове́ка: *Бел, Кудря́ш*. Не́которые имена́ бы́ли свя́заны с профе́ссией: *Кузне́ц, Кожемя́ка*. Иногда́ осно́ву и́мени составля́ли назва́ния расте́ний и живо́тных: *Трава́, Ве́тка, Кот, Волк*.

Роди́тели могли́ дава́ть и таки́е имена́, кото́рые выража́ли роди́тельские чу́вства: *Люби́м*. Э́то бы́ли своеобра́зные пожела́ния де́тям. Не́которые имена́ должны́ бы́ли оберега́ть челове́ка от враго́в, от злых сил: *Косо́й, Рябо́й*. На́ши пре́дки ве́рили в то, что злы́е ду́хи не «заинтересу́ются» детьми́ с таки́ми имена́ми и не причиня́т им вреда́.

Древнеру́сские имена́ бы́ли язы́ческими. По́сле приня́тия христиа́нства в 988 году́ древнеру́сские имена́ на́чали вытесня́ться имена́ми церко́вными, кото́рые по своему́ происхожде́нию бы́ли древнегре́ческими, древнери́мскими, древнееве́йскими. Ребёнок получа́л э́то и́мя во вре́мя одного́ из важне́йших христиа́нских обря́дов — креще́ния.

В тече́ние до́лгого вре́мени древнеру́сские имена́ употребля́лись вме́сте с христиа́нскими. Одна́ко к XVIII—XIX века́м мно́гие древнеру́сские имена́ бы́ли уже́ забы́ты и вы́шли из употребле́ния, но не́которые сохрани́лись и до на́ших дней: *Людми́ла, Светла́на, Владисла́в, Влади́мир*. Почти́ все э́ти имена́ бы́ли канонизи́рованы це́рковью, т. е. внесены́ в свя́тцы — церко́вный календа́рь имён.

1. Почему́ в Дре́вней Руси́ у люде́й бы́ли имена́-про́звища?
2. Что отража́лось в и́мени-про́звище?
   а) _____
   б) _____
   в) _____
   г) _____
3. С чем свя́зан проце́сс вытесне́ния древнеру́сских язы́ческих имён имена́ми церко́вными?
4. Что вам изве́стно об имена́х, распространённых в дре́вности в ва́шей стране́?

Как возни́кли о́тчества

Совреме́нные ру́сские о́тчества образу́ются при по́мощи су́ффиксов *-ич, -евич, -овна, -евна, -ична, -инична*, кото́рые присоединя́ются к имена́м отцо́в в их официа́льной фо́рме.

Когда́ же и как появи́лись о́тчества? Существова́ли ли они́ у ру́сских во все времена́?

Е́сли мы откро́ем пожелте́вшие страни́цы стари́нных ру́кописей, то дово́льно бы́стро найдём мно́го слов, кото́рые бы́ли образо́ваны при по́мощи су́ффиксов *-ич* и *-ович/-евич*: *господи́нич* (сын господи́на), *кня́жич* (сын кня́зя), *попо́вич* (сын попа́), *царе́вич* (сын царя́). В дре́вних па́мятниках пи́сьменности мо́жно встре́тить э́ти су́ффиксы и в сочета́нии с ли́чными имена́ми: *И́горь Яросла́вич* (сын Яросла́ва), *Василко́ Ростисла́вич* (сын Ростисла́ва), *Ива́н Халде́евич* (сын Халде́я) и др. Первонача́льно слова́ с су́ффиксами *-ич, -ович/-евич* не́ были о́тчествами в совреме́нном смы́сле э́того сло́ва, а име́ли буква́льное значе́ние «сын тако́го-то». То́лько со вре́менем со́бственные имена́ с э́тими су́ффиксами оконча́тельно закрепи́лись в ру́сском языке́ как о́тчества.

Иногда́ о́тчество испо́льзовалось вме́сто и́мени. В подо́бном слу́чае говоря́щий хоте́л подчеркну́ть осо́бое отноше́ние к челове́ку, своё расположе́ние, любо́вь. Неслуча́йно геро́й по́вести А.С. Пу́шкина молодо́й дворяни́н Гринёв зовёт ста́рого пре́данного слугу́ не по и́мени, а по о́тчеству — *Саве́льич*. Жену́ кня́зя И́горя из прекра́снейшего па́мятника древнеру́сской литерату́ры «Сло́во о полку́ И́гореве» зва́ли *Яросла́вна*. Одна́ко э́то не и́мя, а о́тчество, употреблённое вме́сто и́мени. Жено́й кня́зя И́горя была́ дочь кня́зя Яросла́ва — *Ефроси́ния Яросла́вна*.

Когда́ в ру́сском языке́ утверди́лся сам те́рмин «о́тчество»? В па́мятниках пи́сьменности о́тчество начина́ет встреча́ться то́лько с XVII ве́ка. Одна́ко после́довательно употребля́ться в рýсском языкé онó начина́ет лишь с пéрвой полови́ны XVIII вéка, со времён Петра́ I. Закреплéнию слóва «óтчество» в рýсском языкé способствовал официáльно-деловóй стиль рéчи: мы нахóдим э́то слóво прéжде всегó в разли́чных докумéнтах той далёкой эпóхи.

 1. При пóмощи каки́х сýффиксов образýются совремéнные рýсские óтчества?

2. Какóе первоначáльное значéние имéли сýффиксы *-ич, -ович/-евич*?

3. Есть ли в вáшем роднóм языкé óтчества?

О происхождéнии рýсских фами́лий

Возмóжно, э́то пока́жется невероя́тным, но до концá XVIII — середи́ны XIX вéка большинствó жи́телей Росси́и (крóме дворя́н, бога́тых купцóв и служи́телей цéркви) фами́лий не имéло.

Обы́чно прóсто говори́ли, чьи э́то дéти, ука́зывая и́мя отца́, и́ли называ́ли прóзвище человéка. В архи́вных докумéнтах тогó врéмени мóжно найти́ таки́е за́писи: *Ива́н Ники́тин сын*, а прóзвище *Мéнщик, Антóн Ники́форов сын*, а прóзвище *Ждан* — от таки́х óтчеств и прóзвищ впослéдствии образóвывались фами́лии *Ники́тин, Мéншиков, Ники́форов, Ждáнов*.

Прóзвища дава́ли лю́дям их рóдственники, сосéди, те, кто с ни́ми вмéсте труди́лся и жил. Причём в прóзвищах, как пра́вило, отража́лись каки́е-то хара́ктерные черты́ да́нного человéка. Предполóжим, жил когда́-то световолóсый человéк. Сосéди да́ли емý прóзвище *Беля́к*. Детéй э́того человéка ста́ли называ́ть *Беляко́вы*. Постепéнно установи́лась фами́лия *Беляко́в*. Её ста́ли передава́ть по наслéдству. Но человéк, котóрый сейча́с нóсит э́ту фами́лию, мóжет быть не блонди́ном, а шатéном.

Кто же имéл фами́лии? Прéжде всегó дворя́не и представи́тели духовéнства. Среди́ купцóв лишь са́мые бога́тые удоста́ивались чéсти получи́ть фами́лию.

Пóсле отмéны крепостнóго пра́ва в Росси́и нýжно бы́ло дава́ть фами́лии крепостны́м крестья́нам, котóрые их не имéли. Одни́м крестья́нам дава́ли фами́лию помéщика (так появи́лись цéлые дерéвни Полива́новых, Гага́риных, Воронцóвых), други́м в докумéнты запи́сывали «ýличную фами́лию», т. е. прóзвище, у трéтьих фами́лией станови́лось óтчество.

Самó же слóво «фами́лия» явля́ется по своемý происхождéнию лати́нским слóвом, а в рýсский язы́к онó попа́ло из языкóв За́падной Еврóпы. Внача́ле слóво «фами́лия» употребля́ли в значéнии «семья́». И тóлько в XIX вéке онó получи́ло в рýсском языкé своё совремéнное значéние.

1. Что выполня́ло у ру́сских в про́шлом фу́нкцию фами́лии?
2. Кто в Росси́и име́л фами́лии?
3. Как вы ду́маете, каково́ происхожде́ние ру́сских фами́лий: *Ивано́в, Петро́в, Молча́нов, Говору́хин, Черныши́в?*

Вы заду́мывались над тем, как назва́ть ребёнка, как сле́дует называ́ть его́ в ра́ннем де́тстве, в подростко́вом во́зрасте? Ещё нет? Прочита́йте да́нную статью́. Кто зна́ет, мо́жет быть, она́ ока́жется вам поле́зной.

Како́е вы́брать и́мя

Представле́ния о себе́, о други́х, о жи́зни, а, сле́довательно, и об имена́х меня́ются с во́зрастом. Учёные попроси́ли подро́стков и взро́слых отве́тить на оди́н и тот же вопро́с: «Как бы вы хоте́ли назва́ть свои́х дете́й?» Вы́яснилось, что к 13 года́м большинство́ ребя́т уже́ заду́мывается над имена́ми свои́х бу́дущих дете́й. Подро́стки, осо́бенно де́вочки, предпочита́ли имена́ необы́чные. Они́ уве́рены, что их де́ти бу́дут ли́чностями неордина́рными, я́ркими индивидуа́льностями, таки́ми же необы́чными, как и их имена́.

Взро́слые предпочита́ли имена́ обы́чные, ча́сто употребля́ющиеся. У не́которых, пра́вда, возника́ло жела́ние назва́ть дете́й «краси́во». Ви́димо, в э́том проявля́ется стремле́ние роди́телей име́ть непохо́жего на други́х ребёнка.

Ита́к, имена́ де́тям мы выбира́ем ча́ще всего́ не случа́йно, а в соотве́тствии с тем, каки́м мы хоте́ли бы ви́деть ребёнка, когда́ он вы́растет.

Вот ребёнку приду́мано и́мя. Но даётся-то оно́ взро́слому и ма́ленькому, увы́, не подхо́дит — смешно́ называ́ть малыша́ Алекса́ндром и́ли Ната́льей. Каки́х то́лько ла́сковых слов вме́сто и́мени не говори́т мать! Но встреча́ются и се́мьи, где испо́льзуется то́лько по́лное, «официа́льное» и́мя ребёнка. Обы́чно отноше́ния с детьми́ в таки́х се́мьях холо́дные, отчуждённые. Ча́сто скла́дывается це́лая «систе́ма» имён, значе́ние кото́рых де́ти прекра́сно понима́ют: по-ра́зному называ́ют ребёнка, когда́ его́ ласка́ют, когда́ на него́ се́рдятся. Де́ти расту́т, меня́ются и их имена́, они́ как бы вырста́ют со свои́ми владе́льцами. Подро́стки ве́чно торо́пят вре́мя и, мечта́я быстре́е вы́расти, уже́ недово́льны «де́тскими» имена́ми. Осо́бенно я́рко э́то выража́ется у ма́льчиков. Де́вочки гора́здо споко́йнее отно́сятся к уменьши́тельно-ласка́тельным имена́м, возмо́жно, потому́, что не́которая инфанти́льность не противоре́чит идеа́лу же́нственности.

Е́сли же взро́слый не лю́бит своё и́мя, то ча́ще всего́ э́то означа́ет, что он недово́лен собо́й. Недово́льство со́бственным и́менем, таки́м о́бразом, ока́зывается серьёзным при́знаком вну́треннего конфли́кта и потому́ — по́водом для размышле́ния. Ка́ждый челове́к ча́ще всего́ зна́ет, как он хо́чет, что́бы его́ называ́ли. Представля́ясь, он произно́сит оди́н из вариа́нтов и́мени. Э́то зна́чит, он про́сит, что́бы вы зва́ли его́ и́менно так, а не ина́че.

1. Согла́сны ли вы с тем, что имена́ де́тям мы выбира́ем ча́ще всего́ не случа́йно, а в соотве́тствии с тем, каки́м мы хоте́ли бы ви́деть ребёнка, когда́ он вы́растет? А чем бу́дете руково́дствоваться вы при вы́боре и́мени для своего́ ребёнка?

2. Чем мо́жно объясни́ть жела́ние дать ребёнку необы́чное и́мя? Како́е и́мя предпочли́ бы дать ребёнку вы — необы́чное и́ли доста́точно распространённое?

3. Как вы ду́маете, меня́ется ли с во́зрастом представле́ние челове́ка о со́бственном и́мени? Согла́сны ли вы с тем, что дете́й сле́дует называ́ть уменьши́тельными имена́ми? В како́м во́зрасте де́ти быва́ют обы́чно недово́льны свои́ми де́тскими имена́ми? Почему́?

4. Челове́ку не нра́вится его́ и́мя. О чём говори́т э́тот факт? Как мо́жно испра́вить положе́ние?

Вы никогда́ не заду́мывались над тем, что ме́жду и́менем челове́ка и его́ судьбо́й существу́ет определённая связь? Прочита́йте, что ду́мали по э́тому по́воду дре́вние, и кака́я то́чка зре́ния существу́ет сейча́с.

Ма́гия имён

О том, что ме́жду и́менем челове́ка, его́ хара́ктером и судьбо́й существу́ет не́которая необъясни́мая связь, дога́дывались ещё дре́вние. И́мя рассма́тривалось как определённый код. И тот, кто владе́л им, облада́л вла́стью над челове́ком, чьё и́мя бы́ло ему́ изве́стно. Опасе́ния пе́ред э́той вла́стью породи́ли обы́чай, кото́рый исто́рики и этно́графы нахо́дят практи́чески у всех наро́дов ми́ра, — обы́чай скрыва́ть своё и́мя.

Дре́вние бы́ли уве́рены, что судьба́ челове́ка определена́ его́ и́менем. Само́ лати́нское сло́во *fatum (судьба́)* восхо́дит к сло́ву *fari (произнести́, сказа́ть)*.

Так же, как и ру́сское сло́во *«рок» (судьба́)* восхо́дит к сло́ву *«ректи́», «наректи́» (назва́ть, сказа́ть).*

Но е́сли счита́лось, что судьба́ зави́сит от и́мени, мо́жно ли бы́ло измени́ть предопределённое? Ри́мляне ду́мали, что э́то так, и поэ́тому и́мя челове́ка писа́ли перевёрнутыми бу́квами, чтобы вы́звать тако́й же переворо́т, измене́ния в судьбе́.

Впро́чем, э́то представле́ние прису́ще не то́лько дре́вним. С ним свя́зан и сего́дняшний обы́чай переме́ны и́мени. Как и у дре́вних, он предполага́ет переме́ну и в судьбе́. И́менно в э́том смысл того́, что в бра́ке же́нщина берёт фами́лию му́жа. Так поступа́ют и писа́тели, и актёры, сочиня́я себе́ псевдони́м. Меня́ют и́мя и при приня́тии церко́вного са́на, при вступле́нии в та́йное о́бщество.

Что́бы определи́ть судьбу́ дете́й, роди́тели внима́тельно подбира́ли им имена́.

Е́сли дре́вние гре́ки хоте́ли, чтобы их сын стал, ска́жем, поэ́том, они́ называ́ли младе́нца Гоме́ром. Е́сли мечта́ли ви́деть сы́на фило́софом, дава́ли ему́ и́мя Плато́н. В на́ше вре́мя э́ту закономе́рность удало́сь подтверди́ть нау́чно. Зна́ете ли вы, что Ю́ры ча́ще други́х стано́вятся лётчиками, Ва́си — инжене́рами, Ди́мы — адвока́тами, а Са́ши — генера́лами? Изве́стно ли вам, что Вале́ры лу́чше пры́гают в высоту́, а И́гори — в длину́? А е́сли вас назва́ли Станисла́вом, вам суждено́ занима́ться эконо́микой. Нра́вится вам э́то и́ли не нра́вится, но судьба́ челове́ка действи́тельно зави́сит от его́ и́мени.

Како́е и́мя — така́я и жизнь
(отры́вок из интервью́ психо́лога-анали́тика Бори́са Хи́гира)

Корр. — Что же тако́е и́мя на са́мом де́ле?

Б.Х. — В и́мени зало́жен сложне́йший код, формиру́ющий всю жизнь челове́ка, его́ судьбу́. Определённые зву́ки влия́ют на соотве́тствующие уча́стки коры́ головно́го мо́зга. Поэ́тому, когда́ с са́мого ра́ннего де́тства со́тни люде́й миллио́ны раз произно́сят ва́ше и́мя, э́то нахо́дит отраже́ние в формирова́нии ва́шего хара́ктера. На́до уме́ть пра́вильно назва́ть ребёнка, чтобы он вы́рос норма́льным, здоро́вым и до́брым.

Корр. — Быва́ет, что ребёнку не нра́вится и́мя, кото́рое ему́ да́ли роди́тели, и он отка́зывается отклика́ться на него́. Что де́лать в э́том слу́чае?

Б.Х. — И́мя необходи́мо смени́ть. Ребёнок чу́вствует: что-то не то. У него́ мо́жет разви́ться ко́мплекс, вы́работаться неусто́йчивая не́рвная систе́ма.

Корр. — У нас при́нято называ́ть ребёнка в честь ба́бушки и́ли де́душки, ма́мы и́ли па́пы. Наско́лько э́то ве́рно?

Б.Х. — Я мно́го лет занима́юсь иссле́дованием имён. Со́бранная стати́стика свиде́тельствует: дете́й ни в ко́ем слу́чае не сто́ит называ́ть в честь уме́рших ро́дственников! Как пра́вило, на бу́дущей жи́зни дете́й э́то отража́ется негати́вно. Боле́знь, ра́нняя смерть, неуда́чная ли́чная жизнь. Та́кже ниче́м не опра́вдано называ́ть сы́на в честь отца́ и́ли дочь в честь ма́тери. Бу́дущие Семёны Семёновичи, Серге́и Серге́евичи в де́тском во́зрасте неуравнове́шенны, грубя́т, не ла́дят со све́рстниками.

Корр. — Что ещё необходи́мо учи́тывать при вы́боре и́мени?

Б.Х. — О́тчество. О́чень мно́гое зави́сит от звуково́й согласо́ванности и́мени и о́тчества. Наприме́р, Ви́ктор Ива́нович, Влади́мир Петро́вич — прекра́сное сочета́ние. А вот И́горь Максимилиа́нович, Дми́трий Станисла́вович — не совсе́м уда́чное. Пра́вильно подо́бранное к о́тчеству и́мя спосо́бствует духо́вному, гармони́чному разви́тию на́ших дете́й.

1. Почему́ появи́лся обы́чай скрыва́ть своё и́мя?
2. Отку́да идёт обы́чай переме́ны и́мени?
3. Мо́жно ли попыта́ться определи́ть судьбу́ свои́х дете́й?
4. Что необходи́мо учи́тывать при вы́боре и́мени?
5. Существу́ет ли у вас тради́ция называ́ть дете́й в честь пре́дков? Како́й то́чки зре́ния приде́рживается профе́ссор Хи́гир? Что по э́тому по́воду ду́маете вы?
6. Как вы счита́ете, действи́тельно ли ме́жду и́менем челове́ка и его́ судьбо́й существу́ет определённая связь? Подтверди́те свою́ то́чку зре́ния со́бственными приме́рами.

Никола́й и А́нна...
Тру́дно найти́ имена́, бо́лее люби́мые на Руси́. Почему́? Попро́буйте отве́тить на э́тот вопро́с, прочита́в вы́держки из двух стате́й, посвящённых э́тим имена́м.

«Мне да́ли и́мя при креще́нье — А́нна»

На Руси́ и́мя А́нна бы́ло люби́мо и осо́бо почита́емо с пе́рвых лет христиа́нства, так как оно́ принадлежа́ло ма́тери Богоро́дицы. И́мя А́нна означа́ло «благода́ть».

Пе́рвая носи́тельница э́того и́мени на Руси́ — сестра́ гре́ческих импера́торов Васи́лия и Константи́на, А́нна. Огромна́ её роль в христиа́низа́ции Руси́. Вот о чём свиде́тельствуют истори́ческие докуме́нты: ки́евский князь Влади́мир взял гре́ческий го́род Ко́рсунь и потре́бовал у импера́торов Васи́лия и Константи́на отда́ть ему́ в жёны их сестру́ А́нну. В слу́чае отка́за угрожа́л захвати́ть Константи́нополь. Напу́ганные и огорчённые импера́торы согласи́лись, но с усло́вием, что Влади́мир при́мет христиа́нство. По́сле его́ креще́ния был совершён обря́д бракосочета́ния. А́нна была́ ве́рной помо́щницей Влади́мира в церко́вных дела́х, его́ люби́мой жено́й, подари́вшей ему́ двух сынове́й — Бори́са и Гле́ба, кото́рые ста́ли пе́рвыми ру́сскими святы́ми.

С и́менем А́нна ассоции́руется привлека́тельный же́нский о́браз. А́нна — э́то же́нщина с то́нкой, чувстви́тельной душо́й.

Нема́ло ру́сских же́нщин, носи́вших и́мя А́нна, оста́вили след в ру́сской исто́рии. Среди́ них дочь Яросла́ва Му́дрого, императри́ца А́нна Иоа́нновна и дочь Петра́ Пе́рвого А́нна Петро́вна.

Сла́ва о красоте́ и уме́ до́чери Яросла́ва Му́дрого дошла́ до далёкой Фра́нции. Когда́ коро́ль Ге́нрих I уви́дел А́нну, он был поражён её красото́й. Вско́ре она́ ста́ла его́ жено́й и короле́вой Фра́нции.

Необыкнове́нной привлека́тельностью выделя́лась среди́ совреме́нников втора́я дочь Петра́ I — А́нна Петро́вна. Она́ была́ у́мной, краси́вой, образо́ванной же́нщиной, прекра́сно говори́ла по-неме́цки и по-францу́зски. В па́мять о ней был учреждён о́рден Свято́й А́нны.

В ру́сской поэ́зии навсегда́ сохрани́тся воспе́тая Пу́шкиным красота́ А́нны Петро́вны Керн. В стихотворе́нии, посвящённом А.П. Керн, ска́зано, что встре́ча с ней внесла́ в жизнь вели́кого поэ́та «и божество́, и вдохнове́нье, и жизнь, и слёзы, и любо́вь».

«Нико́ла Чудотво́рец Бо́гом силён»

И́мя Никола́й гре́ческого происхожде́ния и означа́ет «побежда́ющий наро́д». Свято́й Никола́й покрови́тельствовал лю́дям ра́зных профе́ссий: моряка́м, банки́рам, адвока́там, тем, кто занима́лся торго́влей. С его́ и́менем во́ины шли в бой.

О чудеса́х, твори́мых святы́м Никола́ем, существу́ет мно́го леге́нд. Са́мой популя́рной ста́ла исто́рия об отце́ трёх дочере́й. Став ни́щим, он гото́в был сде́лать их блудни́цами. Но свято́й Никола́й, узна́в об э́том, подбро́сил в дом бедняка́ три мешо́чка с золоты́ми моне́тами. С таки́м прида́ным дочере́й мо́жно бы́ло вы́дать за́муж. Так родила́сь в европе́йской тради́ции фигу́ра Са́нта-Кла́уса. А в Росси́и э́та же леге́нда породи́ла обы́чай проси́ть свято́го Никола́я о по́мощи, когда́ наступа́ла пора́ выдава́ть дочере́й за́муж.

На Руси́ свято́й Никола́й был популя́рен среди́ рыбако́в и крестья́н, кото́рые ви́дели в нём до́брого, уча́стливого свято́го, помо́щника во всех свои́х делах, Чудотворца. В честь святого Николая строили храмы. В России не было ни одного города без Никольского храма. В одной только Москве их было двадцать шесть.

Николаи — это люди, обладающие необыкновенной духовностью, склонностью к религиозным исканиям. Имя Николай носили многие русские христианские миссионеры. Они доходили до Китая и Японии, переводили на восточные языки церковные книги.

Николаи — большие любители путешествий, особенно они любят море. Выбрав этот путь, Николаи добивались выдающихся успехов. Многим известен русский путешественник и этнограф Николай Николаевич Миклухо-Маклай. Интересна и судьба декабриста Николая Александровича Бестужева. Он совершил три дальних плавания и оставил интереснейшие записки о Голландии. Особенно плодотворной была его деятельность на посту директора первого в России Морского музея.

 1. Какие образы ассоциируются у вас с именами Анна и Николай? Соответствуют ли они образам, описанным в статье?

2. Что вам уже было известно о женщинах, носящих имя Анна? Что вы узнали нового?

3. Почему святого Николая так почитали на Руси?

4. Что вы узнали о людях, которые носят имя Николай?

5. Есть ли у вас знакомые, которых зовут Анна и Николай? Как вы считаете, подходят ли им эти имена?

Дела́ шко́льные

Де́лу — вре́мя

Ско́ро в шко́лу! 🎧

Н.Ч. — Са́ша! Мой ру́ки и спать! Уже́ 9 часо́в! Все де́ти деся́тый сон ви́дят! А ты ещё не в крова́ти. Марш в свою́ ко́мнату!

Е.Ч. — Са́шенька, па́па прав. Тебе́ давно́ пора́ быть в посте́ли.

Еле́на ухо́дит с Са́шей, че́рез полчаса́ появля́ется.

Е.Ч. — Са́шка тако́й медли́тельный! Что он бу́дет де́лать в шко́ле?

Т.В. — Оста́вьте ребёнка в поко́е! Он же совсе́м ма́ленький. А к шко́ле поумне́ет. Ведь шко́ла ещё не за́втра.

Н.Ч. — Како́е там поумне́ет! А в шко́лу уже́ че́рез полго́да.

Т.В. — Почему́ че́рез полго́да? Ра́зве сейча́с в шко́лу иду́т не с семи́?

Н.Ч. — Како́е там с семи́! Вы, Татья́на Ва́сильевна, совсе́м отста́ли от жи́зни. Уже́ давно́ все де́ти хо́дят в шко́лу с шести́ лет.

Т.В. — Ай-я-я́й! Бе́дные де́ти! В шесть лет и уже́ на рабо́ту!

Н.Ч. — Да, о шко́ле на́до поду́мать уже́ сейча́с.

Е.Ч. — Ну, что каса́ется шко́лы, то ду́маю, пробле́м не бу́дет. Са́ша о́чень спосо́бный ма́льчик.

Н.Ч. — Спосо́бный? К чему́?

Е.Ч. — Да ко всему́. Ему́ пять, а он уже́ чита́ет. Стихо́в зна́ет ма́ссу.

Н.Ч. — Но поведе́ние?! Ведь никого́ не слу́шается!

Е.Ч. — А ты его́ поча́ще хвали́.

Т.В. — Вот, вот. Пра́вильно, Ле́ночка. Де́ти лю́бят, когда́ их хва́лят. А ты Са́шу постоя́нно руга́ешь. То не так, э́то не так.

Н.Ч. — Ну вот, вы опя́ть за своё. Ду́маю, что не то́лько руга́ть его́ на́до поча́ще, но и нака́зывать.

Т.В. — Что-о-о? Что ты говори́шь? Нака́зывать? Как мо́жно нака́зывать ребёнка!

Н.Ч. — Ну ла́дно. Не не́рвничайте. Я пошути́л. Но вы уж о́чень балу́ете ребёнка. Согласи́тесь, ему́ тру́дно бу́дет в шко́ле.

Е.Ч. — Да, шко́ла э́то пробле́ма. В каку́ю шко́лу его́ отда́ть?

И.П. — О́коло на́шего до́ма есть шко́ла. Мо́жет, туда́?

Е.Ч. — А кака́я она́?

И.П. — Шко́ла как шко́ла! Обы́чная.

Е.Ч. — Школ сейча́с ма́сса. На любо́й вкус. Гимна́зии, лице́и, шко́лы с углублённым изуче́нием иностра́нного языка́. Запу́таешься.

И.П. — Да, школ мно́го. А хоро́ших, как всегда́, ма́ло. Са́ша — гуманита́рный ма́льчик. У него́ я́вные спосо́бности к языка́м.

Е.Ч. — На днях я узна́ла, что в на́шем райо́не есть англи́йская спец-школа. Говоря́т, что преподава́тельский соста́в в ней о́чень си́льный. Мо́жет, туда́?

Н.Ч. — Шко́ла пла́тная?

Е.Ч. — Не зна́ю. А что, мо́жет, сто́ит и в пла́тную?

Т.В. — Не ве́рю я в пла́тные шко́лы!

Н.Ч. — Да ла́дно вам, Татья́на Васи́льевна! Вы всё по стари́нке. На́до бу́дет получ́ше узна́ть об э́той шко́ле. На днях съе́зжу, погово́рю с дире́ктором.

Е.Ч. — Съе́зди, съе́зди. Узна́й, каки́е тре́бования к собесе́дованию.

Т.В. — Како́е ещё собесе́дование?

Е.Ч. — Ты ра́зве не зна́ешь, ма́ма? Что́бы поступи́ть в гимна́зию, на́до пройти́ собесе́дование. Да, кста́ти, Ко́ля, Джон на днях принёс чернови́к свое́й статьи́ о ру́сской шко́ле. Проси́л, что́бы мы внима́тельно её прочита́ли. Сде́лали замеча́ния. Е́сли необходи́мо, коне́чно.

И.П. — О шко́ле? На́до же! Интере́сно. Ру́сская шко́ла глаза́ми америка́нца. Наве́рное, сплошна́я кри́тика.

Е.Ч. — Ну не без э́того, коне́чно. Но любопы́тно.

Т.В. — Да́йте-ка мне её. Почита́ю. И Джо́ну, е́сли на́до, помогу́. Мне он о́чень симпати́чен.

---

1 Ива́н Петро́вич обы́чно не вме́шивается в дела́ свое́й до́чери и зя́тя. Но сего́дняшний разгово́р заде́л его́ за живо́е. Ведь речь шла о люби́мом вну́ке. Что же бо́льше всего́ заинтересова́ло его́ в э́том разгово́ре? Вы поймёте э́то, отве́тив на вопро́сы.

1. Когда́ Са́ша до́лжен пойти́ в шко́лу?
2. Чем недово́лен Никола́й?
3. Кака́я шко́ла нахо́дится недалеко́ от до́ма Чернышо́вых?
4. В каку́ю шко́лу хо́чет отда́ть Ле́на своего́ сы́на?
5. Что ну́жно для того́, что́бы поступи́ть в спецшко́лу?

2 Из полило́га вы по́няли, что пробле́ма воспита́ния Са́ши волну́ет всех чле́нов семьи́. Что́бы лу́чше поня́ть пробле́мы, о кото́рых речь идёт в полило́ге, постара́йтесь определи́ть значе́ния не́которых слов и выраже́ний.

А

1. ___*8*___ хвали́ть (ребёнка)   1) де́лать всё, как хо́чет ребёнок; исполня́ть все жела́ния ребёнка
2. _____ балова́ть (ребёнка)   2) волнова́ться
3. _____ спосо́бный   3) всё вре́мя (руга́ть)
4. _____ слу́шаться (роди́телей)   4) я́рко вы́раженные (спосо́бности)
5. _____ я́вные (спосо́бности)   5) де́лать так, как говоря́т роди́тели
6. _____ ма́сса (стихо́в)   6) тала́нтливый
7. _____ постоя́нно (руга́ть)   7) мно́го (стихо́в)
8. _____ пла́тная (шко́ла)   8) говори́ть ребёнку, како́й он хоро́ший
9. _____ не́рвничать   9) шко́ла, за кото́рую на́до отдава́ть де́ньги

Б

10. _____ Марш в ко́мнату!   1) Не поумне́ет!
11. _____ Давно́ пора́ спать!   2) Ты опя́ть де́лаешь всё, как ра́ньше.
12. _____ Он уже́ деся́тый сон ви́дит.   3) ско́ро (съе́зжу)
13. _____ Оста́вьте ребёнка в поко́е!   4) Давно́ на́до спать!
14. _____ Како́е там поумне́ет!   5) Иди́ бы́стро в ко́мнату!
15. _____ Она́ отста́ла от жи́зни.   6) Сейча́с мно́го ра́зных школ.
16. _____ что каса́ется шко́лы, то...   7) Он уже́ давно́ спит.
17. _____ Ты опя́ть за своё!   8) Не на́до его́ руга́ть!
18. _____ Ну ла́дно! (Я пошути́л.)   9) Э́то обы́чная шко́ла.
19. _____ Шко́ла как шко́ла!   10) преподава́тельский коллекти́в
20. _____ Сейча́с школ на любо́й вкус!   11) Она́ не понима́ет, что происхо́дит вокру́г.

21. _____ преподава́тельский соста́в   12) е́сли говори́ть о шко́ле, то...
22. _____ на днях (съе́зжу)   13) Не тро́гайте ребёнка!
23. _____ Да ла́дно тебе́ его́ руга́ть!   14) Ну всё! (Не бу́дем об э́том бо́льше говори́ть. Я пошути́л)

3 Никола́й прекра́сно отно́сится к свое́й тёще. Но в вопро́сах воспита́ния он не во всём с ней согла́сен. Вы́деленные слова́ замени́те слова́ми, бли́зкими по значе́нию, и вы поймёте, что сейча́с волну́ет Никола́я. Испо́льзуйте слова́ и выраже́ния из зада́ния 2.

Татья́на Васи́льевна **всё де́лает, как хо́чет Са́ша. Всё вре́мя** говори́т ему́, како́й он **тала́нтливый,** хоро́ший ма́льчик. Ра́зве так мо́жно? Она́ его́ совсе́м испо́ртит. Коне́чно, Са́ша зна́ет **мно́го** стихо́в, уже́ чита́ет, хорошо́ счита́ет. Ба́бушка говори́т, что у него́ **я́рко вы́раженные** гуманита́рные спосо́бности. Я то́же так ду́маю, но то́лько не хочу́ об э́том говори́ть. **Е́сли говори́ть о шко́ле,** то на́до бу́дет отда́ть Са́шу в языкову́ю шко́лу. Сейча́с **сто́лько ра́зных** школ! **Ско́ро,** когда́ бу́дет вре́мя, зайду́ в англи́йскую гимна́зию. Говоря́т, там си́льный преподава́тельский **коллекти́в.** Хотя́ Татья́на Васи́льевна счита́ет, что он ещё мал для шко́лы. Да, моя́ тёща совсе́м **не понима́ет, что происхо́дит вокру́г!** Сейча́с тако́е вре́мя. Де́ти ра́но взросле́ют. **Всё, бо́льше не бу́ду ду́мать об э́тих пробле́мах!** Все уже́ **давно́ спят!** И мне **на́до** спать.

⇨ Что но́вого вы узна́ли?

4 Татья́на Васи́льевна во мно́гом не согла́сна с Никола́ем. Она́ ча́сто спо́рит со свои́м зя́тем по по́воду воспита́ния вну́ка. Вста́вьте в микродиало́ги предложе́ния из ра́мки, и вы узна́ете, о чём они́ обы́чно спо́рят.

Како́е там нельзя́!	Како́е там ма́ленький!
Како́е там послу́шный!	Како́е там пройдёт!

1. Т.В. — Са́ша ещё совсе́м ма́ленький ма́льчик!
   Н.Ч. — _*Како́е там ма́ленький!*_ ! Уже́ совсе́м взро́слый!

2. Т.В. — Са́ша о́чень послу́шный ребёнок!
   Н.Ч. — _____ ! Никого́ не слу́шается!

3. Т.В. — Са́шу нельзя́ нака́зывать.
   Н.Ч. — _____ ! На́до! Необходи́мо нака́зывать!

4. Т.В. — Са́шенька обяза́тельно пройдёт собесе́дование в шко́лу.
   Н.Ч. — _____ ! Ведь мы его́ соверше́нно не гото́вим.

> Да ла́дно тебе́ руга́ть его́! | Да ла́дно тебе́ смея́ться над ста́рым челове́ком!
> Да ла́дно тебе́ иска́ть шко́лу! | Да ла́дно тебе́ не́рвничать!

5. Н.Ч. — Не зна́ю, как Са́ша бу́дет учи́ться. Ведь в шко́лу уже́ ско́ро.

   Т.В. — _____ ! Всё бу́дет хорошо́!

6. Н.Ч. — Са́ша никого́ не слу́шается. Ложи́тся спать по́здно. Игру́шки не убира́ет.

   Т.В. — _____ ! Хоро́ший ма́льчик! У́мный, спосо́бный!

7. Н.Ч. — Татья́на Васи́льевна! Что вы говори́те? В шко́лу? С семи́? Мо́жет быть, вы ещё ска́жете, что де́ти иду́т в шко́лу с восьми́ лет?

   Т.В. — _____ ! Ну, не зна́ю, отста́ла от жи́зни!

8. Н.Ч. — Говоря́т, что в це́нтре есть хоро́шая англи́йская спецшко́ла!

   Т.В. — _____ ! У нас во дворе́ отли́чная шко́ла! Гла́вное, ря́дом!

⇨ О чём же бо́льше всего́ спо́рят Татья́на Васи́льевна и Никола́й?

---

5 Постара́йтесь восстанови́ть ещё оди́н диало́г Татья́ны Васи́льевны с Никола́ем, вста́вив в предложе́ния слова́ и констру́кции **ра́зве, како́е там, да ла́дно вам, да ла́дно тебе́.**

   Т.В. — Ко́ля, Са́ше, по-мо́ему, ра́но идти́ в шко́лу.

   Н.Ч. — Почему́ ра́но? _____*Ра́зве*_____ вы не зна́ете, что де́ти сейча́с иду́т в шко́лу с шести́?

   Т.В. — На́до же! С шести́! Так ра́но! Но он ведь ещё ма́ленький!

   Н.Ч. — _____ ма́ленький! Уже́ совсе́м большо́й ма́льчик. Избалова́ли его́, никого́ не слу́шается.

   Т.В. — _____ руга́ться! У вас с Ле́ной чуде́сный сын. Спосо́бный, послу́шный.

   Н.Ч. — _____ послу́шный! Никого́ не слу́шается. Уж о́чень вы его́ балу́ете, Татья́на Васи́льевна. Я ви́дел, как вы ему́ потихо́ньку конфе́ты даёте.

   Т.В. — Да, балу́ю. Ну и что? А ты его́ постоя́нно руга́ешь. _____ мо́жно ребёнка постоя́нно руга́ть? Хвали́ть его́ на́до поча́ще.

   Н.Ч. — _____ , Татья́на Васи́льевна! Никто́ ва́шего Са́шу не руга́ет.

⇨ Что но́вого о Татья́не Васи́льевне и Са́ше вы узна́ли?

   А как вас балова́ли ма́ма и́ли ба́бушка?

6 Татья́на Васи́льевна ведёт дневни́к. По́сле разгово́ра о шко́ле она́ о́чень разволнова́лась и сде́лала в дневнике́ не́сколько за́писей. Постара́йтесь прочита́ть и вы то, что написа́ла Татья́на Васи́льевна. Но для э́того вам на́до подобра́ть необходи́мые глаго́лы. Э́ти глаго́лы приво́дятся ни́же под звёздочкой (*).

1. В на́ше вре́мя дете́й _____*отдава́ли*_____ в шко́лу с семи́ лет. Сама́ я _____ в шко́лу да́же в во́семь лет. А сейча́с де́ти _____ в шко́лу с шести́. Каку́ю же шко́лу нам вы́брать? Мо́жно, коне́чно, _____ Са́шу в обы́чную шко́лу. Почему́ нет? К тому́ же проста́я шко́ла совсе́м недалеко́ от на́шего до́ма, во дворе́. Но роди́тели хотя́т _____ его́ в лингвисти́ческую гимна́зию. А что́бы _____ в спецшко́лу, на́до _____ специа́льное собесе́дование. Ле́на говори́т, что к э́тому собесе́дованию Са́шу на́до гото́вить. На собесе́довании у дете́й проверя́ют слух, па́мять. Ребёнок до́лжен уме́ть хорошо́ чита́ть. И, как вы́яснилось, не все де́ти _____ в гимна́зию.

* Поступа́ть/поступи́ть (2 ра́за); идти́/пойти́ (2 ра́за); отдава́ть/отда́ть (3 ра́за); пройти́.

⇨ Что но́вого о шко́ле и Татья́не
Васи́льевне вы узна́ли?
Во ско́лько лет иду́т в шко́лу в ва́шей
стране́? В ва́шей стране́ в шко́лу «иду́т»
и́ли «поступа́ют»?

2. Ко́ля всё вре́мя _____ меня́, что я _____ ребёнка. А как же не _____? Ведь он же мой внук! Вообще́-то, я ду́маю, что дете́й _____ нельзя́. Их на́до то́лько _____. Ле́на, когда́ была́ ма́ленькой, была́ о́чень непослу́шным ребёнком. Я иногда́ её то́же, коне́чно, _____. Но никогда́ не _____. А Ко́ля меня́ вчера́ удиви́л. Я про́сто потеря́ла дар ре́чи, когда́ он сказа́л, что Са́шу на́до _____. Наве́рное, в де́тстве его́ и _____, и _____.

* Балова́ть (2 ра́за); нака́зывать (4 ра́за); хвали́ть; руга́ть (3 ра́за).

⇨ Что но́вого вы узна́ли о Ле́не?
А вы в де́тстве бы́ли послу́шным
ребёнком?

7 Каки́м до́лжен быть хоро́ший шко́льный учи́тель и каки́м до́лжен быть хоро́ший учени́к? Джон, когда́ писа́л статью́, задава́л э́ти вопро́сы свои́м друзья́м. Слу́шая их отве́ты, Джон обрати́л внима́ние, что сло́во **спосо́бность** (ед. число́) и сло́во **спосо́бности** (мн. число́) име́ют ра́зную сочета́емость. Попро́буйте поня́ть и вы, кака́я фо́рма существи́тельного употребля́ется, когда́ речь идёт о тала́нте челове́ка, его́ уме́, а кака́я фо́рма употребля́ется для обозначе́ния уме́ния де́лать что́-то.

7.1. Каки́м до́лжен быть хоро́ший учени́к?

> Е.Ч. — Хоро́ший учени́к до́лжен име́ть спосо́бности к матема́тике и други́м то́чным нау́кам.
>
> Т.В. — Он до́лжен име́ть музыка́льные спосо́бности.
>
> И.П. — У него́ должны́ быть лингвисти́ческие спосо́бности.

Обрати́те внима́ние на спи́сок слов, кото́рые мо́гут употребля́ться со сло́вом **спосо́бности**. Допо́лните э́тот спи́сок.

спосо́бности	*к чему́?*	к языка́м, к жи́вописи... _к му́зыке,_ _____
спосо́бности	*каки́е?*	литерату́рные спосо́бности, лингвисти́ческие спосо́бности... _____

⇨ А каки́м представля́ете хоро́шего ученика́ вы?

7.2. Каки́м до́лжен быть хоро́ший учи́тель?

> Н.Ч. — Хоро́ший учи́тель до́лжен облада́ть спосо́бностью выража́ться то́чно.
>
> Т.В. — Спосо́бность люби́ть — вот что отлича́ет хоро́шего учи́теля от плохо́го.
>
> Е.Ч. — Спосо́бность крити́чески относи́ться к себе́ — гла́вная черта́ хоро́шего учи́теля.

Обрати́те внима́ние на спи́сок слов, кото́рые мо́гут употребля́ться со сло́вом **спосо́бность**. Допо́лните э́тот спи́сок.

спосо́бность	*что де́лать?*	хорошо́ говори́ть, то́нко чу́вствовать, мно́го рабо́тать над собо́й... _____

⇨ А каки́м представля́ете хоро́шего учи́теля вы?

7.3. Джо́ну о́чень симпати́чен Ива́н Петро́вич Кузнецо́в — изве́стный учёный, прекра́сный преподава́тель и интере́сный челове́к. Прочита́йте, что говоря́т об Ива́не Петро́виче его́ бли́зкие, и помоги́те Джо́ну переда́ть то, что он услы́шал, други́ми слова́ми. Употребля́йте слова́ **спосо́бность** и **спосо́бности** в констру́кции «*кто?* **облада́ет** *чем?*».

Т.В. — Мой муж то́нко чу́вствует поэ́зию, приро́ду.
Мой муж облада́ет спосо́бностью то́нко чу́вствовать поэ́зию, приро́ду.

Е.Ч. — Па́па прекра́сно пи́шет. Скажу́ по секре́ту, что он чита́л мне не́сколько свои́х расска́зов. По-мо́ему, о́чень непло́хо.

_____

_____

Н.Ч. — Мой тесть уме́ет то́чно выража́ть свои́ мы́сли, убеди́тельно дока́зывать свою́ то́чку зре́ния.

_____

_____

Т.В. — Ва́нечка зна́ет не́сколько языко́в.

_____

_____

Н.Ч. — У Ива́на Петро́вича хоро́ший хара́ктер, он уме́ет сохраня́ть со все́ми до́брые отноше́ния.

_____

_____

Е.Ч. — Па́па уме́ет внима́тельно слу́шать собесе́дника.

_____

_____

⇨ Что ду́мают об Ива́не Петро́виче его́ ро́дственники?

7.4. Скажи́те, каки́ми спосо́бностями должны́ облада́ть врач, спортсме́н, учёный, писа́тель?

8 Иван Петрович, как и его жена, много думал о внуке, о его будущем. Он несколько раз в мыслях возвращался к разговору, который произошёл на днях. Что же именно запомнилось Ивану Петровичу? А чтобы вам не было скучно, запишите воспоминания Ивана Петровича в форме полилога. Для этого вам надо перевести косвенную речь в прямую. Слева читайте, о чём думал дедушка Саши, а справа пишите полилог.

Вчера Саша, как обычно, долго не шёл спать.

1. Я сказал ему, что уже 9 часов и все дети давно спят.

2. Потом я добавил, чтобы он быстрее шёл в кровать.

3. Лена сказала, что дедушка абсолютно прав. И добавила, что все дети уже десятый сон видят.

Танечка, как всегда, начала защищать внука.

4. Она попросила нас, чтобы мы оставили ребёнка в покое.

Потом заговорили о школе.

5. Мой зять всё время повторял, что Саша совершенно не готов к школе.

6. Лена сказала, что Саша очень способный мальчик и проблем со школой у него не будет.

7. Николай ответил, что он очень сомневается в способностях Саши.

Николай недоволен поведением Саши.

8. Он сказал, что Сашка никого не слушается.

9. На что Танечка справедливо заметила, что, чем больше детей хвалишь, тем лучше. А Коля его всё время ругает.

10. Потом Лена задала нам очень важный вопрос, в какую школу отдать мальчика.

---

1. И.П. — *Уже 9 часов, и все дети давно спят.*

2. _____

3. Е.Ч. — _____

4. Т.В. — _____

5. Н.Ч — _____

6. Е.Ч. — _____

7. Н.Ч. — _____

8. _____

9. Т.В. — _____

10. Е.Ч. — _____

11. Она́ поинтересова́лась, не слы́шал ли кто́-нибудь из нас о шко́ле, кото́рая нахо́дится недалеко́ от на́шего до́ма.

12. Я отве́тил, что о́коло нас есть обы́чная шко́ла.

Ока́зывается, Ле́на уже́ наводи́ла спра́вки о шко́лах.

13. Она́ сказа́ла, что в на́шем райо́не есть англи́йская спецшко́ла.

14. Я, коне́чно, за́дал ей вопро́с, си́льный ли там преподава́тельский соста́в.

15. Она́ отве́тила утверди́тельно.

16. Ко́ля спроси́л, пла́тная ли э́та шко́ла.

17. Еле́на отве́тила, что она́ не зна́ет.

18. Ле́на попроси́ла Никола́я съе́здить в э́ту шко́лу и узна́ть о ней подро́бнее.

19. Ле́на, к на́шему с Та́нечкой удивле́нию, говоря́ о шко́ле, доба́вила, что не все де́ти мо́гут попа́сть в э́ту шко́лу. Что́бы попа́сть в неё, на́до пройти́ собесе́дование.

Пото́м речь зашла́ о Джо́не.

20. Ле́ночка спроси́ла, слы́шали ли мы, что Джон написа́л статью́ о ру́сской шко́ле.

21. Таню́ша попроси́ла, что́бы ей да́ли э́ту статью́ почита́ть.

Представля́ю! Кака́я бу́дет кри́тика! Но Джо́ну поле́зно обща́ться с Таню́шей. Ведь она́ помога́ет ему́ соверше́нствовать ру́сский язы́к.

11. _____
_____
_____
_____

12. И.П. — _____

13. Е.Ч. — _____
_____

14. И.П. — _____

15. Е.Ч. — _____

16. Н.Ч. — _____
_____

17. Е.Ч. — _____

18. _____
_____
_____

19. _____
_____
_____
_____

20. _____
_____

21. Т.В. — _____

⇨ Как вы ду́маете,
что в разгово́ре о Са́ше бо́льше всего́
удиви́ло Ива́на Петро́вича?

9 О воспита́нии, как пра́вило, начина́ют говори́ть, когда́ возника́ют пробле́мы с детьми́. Посмотри́те полило́г ещё раз и скажи́те, с каки́ми тру́дностями столкну́лась семья́ Чернышо́вых. Расскажи́те, как отно́сятся к пробле́мам воспита́ния Никола́й и Татья́на Васи́льевна. Чей подхо́д ка́жется вам бо́лее пра́вильным?

10 Предста́вьте, что вы оди́н из чле́нов семьи́ Чернышо́вых. Расскажи́те, о чём шла речь в полило́ге от лица́ Ле́ны Чернышо́вой, Никола́я Чернышо́ва, Татья́ны Васи́льевны, Ива́на Петро́вича и Са́ши.

А е́сли бы при разгово́ре прису́тствовал Джон? Что бы он мог сказа́ть?

11 А тепе́рь разыгра́йте полило́г в гру́ппе.

12 Как воспи́тывают дете́й в ва́шей стране́? Ча́сто ли им говоря́т сло́во «нельзя́», ча́сто ли дете́й хва́лят? А мо́жет быть, нака́зывают? Принима́ют ли ба́бушки и де́душки уча́стие в воспита́нии дете́й?

 Наконе́ц Татья́на Васи́льевна реши́ла прочита́ть статью́ Джо́на. Вы то́же прочита́йте э́ту статью́ и скажи́те, что вам показа́лось интере́сным.

Шко́ла в Росси́и 🎧

Мно́гое измени́лось в шко́льном образова́нии в Росси́и за после́днее вре́мя. Наприме́р, повсю́ду открыва́ются шко́лы с углублённым изуче́нием матема́тики, иностра́нных языко́в, биоло́гии, хи́мии... Таки́е шко́лы бы́ли и ра́ньше. Но пре́жде они́ называ́лись спецшко́лами (специа́льными шко́лами), и бы́ло их в Росси́и о́чень ма́ло. Сейча́с таки́х школ ста́ло бо́льше. Мно́гие из них называ́ются гимна́зиями и́ли лице́ями. Попа́сть в лице́й и́ли гимна́зию непро́сто. Что́бы поступи́ть в таку́ю шко́лу, ребёнок до́лжен пройти́ специа́льное собесе́дование. Не́которые гимна́зии и лице́и пла́тные и мно́гим па́пам и ма́мам не по карма́ну. Кла́ссы в таки́х шко́лах ма́ленькие. В них у́чатся 6–10 челове́к.

Как же живётся обы́чному шко́льнику в обы́чной сре́дней шко́ле в Росси́и?

В шко́лу роди́тели отдаю́т ребёнка в 6 лет. Пе́рвый год счита́ется подгото́вительным. Кла́ссы в городски́х шко́лах, как пра́вило, перепо́лнены. Иногда́ в одно́м кла́ссе быва́ет до 30 дете́й. Все де́ти, незави́симо от свои́х спосо́бностей и интере́сов, занима́ются в одно́м кла́ссе. На уро́ке учи́тель обы́чно ориенти́руется на ученика́ со сре́дними спосо́бностями. Одарённые де́ти ча́сто скуча́ют в шко́ле.

Заня́тия в шко́ле начина́ются в 8.30 утра́. Уро́к продолжа́ется 40 мину́т. Переме́ны ме́жду уро́ками — 10 мину́т. На одно́й, большо́й, переме́не, кото́рая продолжа́ется 20 мину́т, шко́льники обе́дают: едя́т бу́лки и́ли пирожки́ в буфе́те.

Некоторые приносят бутерброды из дома. Для школьников младших классов в школе всегда есть горячие обеды.

У малышей в начальной школе каждый день 4—5 уроков, старшеклассники проводят в школе полдня. Восьмой урок кончается в четвёртом часу. В начальной школе есть группы продлённого дня. В таких группах остаются дети после школы, если их родители поздно кончают работать. Здесь дети делают уроки, гуляют, ужинают. Эти группы платные.

Детей в школе не наказывают. Если ученик плохо ведёт себя на уроке, ему записывают замечание в дневник и просят, чтобы расписались родители. Если это не помогает, родителей вызывают в школу. Один раз в четверть в школе устраивается родительское собрание, на котором преподаватели говорят о каждом ребёнке и оценивают его способности, успеваемость, поведение. Особо провинившихся учеников могут вызвать на такое собрание. Если ученик мешает другим заниматься, шумит, разговаривает, учитель может выгнать его из класса или отправить к директору.

Успеваемость в русской школе оценивается по пятибалльной системе. Высший балл — 5 (пятёрка), низший — 1 (единица). «Отличник» — это школьник, который учится на «отлично», на пятёрки. Если ребёнок плохо учится, его могут оставить на второй год.

Последний, выпускной класс — самый трудный и напряжённый. Ведь именно сейчас юноше или девушке надо выбрать, куда идти учиться дальше. В свои 15—16 лет школьник уже должен знать, кем он будет всю свою жизнь. Обычно в выпускном классе ученики ходят на специальные курсы для абитуриентов. Такие курсы организуются при каждом высшем учебном заведении (вузе). Состоятельные родители нанимают репетиторов. Ведь поступить в вуз нелегко. В некоторые вузы большие конкурсы. Например, на филологический факультет МГУ каждый год конкурс составляет более 5—7 человек на одно место.

Дети в российской школе получают серьёзное и разностороннее образование. Министерством разрабатываются программы, учитывающие разный профиль школ. В этих программах есть предметы, обязательные для всех школ, независимо от специализации. В обязательный естественно-научный цикл предметов входят математика, геометрия, физика, химия, биология, география, астрономия. Гуманитарный цикл составляют такие предметы, как русский язык и литература, иностранные языки, история. В начальной школе есть занятия по музыке, пению, рисованию. Обязательно два раза в неделю у детей уроки физкультуры. Кроме обязательных предметов, школьникам предлагается ряд предметов по выбору.

13 Татья́на Васи́льевна, так же как и вы, внима́тельно прочита́ла статью Джо́на. Прочита́в её, она́ поняла́, что совсе́м отста́ла от жи́зни. Что же заинтересова́ло Татья́ну Васи́льевну? Вы узна́ете э́то, когда́ сде́лаете упражне́ние. Чита́йте предложе́ния и выража́йте своё согла́сие и́ли несогла́сие.

1. В Росси́и открыва́ются гимна́зии и лице́и.

Да, это верно. В России открываются гимназии и лицеи.

Да, верно, что в России открываются гимназии и лицеи.

Да, действительно, в России открываются гимназии и лицеи.

2. Попа́сть в гимна́зию и́ли лице́й о́чень про́сто.

Нет, это не так. Насколько я помню, попасть в гимназию или лицей непросто.

По-моему, это неверно. Насколько я помню, попасть в гимназию или лицей непросто.

3. Обуче́ние в гимна́зиях беспла́тное.
4. В Росси́и есть то́лько гимна́зии и лице́и.
5. Ребёнка отдаю́т в шко́лу в 6 лет.
6. Обы́чно в кла́ссе у́чится бо́лее 40 дете́й.
7. Заня́тия в шко́ле начина́ются в полови́не девя́того.
8. На большо́й переме́не шко́льники спят.
9. В шко́лах есть гру́ппы продлённого дня.
10. Дете́й в шко́ле нака́зывают.
11. Роди́телей никогда́ не вызыва́ют в шко́лу.
12. Е́сли учени́к пло́хо ведёт себя́ в кла́ссе, его́ мо́гут оста́вить без обе́да.
13. «Отли́чник» — э́то шко́льник, кото́рый у́чится на «пятёрки».
14. Поступи́ть в вуз легко́.
15. В не́которые ву́зы больши́е ко́нкурсы.
16. Мно́гие шко́льники хо́дят на ку́рсы для абитурие́нтов.
17. Фи́зика, матема́тика, ру́сский язы́к, исто́рия, физкульту́ра — предме́ты, обяза́тельные для всех школ.
18. Ка́ждая шко́ла сама́ реша́ет, каки́е предме́ты в шко́ле должны́ быть обяза́тельными.

14 Вы прочита́ли статью́ Джо́на о шко́ле. Джо́ну не всегда́ бы́ло легко́ вы́разить свою́ мысль то́чно и гра́мотно. Татья́на Васи́льевна, прочита́в чернови́к статьи́, мно́гое попра́вила в ней. Вы́полнив не́сколько зада́ний, вы узна́ете, каки́е тру́дности возни́кли у Джо́на.

14.1. Снача́ла порабо́тайте над ле́ксикой. Пра́вильно ли вы понима́ете не́которые слова́?

1. Одарённый ребёнок — э́то

   а) ___√___ тала́нтливый ребёнок;

   б) _____ ребёнок, кото́рый получи́л пода́рок.

2. Успева́емость — э́то

   а) _____ спосо́бность челове́ка успева́ть всё де́лать во́время;

   б) _____ оце́нка у́ровня зна́ний.

3. Разносторо́ннее образова́ние — э́то

   а) _____ получе́ние зна́ний по ра́зным предме́там;

   б) _____ получе́ние зна́ний по одному́ предме́ту из ра́зных исто́чников.

4. Абитурие́нты — э́то

   а) _____ шко́льники, кото́рые сдаю́т экза́мены в вуз;

   б) _____ шко́льники, кото́рые конча́ют шко́лу.

5. В гимна́зию де́ти поступа́ют, то есть

   а) _____ в гимна́зию беру́т всех дете́й;

   б) _____ в гимна́зию беру́т то́лько дете́й, кото́рые прошли́ собесе́дование.

6. Дете́й в шко́ле не нака́зывают, то есть

   а) _____ не руга́ют;

   б) _____ не бьют.

7. В дневнике́ роди́тели должны́ распи́сываться, то есть

   а) _____ ста́вить свою́ по́дпись в знак того́, что они́ согла́сны с тем, что прочита́ли;

   б) _____ ста́вить свою́ по́дпись в знак того́, что они́ познако́мились с тем, что прочита́ли.

8. Большинство́ програ́мм для школ разраба́тывается министе́рством, то есть

   а) _____ министе́рство рабо́тает по э́тим програ́ммам;

   б) _____ министе́рство создаёт э́ти програ́ммы.

14.2. Продо́лжите ряд словосочета́ний.

шко́ла — с углублённым изуче́нием англи́йского языка́; с лингвисти́ческим укло́ном... _с си́льным преподава́тельским соста́вом,_

ребёнок — со сре́дними спосо́бностями, с больши́м бу́дущим, с хоро́шими зна́ниями англи́йского языка́...

экза́мены — по биоло́гии, по ру́сскому языку́, по матема́тике...

— за сре́днюю шко́лу, за пе́рвый курс...

отме́тки — по матема́тике, по биоло́гии, по литерату́ре...

ку́рсы — ру́сского языка́, англи́йского языка́...

— для шко́льников, для абитурие́нтов, для жела́ющих вы́учить англи́йский язы́к...

— при университе́те, при шко́ле, при До́ме культу́ры...

уро́к — ру́сского языка́, матема́тики, фи́зики...

заня́тия — по му́зыке, по биоло́гии, по ру́сскому языку́...

▷ Каки́е шко́лы есть в ва́шей стране́?
Каки́е уро́ки вы бо́льше всего́ люби́ли, когда́ учи́лись в шко́ле?
Каки́е экза́мены вы сдава́ли в шко́ле?
Како́й экза́мен вам бо́льше всего́ запо́мнился и почему́?

Есть ли у вас ку́рсы для абитурие́нтов?
Е́сли да, то расскажи́те о них.

14.3. Составьте предложения, используя информацию текста. Употребляйте конструкцию **если, то...**

1. Если у родителей есть деньги, _то они могут отдать ребёнка в платную школу._

2. Если у ребёнка явные способности к математике, _____

3. Если ребёнок плохо учится, _____

4. Если ученик плохо ведёт себя на уроке, _____

5. Если ученик хорошо отвечает на уроке, _____

6. Если школьник решил поступить в высшее учебное заведение, _____

⇨ А как поступают в подобных ситуациях у вас?
Закончите предложения, имея в виду школу вашей страны.

14.4. Из двух предложений составьте одно со словом **который.**

1. а) На большой перемене школьники обедают. Большая перемена продолжается 20 минут.
   б) Большая перемена продолжается 20 минут. Во время этой перемены школьники обедают.
   а) _На большой перемене, которая продолжается 20 минут, школьники обедают._
   б) _Большая перемена, во время которой школьники обедают, продолжается 20 минут._

2. а) Родители отдают своих детей в группы продлённого дня. Родители поздно возвращаются с работы.
   б) Для учеников в школе есть группы продлённого дня. Родители этих учеников поздно возвращаются с работы.
   а) _____
   б) _____

3. а) «Отличник» — это школьник. Этот школьник учится на «отлично».

   б) «Отличник» — это школьник. У этого школьника одни пятёрки.

   в) «Отличник» — это школьник. Отметки этого школьника всегда очень хорошие.

   а) _____

   _____

   б) _____

   _____

   в) _____

   _____

4. а) На филологический факультет поступить нелегко. Филологический факультет является одним из факультетов университета.

   б) На филологический факультет поступить нелегко. Конкурс на филологический факультет составляет более пяти-семи человек на место.

   а) _____

   _____

   б) _____

   _____

⇨ Есть ли в вашей школе большая перемена? Если да, то сколько времени она продолжается и что на ней делают школьники?

Есть ли в вашей стране понятие «отличник»? Были ли среди ваших друзей отличники? Если да, то расскажите о них.

Есть ли у вас конкурсы в вузы? Если да, то в какие вузы самые большие конкурсы?

14.5 Замените активные конструкции пассивными. Следите: 1) за наличием или отсутствием в предложении субъекта, 2) за видом глагола, 3) за временем глагола.

1. **Преподаватель устраивает** собрание.
   Собрание устраивается преподавателем.

2. Сейчас министерство разрабатывает программы для большинства школ.

   _____

3. Раньше министерство создавало все программы для школ.

   _____

4. Может быть, скоро школы будут составлять программы без участия министерства.

_____

5. **В школе устраивают** собрание.
   В школе устраивается собрание.

6. На родительском собрании оценивают успеваемость каждого школьника.

_____

7. Раньше на такие собрания приглашали директора.

_____

8. Скоро на собрании будут обсуждать проблемы выпускных экзаменов.

_____

9. **Преподаватель устроил** собрание (устроен, -а, -о, -ы).
   Собрание (было) устроено преподавателем.

10. Вчера преподаватель отправил мальчика к директору (отправлен, -а, -о, -ы).

_____

11. Завтра директор вызовет родителей мальчика в школу (вызван, -а, -о, -ы).

_____

12. **В школе устроили** собрание (устроен, -а, -о, -ы).
    В школе (было) устроено собрание.

13. Дома мальчика наказали (наказан, -а, -о, -ы).

14. Ему не купят новую игрушку (куплен, -а, -о, -ы).

_____

⇨ В вашей стране школы сами разрабатывают учебные программы или программы создаются министерствами?

Устраиваются ли в ваших школах родительские собрания? Если да, то кто их проводит? Как они проводятся?

Существует ли в вашей школе система наказаний? Если да, то скажите, за что может быть наказан школьник?

14.6. Татья́на Васи́льевна вы́писала предложе́ния, в кото́рых она́ нашла́ оши́бки и сде́лала для Джо́на ма́ленькое упражне́ние. Помоги́те Джо́ну сде́лать э́то упражне́ние. По́мните, что иногда́ вы мо́жете дать не то́лько акти́вную, но и пасси́вную констру́кцию.

1. Росси́я... повсю́ду открыва́ть... шко́лы... углублённое изуче́ние... англи́йский язы́к... —

   В России повсю́ду открыва́ют шко́лы с углублённым изуче́нием английского языка. / В России повсю́ду открыва́ются шко́лы с углублён-ным изуче́нием английского языка.

2. Поступи́ть... така́я шко́ла... непро́сто... —

3. Мно́гие... па́пы и ма́мы... пла́тные шко́лы... не... карма́н... —

4. Росси́я... де́ти... идти́... шко́ла... шесть... год... —

5. Обы́чная сре́дняя шко́ла... учи́тель... ориенти́роваться... ученики́... сре́дние спосо́бности... —

6. Де́ти... незави́симо... спосо́бности... и интере́сы... занима́ться... оди́н класс... —

7. Де́ти... нача́льная шко́ла... ка́ждый день... четы́ре-пять уро́ков... —

8. Ка́ждая шко́ла... есть... гру́ппы... продлённый день... —

9. Оди́н раз... че́тверть... шко́ла... устра́ивать... роди́тельское собра́ние... —

10. Собра́ние... обсужда́ть... шко́льные пробле́мы... —

11. Преподава́тели... оце́нивать... успева́емость... и поведе́ние... де́ти... —

12. Успева́емость... ру́сская шко́ла... оце́нивать... пятиба́лльная систе́ма... —

13. Уче́бные програ́ммы... ру́сские шко́лы... разраба́тывать... министе́рство...—

14. Есть... предме́ты... обяза́тельные... все шко́лы... незави́симо... про́филь...—

_____

15. Обяза́тельные предме́ты... шко́льники... предлага́ть... ряд... предме́ты... вы́бор... —

_____

_____

15 Тепе́рь напиши́те кра́ткое содержа́ние статьи́ Джо́на, вста́вив пропу́щенные слова́ и выраже́ния.

Сейча́с в Росси́и повсю́ду открыва́ются шко́лы _с углублённым изучением математики, иностранных языков, биологии, химии_. Таки́е шко́лы бы́ли и ра́ньше. Но пре́жде они́ называ́лись _____, и бы́ло их в Росси́и о́чень ма́ло. Сейча́с мно́гие из них ста́ли называ́ться _____. Учи́ться в таки́х шко́лах счита́ется прести́жным. Но _____ в лице́й и́ли гимна́зию непро́сто. Что́бы _____ в таку́ю шко́лу, ребёнок до́лжен _____ _____ собесе́дование. Не́которые шко́лы ста́ли пла́тными, и мно́гим па́пам и ма́мам _____. Кла́ссы в таки́х шко́лах ма́ленькие. В них _____ 6–10 челове́к.

Как же живётся _____ шко́льнику в _____ сре́дней шко́ле в Росси́и?

В шко́лу ребёнка роди́тели _____ в 6 лет. Кла́ссы в городски́х шко́лах обы́чно перепо́лнены. Иногда́ в кла́ссе быва́ет до _____ дете́й. Все де́ти, незави́симо от _____ и интере́сов, занима́ются в одно́м кла́ссе. Учи́тель на уро́ке обы́чно ориенти́руется на ученика́ _____. _____ _____ де́ти ча́сто скуча́ют в шко́ле.

У малыше́й в _____ шко́ле ка́ждый день 4-5 уро́ков. _____ прово́дят в шко́ле полдня́. Восьмо́й уро́к конча́ется в четвёртом часу́. В ка́ждой шко́ле есть гру́ппы _____. В таки́х гру́ппах де́ти занима́ются, гуля́ют, обе́дают.

Дете́й в шко́ле не _____. Е́сли учени́к пло́хо _____ на уро́ке, преподава́тель запи́сывает замеча́ние в _____ и про́сит, что́бы _____ роди́тели. Е́сли э́то не помога́ет, роди́телей _____ в шко́лу. Оди́н раз в _____ в шко́ле устра́ивают _____, на кото́ром учителя́ говоря́т о ка́ждом ребёнке и оце́нивают его́ _____ _____. Е́сли учени́к меша́ет други́м _____, шуми́т, разгова́ривает, учи́тель мо́жет _____ его́ из кла́сса и́ли _____ к дире́ктору.

В ру́сской шко́ле _____ оце́нивается по пятиба́лльной систе́ме. Вы́сший балл 5, ни́зший — 1. _____ — э́то шко́льник, кото́рый у́чится на «отли́чно», на _____. Е́сли ребёнок пло́хо у́чится, его́ мо́гут _____.
Е́сли шко́льник после́дние не́сколько лет у́чится на пятёрки, он получа́ет золоту́ю меда́ль.

⇨ Что но́вого о шко́льном образова́нии
в Росси́и вы узна́ли?

16 Татья́на Васи́льевна позанима́лась с Джо́ном. А пото́м Джон попроси́л её показа́ть ему́ свои карти́ны. Татья́на Васи́льевна, е́сли вы по́мните, худо́жник. Джон поинтересова́лся у Татья́ны Васи́льевны, где она́ учи́лась жи́вописи. Прочита́йте и вы расска́з Татья́ны Васи́льевны, а заодно́ обрати́те внима́ние на употребле́ние глаго́лов **учи́ться, занима́ться, изуча́ть, учи́ть/научи́ть, учи́ться/научи́ться, учи́ть/вы́учить.** Чита́йте текст и подчёркивайте э́ти глаго́лы.

Я родила́сь в Сара́тове. Есть тако́й го́род на берегу́ Во́лги. Вы, наве́рное, и не зна́ете. Там я провела́ де́тство. В Сара́тове я учи́лась в шко́ле. Я учи́лась в обы́чной шко́ле. Когда́ я учи́лась в пя́том кла́ссе, я начала́ занима́ться в сту́дии жи́вописи. Сту́дия находи́лась в на́шей шко́ле. Там я занима́лась по вечера́м. В сту́дии рабо́тал прекра́сный педаго́г — Влади́мир Серге́евич. Замеча́тельный был челове́к! Влади́мир Серге́евич занима́лся со мной не то́лько жи́вописью. О! Я научи́лась у него́ мно́гому! Влади́мир Серге́евич учи́л меня́ ду́мать, понима́ть приро́ду, люби́ть люде́й. Он знал ма́ссу стихо́в, прекра́сно пел, игра́л на пиани́но. Представля́ете, Джон, Влади́мир Серге́евич знал всего́ «Евге́ния Оне́гина» наизу́сть! Он говори́л, что вы́учил «Оне́гина» ещё в де́тстве. Вы, Джон, наве́рное, слы́шали, что я немно́го игра́ю на фортепья́но? Так э́то Влади́мир Серге́евич научи́л меня́ игре́ на фортепья́но. Да... У Влади́мира Серге́евича я учи́лась рисова́ть, игра́ть на фортепья́но и да́же петь. Незабыва́емые бы́ли го́ды! В 16 лет я поступи́ла в худо́жественное учи́лище там же, в Сара́тове. Там я учи́лась 4 го́да. В учи́лище бы́ли о́чень серьёзные заня́тия. Мы изуча́ли рабо́ты ста́рых мастеро́в, исто́рию иску́сств, академи́ческий рису́нок и мно́гое друго́е.

16.1. Джо́на о́чень заинтересова́л расска́з Татья́ны Васи́льевны. О не́которых веща́х он реши́л расспроси́ть её подро́бнее. Что же бо́льше всего́ заинтересова́ло Джо́на? Об э́том вы узна́ете, вы́полнив не́сколько упражне́ний. А что́бы вам бы́ло ле́гче де́лать э́ти упражне́ния, посмотри́те табли́цу употребле́ния глаго́лов гру́ппы **учи́ться** и продо́лжите спи́сок слов в графе́ «приме́ры».

глаго́л	управле́ние	значе́ние	приме́ры
учи́ться	где?	проходи́ть курс обуче́ния в уче́бном заведе́нии	в шко́ле, в университе́те... _в институ́те,_
занима́ться	где?	гото́виться к заня́тиям	до́ма, на ку́хне, в библиоте́ке...
		име́ть заня́тия, уро́ки, ле́кции	в аудито́рии, на ку́рсах...
	чем?	отдава́ть свои́ си́лы, вре́мя чему́-либо	ру́сским языко́м, матема́тикой, фи́зикой...
изуча́ть/ изучи́ть	что?	занима́ться че́м-то глубоко́; проводи́ть иссле́дования; приобрета́ть су́мму зна́ний	жи́вопись, ко́смос, ру́сский язы́к...
учи́ть/ научи́ть	кого́?	передава́ть зна́ния, уме́ния кому́-либо	сы́на, дочь, студе́нта....
	чему́?		му́зыке, жи́вописи, ру́сскому языку́...
	что де́лать?		пла́вать, игра́ть в те́ннис...
учи́ться/ научи́ться	чему́?	приобрета́ть практи́ческие на́выки, уме́ния	му́зыке, жи́вописи, ру́сскому языку́...
	что де́лать?		пла́вать, игра́ть в те́ннис, игра́ть на пиани́но...
	у кого́?		у тре́нера, у отца́, у преподава́теля...
учи́ть/ вы́учить	что?	запомина́ть что́-либо	стихотворе́ние, но́вые слова́...

16.2. Подчеркни́те слова́, кото́рые мо́гут употребля́ться с глаго́лами **учи́ть, учи́ться, занима́ться, изуча́ть.** Слова́ из зада́ния В поста́вьте в ну́жном падеже́.

А

учи́ться	на пя́том ку́рсе, до́ма, в шко́ле, в аудито́рии, в кабине́те, в Аме́рике, в ма́миной ко́мнате, в Кита́е, в па́рке, в акаде́мии, на берегу́, за столо́м, в учи́лище;
занима́ться (гото́виться к заня́тиям)	на пя́том ку́рсе, до́ма, в шко́ле, в аудито́рии, в кабине́те, в Аме́рике, в ма́миной ко́мнате, в Кита́е, в па́рке, в акаде́мии, на берегу́, за столо́м, в учи́лище;

⇨ Где вы учи́лись ра́ньше?

Где вы у́читесь сейча́с?

Вы мно́го занима́етесь ру́сским языко́м?

Где вы обы́чно занима́етесь по вечера́м?

Б

учи́ть	хи́мию в шко́ле; биоло́гию в университе́те; ру́сский язы́к на ку́рсах; ру́сский язы́к в аспиранту́ре филологи́ческого факульте́та; косми́ческое простра́нство; пробле́мы вы́сшего образова́ния;
изуча́ть	хи́мию в шко́ле; биоло́гию в университе́те; ру́сский язы́к на ку́рсах; ру́сский язы́к в аспиранту́ре филологи́ческого факульте́та; косми́ческое простра́нство; пробле́мы вы́сшего образова́ния;

⇨ Вы учи́ли ру́сский язы́к в шко́ле?

Сейча́с вы у́чите и́ли изуча́ете ру́сский язы́к?

Ваш преподава́тель ру́сского языка́ — фило́лог, а́втор не́скольких уче́бников — у́чит и́ли изуча́ет ру́сский язы́к?

Вы зна́ете ма́ленький секре́т — ваш преподава́тель ру́сского языка́ по вечера́м хо́дит на ку́рсы кита́йского языка́?

Скажи́те, на э́тих ку́рсах он у́чит и́ли изуча́ет кита́йский язы́к?

Вы хоти́те изуча́ть ру́сский язы́к?

В

учи́ться	му́зыка, пла́вание, спорт, филосо́фия, рисова́ние, ру́сский язы́к, лингви́стика, та́нцы, пе́ние, фотогра́фия, пробле́мы биоло́гии, англи́йский язы́к;
занима́ться	му́зыка, пла́вание, спорт, филосо́фия, рисова́ние, ру́сский язы́к, лингви́стика, та́нцы, пе́ние, фотогра́фия, пробле́мы биоло́гии, англи́йский язы́к.

⇨ Вы занима́етесь спо́ртом? Если да, то каки́ми ви́дами спо́рта вы занима́етесь?

Вы уме́ете пла́вать? Если да, то кто учи́л вас пла́ванию?

Вы игра́ете в баскетбо́л? А в волейбо́л? Вы учи́лись игре́ в баскетбо́л (в волейбо́л) са́ми и́ли кто́-то учи́л вас э́тому?

16.3. Расска́з Татья́ны Васи́льевны о́чень заинтересова́л Джо́на. И он реши́л уточни́ть не́которые дета́ли. Вы узна́ете, что осо́бенно заинтересова́ло Джо́на, е́сли прочита́ете вопро́сы, кото́рые задава́л Джон. Не забу́дьте запо́лнить про́пуски глаго́лами **учи́ть, учи́ться, занима́ться, изуча́ть.** Задава́йте вопро́сы и отвеча́йте на них.

1. Татья́на Васи́льевна, до 16 лет вы ____*учи́лись*____ в гимна́зии и́ли в обы́чной шко́ле?
2. Где вы _____ по вечера́м?
3. Вы _____ жи́вописью то́лько с Влади́миром Серге́евичем? Вас кто́-то ещё _____ рисова́ть?
4. У кого́ вы _____ игре́ на фортепья́но?
5. Чему́ ещё _____ вас Влади́мир Серге́евич?
6. Где находи́лось худо́жественное учи́лище, в кото́ром вы _____ _____?
7. Где вы _____ по́сле шко́лы?
8. Вы мно́го _____, что́бы поступи́ть в худо́жественное учи́лище?
9. Ско́лько лет вы _____ в худо́жественном учи́лище?
10. Что вы _____ в худо́жественном учи́лище?

16.4. Джон реши́л побо́льше узна́ть о Татья́не Васи́льевне. Ка́к-то ве́чером он заговори́л о ней с Ива́ном Петро́вичем. Отве́тьте на вопро́сы и вы, немно́го измени́в предложе́ния.

    1. Татья́на Васи́льевна учи́лась рисова́ть у Влади́мира Серге́евича?

Да, вы соверше́нно пра́вы. Влади́мир Серге́евич учи́л Татья́ну Васи́льевну рисова́ть.

    2. Татья́на Васи́льевна учи́лась петь у Влади́мира Серге́евич?

    3. Татья́на Васи́льевна учи́лась игра́ть на роя́ле у ста́рого учи́теля?

    4. Она́ учи́лась говори́ть по-англи́йски у ма́мы?

    5. Татья́на Васи́льевна учи́лась танцева́ть у ма́мы?

16.5. А тепе́рь, загляну́в ещё раз в упражне́ние 16.4, скажи́те, чему́ учи́лась Татья́на Васи́льевна у худо́жника и у свое́й ма́тери. В отве́те испо́льзуйте имена́ существи́тельные **жи́вопись, игра́ на фортепья́но, та́нцы, пе́ние, англи́йский язы́к.**

    1. Татья́на Васи́льевна учи́лась рисова́ть у Влади́мира Серге́евича?

Да, Татья́на Васи́льевна учи́лась жи́вописи у Влади́мира Серге́евича.

16.6. А вы уме́ете рисова́ть, шить, игра́ть на пиани́но, танцева́ть, игра́ть в ша́хматы, пла́вать, игра́ть в футбо́л, лови́ть ры́бу? Зна́ете ли вы каки́е-нибудь иностра́нные языки́, кро́ме ру́сского? Скажи́те, что вы уме́ете и что мо́жете? И не забу́дьте сказа́ть, кто вас э́тому научи́л (у кого́ вы научи́лись э́тому)?

16.7. Джо́ну, как вы по́мните, о́чень понра́вилась А́нна. Он всё вре́мя ду́мал о ней. Ему́ хоте́лось, как мо́жно бо́льше узна́ть об э́той де́вушке. Но всё ника́к не́ было слу́чая. Сейча́с он набра́лся хра́брости и попроси́л Татья́ну Васи́льевну рассказа́ть о свое́й мла́дшей до́чери. Вот что рассказа́ла Татья́на Васи́льевна. Помоги́те Джо́ну восстанови́ть расска́з ма́мы А́ни. Для э́того вам на́до вста́вить глаго́лы **учи́ться, занима́ться, изуча́ть, учи́ть/вы́учить, учи́ть/научи́ть.**

    А́ннушке 20 лет. Она́ _____*у́чится*_____ на психологи́ческом факульте́те МГУ. Хотя́ Аню́та уже́ студе́нтка, но для нас с Ва́ней она́ всё ещё ребёнок. Когда́ А́нна _____ в шко́ле, она́ была́ о́чень непослу́шной де́вочкой. Нам не оди́н раз приходи́лось быва́ть в шко́ле. Вызыва́ла учи́тельница. Ох, хлопо́т с ней всегда́ бы́ло мно́го! Уж о́чень она́ весёлая. Но _____ она́ всегда́ прекра́сно. Ведь у неё замеча́тельная па́мять. Она́ почти́ не _____ до́ма. Всё запомина́ла на уро́ке.

Одно́ вре́мя она́ увлека́лась литерату́рой. Вы представля́ете, когда́ в шко́ле проходи́ли «Евге́ния Оне́гина» Пу́шкина, она́ _____ почти́ всего́ «Оне́гина» наизу́сть. Уже́ в шко́ле А́нечка серьёзно увлекла́сь психоло́гией. Поступи́ла да́же в психологи́ческую шко́лу при университе́те. Вот там она́ _____ серьёзно. Ни одного́ заня́тия не пропусти́ла. Вы зна́ете, чем она́ _____ сейча́с? Психоло́гией обще́ния. Она́ _____ поведе́ние люде́й в ра́зных ситуа́циях. Я зна́ю, наприме́р, что Ле́на иногда́ сове́туется с ней, как ей вести́ себя́ с деловы́ми партнёрами. Ведь Ле́ночке быва́ет иногда́ о́чень тру́дно. Бе́дная де́вочка!

Я мечта́ла, что́бы А́ня ста́ла, как и я, худо́жником. В де́тстве я с ней мно́го _____. _____ её жи́вописи. А́нна де́лала больши́е успе́хи. Е́сли хоти́те, я могу́ показа́ть вам её де́тские рису́нки. Но, к сожале́нию, жи́вопись её интересова́ла ма́ло. Я ви́дела, что _____ она́ с неохо́той.

А вот спо́ртом она́ всегда́ _____ с удово́льствием. Пла́вать она́ _____ ещё в пять лет. Пла́вать её _____ Ва́ня, когда́ мы отдыха́ли на мо́ре. Да, она́ непло́хо игра́ет в те́ннис. В шесто́м кла́ссе сама́ нашла́ те́ннисный клуб. И е́здила туда́ _____ _____ два ра́за в неде́лю. И сейча́с она́, по-мо́ему, игра́ет в те́ннис в университе́те.

В университе́те _____ ей о́чень нра́вится. _____ _____ це́лыми дня́ми. _____ она́ прекра́сно. Одни́ пятёрки. Хо́чет поступа́ть в аспиранту́ру. Дай бог! Мы с Ва́ней за неё о́чень ра́ды.

⇨ Что интере́сного вы узна́ли об А́нне?

16.8. Вы прочита́ли расска́з Татья́ны Васи́льевны о её мла́дшей до́чери А́нне. Как вы ду́маете, каки́е вопро́сы хоте́лось зада́ть Джо́ну? И каки́е отве́ты ему́ хоте́лось бы получи́ть?

16.9. Предста́вьте, что оди́н из вас Джон, а друго́й — Татья́на Васи́льевна. Продо́лжите разгово́р об А́нне Кузнецо́вой.

17 | Когда́ Джон собира́л материа́л для статьи́, он записа́л мно́го но́вых для себя́ слов и выраже́ний. В статью́ вошли́ лишь немно́гие из них. Прочита́йте слова́ и выраже́ния из записно́й кни́жки Джо́на.

Сочинение — это самостоятельная творческая работа ученика, которую он выполняет дома или в классе.

Шпаргалка — это бумажка, с которой списывают ученики во время контрольных работ или на экзамене.

Классное собрание — собрание, которое проводят ученики для решения своих проблем.

Староста класса — главный ученик в классе, которого выбирают учащиеся на классном собрании и который должен помогать учителю.

Первый звонок — торжественное начало учебного года первого сентября.

Аттестат зрелости — документ, который выдаётся по окончании школы.

Золотая (или серебряная) медаль — медаль, которую получают ученики за отличную успеваемость.

Выпускной вечер — бал, который устраивается для выпускников школы.

⇨ А в вашей школе есть такие реалии?

18 Теперь вспомните содержание статьи Джона и дайте определения тем реалиям, о которых шла речь в статье.

Отличник — это ученик, который....

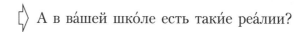

Отличник — это ученик, который учится на «отлично».

Домашняя работа — это работа, которую...

_____

Группы продлённого дня — это группы, которые...

_____

Группы продлённого дня — это группы, в которых...

_____

Родительские собрания — это собрания, на которых...

_____

Родительские собрания — это собрания, куда...

_____

Уроки физкультуры — это уроки, на которых...

_____

Уроки физкультуры — это уроки, где...

_____

Перемены — это время, когда...

_____

Контрольная работа — это работа, с помощью которой...

_____

Каникулы — это время, когда...

_____

⇨ Каки́е реа́лии характе́рны
для шко́льной жи́зни ва́шей страны́?

19 Вы уже́ зна́ете, что в Росси́и пятиба́лльная систе́ма оце́нки успева́емости уча́щихся:

Оце́нка	*Значе́ние*
5 пятёрка	«отли́чно»
4 четвёрка	«хорошо́»
3 тро́йка	«удовлетвори́тельно»
2 дво́йка	«неудовлетвори́тельно»
1 едини́ца	«неудовлетвори́тельно» (обы́чно не ста́вится)

⇨ Кака́я систе́ма оце́нок при́нята в ва́шей стране́?
Как она́ соотно́сится с систе́мой оце́нок в Росси́и?

20 Прочита́йте не́которые выраже́ния, кото́рые акти́вно испо́льзуются росси́йскими шко́льниками и студе́нтами. Сле́ва приво́дятся выраже́ния, спра́ва — их значе́ния. Определи́те значе́ние ка́ждого выска́зывания.

1. __*3*__ Он ничего́ не сечёт!

2. _____ Он срéзался на экза́мене.

3. _____ Что ты тормози́шь?

4. _____ Он прико́льно одева́ется!

5. _____ Это кру́то!

1) Это здо́рово! Это си́льно!

2) Ты ме́дленно реаги́руешь.

3) Он ничего́ не понима́ет.

4) Он одева́ется стра́нно, с вы́зовом; одева́ется так, что́бы привле́чь внима́ние.

5) Он не сдал экза́мен.

⇨ Приду́майте ситуа́ции с э́тими экспресси́вными выраже́ниями.

21 В Росси́и обы́чно в шко́лах преподаю́т же́нщины. Éсли в ста́рших кла́ссах среди́ «предме́тников»-учителе́й иногда́ встреча́ются мужчи́ны, то в нача́льной шко́ле все преподава́тели — же́нщины. Как вы ду́маете:

1. Почему́ и́менно же́нщины пре́жде всего́ выбира́ют профе́ссию преподава́теля?

2. Хорошо ли для детей, что в школе большинство преподавателей — женщины?

3. Кого среди преподавателей больше в вашей школе — мужчин или женщин?

22 Какие, на ваш взгляд, плюсы и минусы работы в школе? Укажите не менее 5 причин, почему стоит или не стоит выбирать эту профессию.

Плюсы работы в школе	*Минусы работы в школе*

23 Почему школа имеет большое значение в жизни каждого человека? Укажите 5 причин, которые вы считаете самыми главными. Обсудите их в группе.

24 Вспомните и расскажите самый приятный случай из вашей школьной жизни.

25 Вспомните и расскажите самый неприятный случай из вашей школьной жизни.

26 Расскажите о школьном образовании в России.

27 Расскажите о школьном образовании у вас в стране.

28 Довольны ли вы тем образованием, которое получают дети у вас на родине? Что, на ваш взгляд, можно сделать, чтобы улучшить систему школьного образования?

Слова́рь

Слова́

абитурие́нт

балова́ть/избалова́ть *кого́? чем?*

большинство́

вызыва́ть/вы́звать *кого́? куда́?*

выгоня́ть/вы́гнать *кого́? отку́да?*

гимна́зия

гото́вить/подгото́вить *кого́? к чему́?*

дневни́к

замеча́ние

заня́тия *каки́е? (по чему́?)*

идти́/пойти́ *куда́?* (в шко́лу)

ко́нкурс *куда́?*

кро́ме *чего́?*

ку́рсы *каки́е? (по чему́?)*

лице́й

ма́сса *чего́?*

нака́зывать/наказа́ть *кого́? за что?*

не́рвничать/понервнича́ть *из-за чего́?*

незави́симо *от чего́?*

обы́чный

одарённый

организо́вывать/организова́ть *что?*

ориенти́роваться (нсв) *на кого́?*

отдава́ть/отда́ть *кого́? куда́?*

отправля́ть/отпра́вить *кого́? куда́?*

отли́чник

отме́тка *кака́я? (по чему́?)*

оце́нивать/оцени́ть *что? как?*

   (по како́й систе́ме?)

переме́на

пла́тный

поведе́ние

попада́ть/попа́сть *куда́?*

поступа́ть/поступи́ть *куда́?*

предлага́ть/предложи́ть *что? кому́?*

пробле́ма(ы) *у кого́? с кем? с чем?*

   (у него́ пробле́мы
   с поведе́нием)

пятёрка

разносторо́нний

разраба́тывать/разрабо́тать *что?*

руга́ть/поруга́ть *кого́? за что?*

распи́сываться/расписа́ться *где?*

слу́шаться/послу́шаться *кого́?*

собесе́дование

спосо́бность

   что де́лать? (люби́ть, то́нко
   чу́вствовать)

спосо́бности

   каки́е? (лингвисти́ческие,
   математи́ческие)

   к чему́? (к языка́м, к матема́тике)

спосо́бный

старшекла́ссник

успева́емость

хвали́ть/похвали́ть *кого́? за что?*

че́тверть

устра́ивать/устро́ить *что?*

учи́ться

   занима́ться *чем?*

   изуча́ть/изучи́ть *что?*

   учи́ть/научи́ть *кого́? чему́?*

      что де́лать?

   учи́ться/научи́ться *чему́?*

      что де́лать? у кого́?

   учи́ть/вы́учить *что?*

шко́ла

   сре́дняя

   нача́льная

   специа́льная

   с углублённым изуче́нием

      (матема́тики)

экза́мены *каки́е? (по чему́?)*

я́вный

Выраже́ния

больша́я переме́на

вести́ себя́ *как?*

ви́деть деся́тый сон

вкус: *чего́?* на любо́й вкус (Сейча́с
   школ на любо́й вкус!)

вы́бор: предме́ты по вы́бору

выпускно́й класс, экза́мен

гру́ппа продлённого дня

де́лать/сде́лать уро́ки

како́е там ...+ сло́во, значе́ние кото́рого
   отрица́ется!

   (Како́е там ма́ленький!

   Како́е там поумне́ет!)

карма́н: *что? кому́?* не по карма́ну

ко́нкурс: ко́нкурс составля́ет
   6 челове́к на ме́сто

ла́дно: да ла́дно *кому́? что де́лать?*

   (Да ла́дно тебе́ не́рвничать!)

ла́дно: Ну ла́дно!

марш *куда́? что де́лать?* (Марш
   в крова́ть! Марш спать!)

на дня́х

обяза́тельные предме́ты *для кого́?*

оставля́ть/оста́вить *кого́?* на второ́й
   год

оста́вить (св) *кого́?* в поко́е

«отли́чно»: учи́ться на «отли́чно», на
   одни́ пятёрки

отстава́ть/отста́ть от жи́зни

получа́ть/получи́ть хоро́шее
   образова́ние

пора́ *что де́лать?*

предме́ты по вы́бору

преподава́тельский соста́в

проводи́ть/провести́ *ско́лько
   вре́мени?* (де́тство, полго́да)

проходи́ть/пройти́ собесе́дование

пятиба́лльная систе́ма (оце́нок)

роди́тельское собра́ние

свой: *кто?* опя́ть за своё! (Ты опя́ть
   за своё!)

сдава́ть/сдать экза́мены

сре́дние спосо́бности

как: *что? как что?* (Шко́ла как
   шко́ла!)

каса́ться: *что?* каса́ется *чего́?*, то...

Познако́мимся побли́же

1 Прочита́йте не́которые пра́вила поведе́ния в ру́сской шко́ле. Сравни́те их с пра́вилами поведе́ния в шко́ле ва́шей страны́. Е́сли в ва́шей стране́ име́ются таки́е же пра́вила, поста́вьте га́лочку (√).

Учени́к до́лжен обраща́ться к преподава́телю по и́мени и о́тчеству.	
Учени́к до́лжен приходи́ть в шко́лу до звонка́.	
Когда́ учи́тель вхо́дит в класс, ученики́ должны́ встать.	
Что́бы обрати́ться к учи́телю на уро́ке, учени́к до́лжен подня́ть ру́ку.	
Учени́к мо́жет разгова́ривать с учи́телем то́лько сто́я.	
Учени́к не мо́жет перебива́ть учи́теля.	
Е́сли учи́тель вызыва́ет ученика́ отвеча́ть уро́к, учени́к до́лжен вы́йти к доске́.	
Е́сли учени́к пропуска́ет заня́тия, он до́лжен принести́ спра́вку от врача́ и́ли запи́ску от роди́телей.	
Учени́к не до́лжен спи́сывать.	
Учени́к не до́лжен есть на уро́ке.	
Е́сли учени́к не понима́ет объясне́ние учи́теля, он мо́жет подойти́ к нему́ по́сле уро́ка и попроси́ть о консульта́ции.	
Учени́к не до́лжен кури́ть в шко́ле.	
Е́сли учени́к пло́хо у́чится, его́ мо́гут оста́вить на второ́й и да́же на тре́тий год.	

⇨ Посмотри́те ещё раз табли́цу. Расскажи́те, как до́лжен вести́ себя́ учени́к в шко́ле ва́шей страны́.

2 Каждая культура имеет свой стиль преподавания, знакомство с иной культурой поведения в школе сможет преподнести много сюрпризов.

В некоторых странах, например, невежливо задавать вопросы преподавателю. Если ты задаёшь вопросы, то тем самым показываешь, что преподаватель плохо знает предмет. В других культурах, напротив, принято задавать вопросы. В одних странах то, что сказал преподаватель, не подлежит сомнению. В других — ученики могут не соглашаться с преподавателем, спорить с ним, высказывать свою точку зрения.

⇨ А как у вас?

1. Может ли преподаватель во время урока сидеть на краю стола?
2. Как преподаватели обычно ведут урок: сидя, стоя, разгуливая по классу?
3. Как обращается преподаватель к ученику?
4. Если вы плохо написали работу, может ли преподаватель сказать об этом всему классу?
5. Может ли преподаватель ругать или хвалить ученика в присутствии всего класса?
6. Как ведёт себя преподаватель, если видит, что кто-то списывает?
7. Бывают ли у преподавателя в классе «любимчики»?
8. Можете ли вы сказать преподавателю, что он несправедливо поставил оценку? Если да, то как он может отреагировать?
9. Как относится преподаватель к тем, кто постоянно задаёт вопросы?
10. Как относится преподаватель к тем, кто на уроке постоянно молчит?
11. Что может сделать преподаватель, если ученик постоянно разговаривает в классе?

3 Какой язык жестов существует в вашей школе? Прочитайте предложения, которые отражают некоторые ситуации общения. Какие жесты характерны для этих ситуаций? Покажите их.

Привет! Здравствуй!

Пока! До свидания!

Это здорово! Это отлично! Это круто!

Он сошёл с ума!

Я получил пятёрку за экзамен!

Ну-ка, пойди сюда!

Нет, я этого не знаю.

Нет, по-моему, мы это ещё не проходили. Что-то не помню.

⇨ Какие высказывания и сопровождающие их жесты есть ещё в вашей культуре?

Почита́ем на досу́ге

Прочита́йте текст «Э́то мы не проходи́ли!».
Отве́тьте на вопро́с: чему́ и как у́чат ча́стные шко́лы?

Э́то мы не проходи́ли!

О́льга Никола́евна Держи́цкая — нача́льник отде́ла негосуда́рственного образова́ния департа́мента образова́ния Москвы́. С О́льгой Никола́евной бесе́дует корреспонде́нт газе́ты «Кура́нты».

— **О́льга Никола́евна, сейча́с так мно́го говоря́т и пи́шут о гимна́зиях и лице́ях. Что э́то тако́е?**

— Гимна́зия — э́то уче́бное заведе́ние гуманита́рного ти́па. Лице́й — в отли́чие от гимна́зии — ориенти́руется на есте́ственные и то́чные нау́ки.

— **Не́сколько лет прошло́ с откры́тия пе́рвой негосуда́рственной шко́лы, а тепе́рь их бо́лее 140. Каки́е де́ти прихо́дят в ча́стную шко́лу?**

— Ча́ще всего́ в таки́е шко́лы приво́дят дете́й роди́тели, кото́рым их бы́вшие шко́лы сня́тся в кошма́рных снах. И они́ не хотя́т того́ же свои́м де́тям. Мно́гие во́зят дете́й в таки́е шко́лы да́же с друго́го конца́ Москвы́. Есть в на́ших шко́лах и де́ти, кото́рые не смогли́ вписа́ться в ра́мки госшко́лы, где нет и намёка на индивидуа́льность обуче́ния. А здесь в кла́ссе от 15 ученико́в до... 2.

— **В чём же отли́чия пла́тных школ от обы́чных?**

— Дово́льно суще́ственные. Наприме́р, в гимна́зии «Э́тернус» англи́йский язы́к — с пе́рвого кла́сса, и не два часа́ в неде́лю, а шесть. Есть среди́ предме́тов культуроло́гия, исто́рия мирово́го кинемато́графа: Эйзенште́йн, Тарко́вский, Фелли́ни... Вме́сто физкульту́ры — ба́льные та́нцы, бассе́йн, ко́нный спорт. Для ма́леньких — игра́ в ша́хматы, где ша́хматная фигу́ра — персона́ж из ска́зки. Подо́бные програ́ммы пла́тные шко́лы стро́ят произво́льно.

Ка́ждая шко́ла пыта́ется найти́ свой путь для организа́ции ка́чественных заня́тий. В «Э́тернусе» с тре́тьего кла́сса введены́ зачётные кни́жки, как у студе́нтов. Е́сли се́ссия сдана́ на «отли́чно», опла́та за обуче́ние снижа́ется наполови́ну. К сло́ву, пла́ту за обуче́ние в значи́тельной сте́пени определя́ют са́ми роди́тели. Она́ зави́сит от того́, каки́е дополни́тельные предме́ты, на их взгляд, должны́ быть в програ́мме обуче́ния.

— **Что же, да́же малыши́ сдаю́т экза́мены?**

— Да, и не то́лько в конце́ го́да, но и за полуго́дие. Э́тим ча́стные шко́лы пыта́ются преодоле́ть у шко́льников барье́р боя́зни экза́менов. Экза́мены для дете́й начина́ются с четвёртого кла́сса, а с пе́рвого — тести́рование. В не́которых шко́лах сда́ча выпускны́х экза́менов на «отли́чно» означа́ет автомати́ческое зачисле́ние на пе́рвый курс институ́та.

— **Как же бу́дут в на́ших усло́виях развива́ться ча́стные шко́лы?**

— Тру́дно сказа́ть. Но то, что они́ необходи́мы, не вызыва́ет сомне́ний. Мно́го их бу́дет? В Герма́нии пять проце́нтов дете́й у́чатся в ча́стных шко́лах, в А́нглии — семь проце́нтов. Как утвержда́ет стати́стика, се́мьдесят проце́нтов из тех, кто занима́ет прести́жные посты́, око́нчили негосуда́рственную шко́лу. Есть над чем заду́маться.

⇨ А как у вас?

1. Есть ли у вас пла́тные шко́лы?
2. Кто у́чится в пла́тных шко́лах?
3. Чем отлича́ются пла́тные шко́лы от госуда́рственных?

 Прочита́йте информа́цию о не́которых ча́стных шко́лах в Москве́. Вы́берете ли вы каку́ю-нибудь из на́званных здесь школ для своего́ ребёнка? Е́сли да, то объясни́те почему́.

Каку́ю шко́лу вы́брать?

Истори́ческий ко́лледж «И́рмос» (тел. 301-20-90) представля́ет собо́й уче́бное заведе́ние за́падного ти́па. Обуче́ние постро́ено по ву́зовской систе́ме — бо́лее свобо́дной и тво́рческой, чем шко́льная систе́ма. Вме́сто привы́чных шко́льных уро́ков по 45 мину́т прово́дятся ле́кции, семина́ры, чита́ются спецку́рсы. Основно́е внима́ние уделя́ется предме́там культурологи́ческого пла́на (исто́рии мирово́й цивилиза́ции и исто́рии мирово́й культу́ры, исто́рии филосо́фии, ру́сской и зарубе́жной литерату́ре) и иностра́нным языка́м (англи́йскому, латы́ни). По́сле оконча́ния ко́лледжа выпускни́к получа́ет дипло́м бакала́вра.

В пансио́не «Ре́тро» (тел. 160-86-25) пыта́ются возроди́ть тради́ции дореволюцио́нного образова́ния. У ребя́т, помимо обы́чных уро́ков, есть заня́тия по этике́ту, та́нцам, театра́льному иску́сству. Гуверна́нтки обща́ются с детьми́ на францу́зском языке́.

В ча́стной шко́ле «Европе́йская гимна́зия» (тел. 290-87-37) индивидуа́льная програ́мма разви́тия ка́ждого ребёнка составля́ется психо́логами и педаго́гами. Урóки — мýзыки, английского языкá, ритмики, оснóв этикéта, изобразительного искýсства — прохóдят в фóрме увлекáтельной игры.

Вы́сшие жéнские кýрсы им. П. Флорéнского (тел. 290-20-29). Выпускни́цы получáют оснóвы традициóнно «жéнских» профéссий: домáшней учительницы, секретаря́-референта, библиóграфа, сестры́-сидéлки. Прáктика в шкóле и больни́це сочетáется с би́знес-кýрсом английского языкá и изучéнием истóрии мировóго искýсства и литератýры.

Экономико-правовóй лицéй (тел. 235-64-07), крóме заня́тий по пóлному шкóльному кýрсу общеобразовáтельной шкóлы, предлагáет заня́тия би́знесом, истóрией мировóй культýры, двумя́ инострáнными языкáми.

Гуманитáрная гимнáзия № 6 (тел. 930-26-84) с углублённым изучéнием немéцкого языкá. Язы́к: с пéрвого клáсса — немéцкий, с пя́того — английский, с шестóго — латы́нь, с седьмóго — истóрия на немéцком языкé, с девя́того — техни́ческий перевóд, с деся́того — немéцкая литератýра на языкé оригинáла. Спецкýрсы: плáтный би́знес-класс, э́тика, эстéтика, пóльский язы́к, патентовéдение на инострáнном языкé. Спорт: востóчные единобóрства, тяжёлая атлéтика.

Как вы пóняли, сейчáс в шкóльном образовáнии в Рóссии óчень распространенó дифференци́рованное обучéние, где детéй дéлят на «обы́чных» и «ýмных». Прочитáйте зáпись бесéды с кандидáтом педагоги́ческих наýк С.Б. Лýчниковым. Скажи́те, как он оцéнивает введéние дифференци́рованного обучéния в рýсской шкóле? Каки́е совéты даёт он роди́телям?

Шкóла и́ли лицéй?

Сейчáс в шкóльном образовáнии óчень распространенó дифференци́рованное обучéние, где детéй дéлят на «обы́чных» и «ýмных». Хотéли сдéлать как лýчше: найти́ индивидуáльный подхóд к кáждому ребёнку в зави́симости от егó спосóбностей. Получи́лось же как всегдá: чáще всегó от попы́ток «дифференци́ровать» детéй сáми дéти ничегó не получáют, крóме ли́шних психологи́ческих травм.

Для тогó чтóбы оцени́ть спосóбности и ýровень разви́тия ребёнка, нужны́ соотвéтствующие метóдики и специали́сты. Всё э́то у нас тóлько-тóлько появля́ется. Чáще всегó спосóбными признаю́т тех, кто к пéрвому клáссу умéет читáть и писáть и жи́во отвечáет на вопрóсы. На основáнии такóй неслóжной провéрки и принимается решение, учиться ли ребёнку в гимназии или в том или ином классе обычной школы.

Спецклассы рассчитаны на определённый тип детей — «аналитиков» с подвижным складом ума. Между тем зарубежные психологи выделяют целых семь учебных стилей, которые могут быть характерны для ребёнка. Встречаются, например, дети-«кинестетики» — они легко воспринимают информацию в движении, в ходе ролевой игры. Сидеть же за партой и читать учебники им слишком скучно. Хотя способности у таких «нестандартных» детей могут быть гораздо выше среднего, таким детям очень тяжело приходится в нашей школе.

Что же в этой ситуации делать родителям? Понятно, что каждому хочется дать своему ребёнку престижное образование. Но не стоит делать это ценой здоровья ребёнка. Прежде чем тащить ребёнка в элитную гимназию, изучите её программу. И сами здраво оцените, насколько его возможности и психологические особенности (в конце концов кто знает вашего ребёнка лучше вас?) соответствуют тому учебному заведению, которое вы выбрали.

 А как у вас?

1. Принято ли в вашей стране дифференцированное обучение школьников?

2. Как вы считаете, нужно ли вводить в школе дифференцированное обучение детей? Если да, то объясните, почему вы так думаете?

3. Кто учится у вас в элитных школах?

4. Каким образом отбираются дети в эти школы?

 Просмотрите ещё раз перечень платных школ. Найдите школу, в которой могут учиться только девочки. Прочитайте заметку психолога Елены Козыревой, в которой она высказывает своё мнение по поводу раздельного обучения мальчиков и девочек. Скажите, почему она считает неоправданным деление школ на школы для мальчиков и школы для девочек.

Мальчики — налево, девочки — направо

Пока учебных заведений только для мальчиков или только для девочек немного. Но идея создания таких школ «витает в воздухе».

Если школа имеет религиозный уклон, такое разделение, на мой взгляд, оправдано. В обычной же общеобразовательной школе оно, как мне кажется, сомнительно.

Де́ло в том, что в шко́ле де́ти занима́ются не то́лько а́лгеброй и литерату́рой. Они́ у́чатся стро́ить отноше́ния друг с дру́гом и с окружа́ющим ми́ром. Шко́лы — в изве́стном смы́сле проо́браз о́бщества, в кото́ром им пото́м на́до бу́дет жить.

Когда́ ма́льчики воспи́тываются отде́льно, а де́вочки отде́льно — э́то замеча́тельная подгото́вка для монастыря́. В жи́зни таки́х ма́льчиков и де́вочек мо́гут ждать больши́е пробле́мы.

Не́которые педаго́ги с ностальги́ей вспомина́ют дореволюцио́нную Росси́ю, где разде́льное обуче́ние бы́ло но́рмой. Но о́бщество с тех пор не́сколько измени́лось. К приме́ру, рабо́тать наравне́ и бок о бок с мужчи́нами тогда́ не́ было но́рмой жи́зни для же́нщины, а сейча́с э́то факт, с кото́рым нельзя́ не счита́ться.

Сторо́нники разде́льного обуче́ния приво́дят тако́й аргуме́нт: ско́рость разви́тия у ма́льчиков и де́вочек ра́зная, и интере́сы то́же. Но е́сли взять то́лько ма́льчиков, то разбро́с интере́сов у них бу́дет то́же о́чень большо́й. То же са́мое происхо́дит и у де́вочек. Да и на́до ли ра́ди бо́лее по́лного усвое́ния шко́льной програ́ммы обедня́ть круг обще́ния ребёнка? Ведь преуспева́ют в на́шем о́бществе пре́жде всего́ лю́ди коммуникати́вные, уме́ющие находи́ть о́бщий язы́к со все́ми, в том числе́ и с противополо́жным по́лом.

⇨ А как у вас?

▽? Есть ли в ва́шей стране́ шко́лы, где у́чатся отде́льно ма́льчики и де́вочки? Как вы отно́ситесь к таки́м шко́лам?

Делова́я же́нщина

Де́лу — вре́мя

 Ох уж э́та ма́ма! 🎧

Н.Ч. — Са́ша, где ма́ма?

С.Ч. — Ма́ма звони́ла. Сказа́ла, что заде́рживается.

Н.Ч. — Как заде́рживается? А ты что́-нибудь ел?

С.Ч. — Нет ещё. Я жду ма́му.

Т.В. — Не волну́йся. Ле́на ско́ро придёт. Ле́ночка сейча́с о́чень занята́. Хлопо́т по́лон рот. Ведь ты зна́ешь, на днях она́ сдаёт но́вую колле́кцию.

Н.Ч. — Кака́я колле́кция! Жена́ должна́ быть до́ма. Вот и Джон сейча́с придёт. А в до́ме — шаро́м покати́. Как э́то не волну́йся!

Т.В. — Ну что ты кричи́шь! Я всё купи́ла. Посмотри́ — по́лный холоди́льник. А жену́ к до́му не привя́жешь. У неё сейча́с дел невпроворо́т.

Н.Ч. — Да что мне её дела́! Жена́ на рабо́те, ребёнок не спит... Ну, хорошо́, хорошо́! Немно́го погорячи́лся. С кем не быва́ет! *(С оби́дой гля́дя на Татья́ну Васи́льевну.)* Я зна́ю, что вы, Татья́на Васи́льевна, всегда́ на стороне́ Ле́ны.

Открыва́ется дверь. Вхо́дит Еле́на.

Е.Ч. — До́брый ве́чер! О, да я смотрю́, тут что́-то происхо́дит. Что э́то ты, Ко́ля, сло́вно воды́ в рот набра́л?

Н.Ч. — Ле́на, уже́ 8 часо́в! Вот-во́т Джон придёт. Где ты пропада́ешь?

Е.Ч. — То есть как это пропадáю? Ты ведь прекрáсно знáешь, что дел по гóрло. Крýтишься как бéлка в колесé. На слéдующей недéле у нас презентáция. Вездé нáдо успéть! А тут ты, Кóля, со своúми обúдами. Вот сдадúм коллéкцию и вздохнём свобóднее.

И.П. — Знáем мы тебя, Лéночка. Кóнчится однó — начнётся другóе.

Звонóк. Лéна идёт открывáть.

Е.Ч. — О, Джон! Рáды тебя вúдеть.

Н.Ч. — *(Говорúт в стóрону.)* Вот и Джон пришёл. Óчень некстáти. Навéрное, замéтил, что мы тóлько что поссóрились.

Д.С. — Здрáвствуйте.

Е.Ч. — Какúе цветы! Спасúбо тебé большóе.

Д.С. — Кóля, что это ты мрачнéе тýчи? Чтó-то случúлось?

Н.Ч. — Да нет, ничегó осóбенного. Мы с Лéной немнóго повздóрили.

Д.С. — Повздóрили?! Из-за чегó?

Н.Ч. — Ничегó, пустякú. Не обращáй внимáния. Знáешь, имéть рабóтающую женý, да ещё начáльницу, — это цéлая проблéма.

Д.С. — Так вы об этом! Дýмаю, что это не тóлько вáша проблéма. Жéнщина и бúзнес — эта проблéма волнýет сейчáс и Амéрику.

Н.Ч. — Кстáти, Джон, в слéдующем мéсяце мы дéлаем на телевúдении передáчу «Деловáя жéнщина». Мóжет, придёшь к нам? Расскáжешь о том, что волнýет америкáнских мужчúн. Соберýтся, я дýмаю, интерéсные лю́ди. Бýдут психóлоги, социóлоги, экономúсты.

Д.С. — На передáчу я, навéрное, не придý. Ведь я не женáт. Вóльный как птúца! *(Смеётся.)* А материáлы кое-какúе тебé принесý. Мóжет, пригодя́тся.

---

1 Джон пóнял, что пéред егó прихóдом Лéна и Николáй немнóго повздóрили. Что же случúлось? Лéна и Николáй всегдá жúли душá в дýшу, а тут... А вы пóняли, в чём дéло? Éсли нет, прочитáйте полилóг ещё раз и отвéтьте на вопрóсы.

1. Почемý задéрживается Лéна?
2. Какúе срóчные делá у неё на этой недéле?
3. Чем недовóлен Николáй?
4. В спóре Николáя и Лéны на чьей сторонé Татья́на Васúльевна?
5. Что замéтил Джон, когдá пришёл к Чернышóвым?
6. Какúе проблéмы волнýют не тóлько Россúю, но и Амéрику?
7. Какýю передáчу дéлает Николáй на телевúдении?
8. Почемý Джон решúл не приходúть на передáчу Николáя?

2 | Са́ша не всё по́нял, о чём говори́ли взро́слые. А вы? Хорошо́ ли вы по́няли слова́ и выраже́ния из полило́га? Найди́те слова́ и выраже́ния, бли́зкие по значе́нию.

А

1. __*2*__ ссо́риться/поссо́риться

2. _____ замеча́ть/заме́тить

3. _____ горячи́ться/ погорячи́ться

4. _____ успева́ть/успе́ть

5. _____ презента́ция (но́вых моде́лей)

6. _____ заде́рживаться/ задержа́ться

7. _____ кста́ти

8. _____ нача́льница

1) пе́рвый пока́з, представле́ние (но́вых моде́лей)

2) руга́ться

3) уме́ть де́лать что́-либо во́время, в ну́жное вре́мя

4) ме́жду про́чим

5) остава́ться где́-либо до́льше, чем предполага́лось

6) не́рвничать, говори́ть ре́зкие слова́

7) руководи́тель, глава́ фи́рмы

8) ви́деть, понима́ть

Б

9. _____ У неё хлопо́т по́лон рот! У неё дел невпроворо́т! У неё дел по го́рло!

10. _____ В до́ме шаро́м покати́!

11. _____ Да что мне её дела́!

12. _____ Жену́ к до́му не привя́жешь!

13. _____ С кем не быва́ет!

14. _____ быть на стороне́ кого́-либо

15. _____ Он сло́вно воды́ в рот набра́л!

16. _____ вот-вот (придёт)

17. _____ Во́льный как пти́ца!

18. _____ прийти́ некста́ти

19. _____ быть мрачне́е ту́чи

20. _____ Пустяки́!

21. _____ Она́ кру́тится как бе́лка в колесе́.

1) Соверше́нно свобо́дный!

2) Он молчи́т, не хо́чет говори́ть.

3) Меня́ соверше́нно не интересу́ют её дела́!

4) У неё о́чень мно́го дел.

5) Жену́ нельзя́ удержа́ть до́ма.

6) Э́то не име́ет значе́ния! Э́то ерунда́!

7) прийти́ не во́время, помеша́ть кому́-то свои́м прихо́дом

8) В до́ме совсе́м не́чего есть.

9) быть о́чень расстро́енным, быть в плохо́м настро́ении

10) подде́рживать, защища́ть кого́-либо

11) С ка́ждым э́то мо́жет случи́ться.

12) Она́ о́чень занята́.

13) ско́ро (придёт)

3 Джон, как вы по́няли, пришёл к концу́ разгово́ра. Он заме́тил, что Ко́ля и Ле́на поссо́рились. «Из-за чего́ поссо́рились Ко́ля и Ле́на? Почему́ Никола́й мрачне́е ту́чи? Мо́жет, я могу́ помо́чь?» — спра́шивал себя́ Джон. С э́тими вопро́сами Джон пошёл к Татья́не Васи́льевне. Татья́на Васи́льевна не хоте́ла вспомина́ть неда́внюю ссо́ру Ле́ны с Ко́лей. «Дава́й-ка, дружо́к, — сказа́ла она́, — лу́чше позанима́емся. А слова́ для упражне́ний я взяла́ из разгово́ра, кото́рый тебя́ интересу́ет. Сде́лав упражне́ния, мо́жет, догада́ешься, почему́ повздо́рили Ле́на и Ко́ля, а е́сли не догада́ешься, то и ещё лу́чше». Сде́лайте упражне́ния и вы вме́сте с Джо́ном.

3.1. Чита́йте вы́деленные слова́ и выраже́ния. Подчёркивайте слова́ и выраже́ния, бли́зкие по значе́нию.

1. **Волнова́ться**

   н́ервничать / спеши́ть / испы́тывать волне́ние / беспоко́иться / быть споко́йным;

2. **Поссо́риться**

   помири́ться / поруга́ться / поговори́ть / повздо́рить / посмея́ться;

3. **Прийти́ некста́ти**

   прийти́ не во́время / задержа́ться / быть нежела́нным го́стем / опозда́ть / прийти́, когда́ тебя́ хотя́т ви́деть;

4. **Это пустяки́!**

   это не име́ет значе́ния / это ерунда́ / это ва́жно / это нева́жно / это не твоё де́ло;

5. **В до́ме шаро́м покати́!**

   в до́ме есть билья́рдный стол / в до́ме не́чего есть / в до́ме по́лный холоди́льник / в до́ме мо́жно ката́ться на ро́ликах;

6. **У меня́ хлопо́т по́лон рот!**

   у меня́ боля́т зу́бы / у меня́ ма́сса дел / я соверше́нно свобо́ден / я о́чень за́нят;

7. **Он сло́вно воды́ в рот набра́л!**

   он хо́чет пить / он ни с кем не разгова́ривает / он пьёт во́ду / он всё вре́мя разгова́ривает / он молчи́т;

8. **Он мрачне́е ту́чи!**

   он о́чень расстро́ен / он о́чень ве́сел / он о́чень недово́лен / у него́ плохо́е настрое́ние / у него́ тяжёлые, безра́достные мы́сли и чу́вства.

⇨ Прове́рьте свою́ па́мять!
Почему́ у Ле́ны сейча́с хлопо́т по́лон рот?
Почему́ Никола́й, когда́ пришла́ Ле́на,
был мрачне́е ту́чи?
Почему́ Джон пришёл некста́ти?

3.2. Вернитесь к упражнению 3.1. Отметьте слова и выражения, антонимичные выделенным словам и выражениям.

3.3. Поставьте слова в нужной грамматической форме.

1. Лёна задерживается (Дом моды, презентация, школа, работа)
   в Доме моды,

2. Дел невпроворот (Лёна, Татьяна Васильевна, Николай, работа)

3. Лёна с утра до вечера пропадает (работа, Дом моды, выставки, презентации)

4. Эта проблема волнует (Татьяна Васильевна, каждый, Америка, Николай, все, друзья)

5. Татьяна Васильевна всегда на стороне (Лёна, внук, дочь, свои дети)

6. Татьяна Васильевна старается не обращать внимания (ссоры дочери и зятя, ошибки Джона, пустяки, ерунда; то, что происходит дома)

7. Хлопот полон рот (Лёна, бабушка, Николай, Джон, деловая женщина; те, кто занимается бизнесом)

8. Татьяна Васильевна волнуется (то, что мальчик растёт без мамы; то, что Коля и Лёна часто ссорятся; то, что Иван Петрович работает по ночам)
   из-за того, что мальчик растёт без мамы,

9. Лёна и Николай часто ссорятся (Саша; то, что Саша не ложится вовремя спать; то, что Лёна постоянно задерживается)

⇨ Вы, конечно, поняли, что Татьяна Васильевна не очень мирно живёт со своим зятем. Так из-за чего же они иногда ссорятся? Что волнует Татьяну Васильевну?

4 Николай уже неделю готовится к передаче. Но разговор с женой не даёт ему покоя. Вспомните этот разговор и вы. Прочитайте полилог ещё раз и подберите к выделенным словам и выражениям слова и выражения, близкие по значению. В этом вам поможет задание 2.

Вчера, когда я пришёл домой, Саша сказал, что мама **ещё не приходила, а придёт позже.** Я рассердился, когда узнал, что она ещё не пришла. Я всё понимаю. Да, она сейчас **очень занята.** Ведь скоро будет **показ** её новой коллекции. У неё **очень много дел.** Но дом есть дом! Ребёнок ничего не ел. В доме **нечего есть!** (Правда, Татьяна Васильевна, сказала, что она всё купила. Но моя тёща всегда **защищает свою дочь.**) Ещё Джон вчера пришёл очень **не вовремя.** Он **понял,** что мы только что **поругались.** Даже спросил меня, почему я **такой расстроенный.** Мог бы не спрашивать! Неприятно. А Джон, как всегда, весёлый. Да, что ему!? **Свободный человек!** Для него все наши проблемы **не имеют значения!** Ещё эту передачу готовить надо! Очень не хочется.

Да, кстати, а не поговорить ли мне с Леной? Что думает моя жена о бизнесе и деловой женщине? Думаю, что это будет интересно. Ведь Лена сделала неплохую карьеру.

⇨ Что нового вы узнали?

5 Из-за чего в семье Чернышовых часто бывают ссоры? Вы узнаете это, вставив в диалоги выражения из рамки.

> То есть как это пропадаю?!
> То есть как это задерживается?!
> То есть как это подождёшь маму?!
> То есть как это девять часов?!

1. Н.Ч. — Лена, вот-вот Джон придёт! Где ты пропадаешь?
   Е.Ч. — _То есть как это пропадаю?!_ Ты ведь прекрасно знаешь, что сейчас у меня дел по горло! Крутишься как белка в колесе!

2. Н.Ч. — Где Лена?
   Т.В. — Лена звонила. Сказала, что задерживается.
   Н.Ч. — _____ В доме шаром покати, ребёнок не спит, скоро Джон придёт! А её нет!

3. Н.Ч. — Лена! Сколько тебя можно ждать! Посмотри, уже девять часов.

 Е.Ч. — _____ Сейчас только восемь.

4. С.Ч. — Бабушка! Можно я подожду маму?

 Т.В. — _____ Все дети уже десятый сон видят!

 А ты ещё не в кровати! Марш в свою комнату!

> Да что мне холодильник!
>
> Да что ему мои проблемы!
>
> Да что мне её коллекция!

5. Н.Ч. — Где Лена?

 Т.В. — Коля, не волнуйся. У Леночки дела. У неё новая коллекция.

 Н.Ч. — _____ Жена должна быть дома! Вот

 и Джон скоро придёт. А в доме — шаром покати!

6. Т.В. — Коля! Не волнуйся! Я всё купила! Вон, посмотри — полный

 холодильник!

 Н.Ч. — _____ Не успокаивайте меня, Татьяна

 Васильевна! Я совсем не из-за холодильника нервничаю. Жена

 должна быть дома.

7. И.П. — Коля, не нервничай так. Я тоже думаю, что жена должна быть

 женой. Дома сидеть, детей воспитывать. Послушай, может быть,

 попросить Джона поговорить с Леной? У них, по-моему, неплохие

 отношения.

 Н.Ч. — _____ У него своих проблем хватает!

⇨ А какой должна быть жена по вашему
 мнению?

> Пустяки! С кем не бывает!

8. Е.Ч. — Я очень волнуюсь, мама. Что-то мы с Колей стали часто ссориться.

 Т.В. — Не волнуйся, доченька. _____ Он тебя

 очень любит. Погорячится, погорячится и успокоится.

9. Е.Ч. — Ой! Какие цветы! Спасибо, Джон!

   Д.С. — Я вам ещё торт нёс. Но так обидно! У самого дома он у меня упал.

   Т.В. — _____

10. И.П. — Таня! Что за шум? Ты слышишь, что-то происходит на кухне.

   Т.В. — Это, наверное, Саша!

   С.Ч. — Бабушка, я вазу разбил!

   Т.В. — _____, милый! _____

   С.Ч. — И все чашки, бабушка, тоже разбил!

⇨ О чём же говорят в семье Чернышовых? Выберите 2–3 диалога и попробуйте продолжить их.

6 Лена очень переживает из-за вчерашней ссоры. О чём же она думает? Вы узнаете об этом, если прочитаете текст и вставите в него слова и выражения из полилога. Они даны после текста под звёздочкой (*).

На днях у нас презентация. Мы _____ новую коллекцию. Занята безумно! У меня сейчас _____! Коля меня совсем не понимает. _____! Он только о своей _____ думает.

Да, иногда бывает, что в доме _____. Но я всё не успеваю. И на работе, и дома. Везде надо _____! Хорошо, что мама иногда в магазин сходит. Вчера прихожу домой, а Николай сидит _____, со мной не разговаривает. _____ _____! Потом начал мне говорить, что я домом не занимаюсь. Ещё Саша капризничает. Почему-то не хочет без меня ужинать. Может ждать хоть до ночи. Ну что за мальчик! Совсем как маленький. Коля _____, начал мне говорить, что я неизвестно где _____. Мама, молодец, всегда _____.

Потом Джон пришёл, ну совсем _____. Он, конечно, понял, что мы _____. _____?! Он неженатый человек. _____! Спросил Колю, почему он такой мрачный. Коля сказал ему, что ничего особенного. _____ _____! Немного повздорили! _____!

А по глазам-то я вижу, что обиделся.

Надо будет на следующей неделе куда-нибудь сходить с Сашей и с Колей. В зоопарк что ли? Нет, в зоопарке мы уже были в прошлом месяце. В цирк? В цирке тоже были. Коля всё представление в буфете просидел.

Нет, в цирк бо́льше не пойдём. Пусть Са́ша в цирк с де́душкой хо́дит. Куда́ же всё-таки? А позову́-ка я свои́х мужчи́н на _____ мое́й но́вой колле́кции! Вот э́то вы́ход! Но мири́ться пе́рвой не пойду́!

* Ссо́риться/поссо́риться; некста́ти; переда́ча; презента́ция; разволнова́ться; сдава́ть; пропада́ть; успе́ть; дел невпроворо́т; на мое́й стороне́; шаро́м покати́; (сиди́т) мрачне́е ту́чи; Пустяки́! Во́льный как пти́ца! Сло́вно воды́ в рот набра́л! Что Джо́ну на́ши ссо́ры?! С кем не быва́ет! Да что ему́ моя́ презента́ция!

➪ Что но́вого о Ле́не и её семье́ вы узна́ли?

7 О чём говоря́т, спо́рят, из-за чего́ ссо́рятся в семье́ Чернышо́вых? Вста́ньте и разыгра́йте полило́г. Не бо́йтесь фантази́ровать. Е́сли вы что́-нибудь доба́вите от себя́, э́то бу́дет отли́чно.

8 Вы, коне́чно, по́няли, что ка́ждый член семьи́ ви́дит пробле́му «делово́й же́нщи-ны» по-сво́ему. Вспо́мните полило́г и переда́йте разгово́р, кото́рый состоя́лся в семье́ Чернышо́вых, от лица́ Ле́ны, Никола́я, Джо́на, Са́ши, Татья́ны Васи́льев-ны, Ива́на Петро́вича.

Же́нщина и би́знес 🎧

На друго́й день, Никола́й пошёл к Ле́не мири́ться. Он взял магнитофо́н и откры́л дверь в ко́мнату. Ле́на была́ мрачне́е ту́чи.

Н.Ч. — Ле́нка, конча́й ду́ться. Не обижа́йся. Ну, повздо́рили немно́го. Я погоря-чи́лся. С кем не быва́ет! Извини́! Кста́ти, ты по́мнишь, что мы гото́вим переда́чу о деловы́х же́нщинах. И я реши́л, а начну́-ка я с мое́й жены́. Ведь она́ сде́лала прекра́сную карье́ру. Доби́лась успе́ха. Пра́вда?

Е.Ч. — Пра́вда, пра́вда! Ко́ля, я на тебя́ не ду́юсь. *(Кака́я обма́нщица!)* Про́сто ты пришёл не о́чень во́время. Я жду оди́н ва́жный телефо́нный звоно́к... А мо́жет, э́то и непло́хо — дать интервью́ со́бственному му́жу. Ты подо-ждёшь?

Н.Ч. — Ско́лько? Час? Два? Я гото́в ждать це́лую жизнь.

Е.Ч. — *(Смеётся.)* Ну заче́м же так до́лго! Пустяки́! Подожди́ полчаса́, и я тебе́ всё расскажу́ о деловы́х же́нщинах.

Прохо́дит мину́т пятна́дцать. Ле́на удо́бно устра́ивается в кре́сле. Никола́й вклю-ча́ет магнитофо́н.

Интервью́ пе́рвое 🎧

Еле́на Чернышо́ва – генера́льный дире́ктор До́ма мо́ды. Её Дом вхо́дит в деся́тку лу́чших Домо́в мо́ды столи́цы.

Н.Ч. — В би́знесе тебе́ меша́ет и́ли помога́ет то, что ты же́нщина?

Е.Ч. — Иногда́ меша́ет. Мужчи́ны не всегда́ ви́дят в же́нщине серьёзного партнё-ра. Осо́бенно в молодо́й же́нщине. Что́бы произвести́ на партнёра соли́д-ное впечатле́ние, я прибавля́ла себе́ во́зраст. На перегово́ры всегда́ одева́лась о́чень стро́го. Но вообще́, Ко́ля, мне ка́жется, что же́нщина создана́ для би́знеса. В семье́ ей на́до регули́ровать отноше́ния, иска́ть компроми́ссы. То же и в фи́рме. *(Смо́трит на Никола́я с больши́м внима́нием.)* Ты со мной согла́сен? Би́знес — э́то уме́ние договори́ться, а в э́том же́нщине нет ра́вных.

Н.Ч. — Но би́знес тре́бует таки́х мужски́х ка́честв, как гото́вность к ри́ску, жёст-кость...

Е.Ч. — Да, коне́чно. В пе́рвые го́ды, когда́ моя́ фи́рма то́лько станови́лась на́ ноги, я вообще́ ста́ла на 80 проце́нтов мужчи́ной — ре́зкой, авторита́рной. Э́то бы́ло тру́дное для меня́ вре́мя.

Н.Ч. — Остаётся ли у делово́й же́нщины вре́мя на ли́чную жизнь?

Е.Ч. — О́чень ма́ло. Би́знес — э́то о́браз жи́зни. Челове́к, кото́рый занима́ется би́знесом, себе́ не принадлежи́т. Би́знес де́йствует как нарко́тик: е́сли начина́ешь занима́ться би́знесом, не мо́жешь поверну́ть наза́д.

Н.Ч. — Делова́я же́нщина и семья́. Что ты мо́жешь сказа́ть об э́том?

Е.Ч. — Семья́, наве́рное, са́мая сло́жная пробле́ма. Нет вре́мени погуля́ть с ребён-ком, удели́ть му́жу внима́ние, пригото́вить обе́д. Не ка́ждая делова́я же́нщина чу́вствуют себя́ в семье́ счастли́вой. Э́то быва́ет лишь тогда́, когда́ муж гото́в поня́ть, поддержа́ть жену́. К сожале́нию, ча́сто увлече́ние же́нщины би́знесом стано́вится причи́ной семе́йной дра́мы. Мне повезло́. *(Улыба́ется.)* Муж меня́ понима́ет. Хотя́ и в на́шей семье́ быва́ют ссо́ры. Мой сын ви́дит меня́ то́лько по́здно ве́чером и ра́но у́тром. Я ма́ло обраща́ю внима́ние на то, чем он за́нят, с кем дру́жит. Э́то пло́хо. Пре́жде чем заня́ться би́знесом, же́нщина должна́ реши́ть, что для неё важне́е — её де́ло и́ли семья́.

Н.Ч. — Не ка́жется ли тебе́, что же́нщина, по свое́й приро́де мя́гкая, чу́ткая, рани́мая, не впи́сывается в жёсткий, а иногда́ и жесто́кий делово́й мир?

Е.Ч. — Я бы не сказа́ла. Напро́тив, же́нщина облагора́живает делово́й мир. Как пра́вило, в прису́тствии же́нщины успе́шнее и ле́гче прохо́дят деловы́е перегово́ры. Же́нщина облада́ет таки́ми ка́чествами, кото́рых ча́сто не хва-та́ет мужчи́не. Она́ терпели́ва, осторо́жна, рассуди́тельна. Сли́шком большо́й риск — не для неё. Она́ прекра́сно разбира́ется в лю́дях. Поэ́тому же́нщина соверша́ет в би́знесе, на мой взгля́д, ме́ньше оши́бок, чем мужчи́на.

9 Никола́й слу́шал жену́ с больши́м внима́нием. А вы внима́тельно прочита́ли текст? Прове́рьте себя́! Прочита́йте предложе́ния и вы́разите своё согла́сие и́ли несогла́сие.

1. Никола́й реши́л пе́рвое интервью́ взять у свое́й жены́.

   Да, это так. Николай решил первое интервью взять у своей жены.

   Мне кажется, что это верно. Николай решил первое интервью взять у своей жены.

2. Ле́на была́ соверше́нно свобо́дна, когда́ Никола́й пришёл к ней.

   Нет, это не так. Если я правильно понял (поняла), Лена была занята, когда Николай пришёл к ней.

   Мне кажется, что это неверно. Если я правильно понял (поняла), Лена была занята, когда Николай пришёл к ней.

3. Ле́на сде́лала прекра́сную карье́ру.

4. Ле́не в би́знесе всегда́ помога́ло то, что она́ же́нщина.

5. Же́нщина не создана́ для би́знеса.

6. В уме́нии договори́ться же́нщине нет ра́вных.

7. Сейча́с Ле́на в би́знесе твёрдо стои́т на нога́х.

8. Ле́на счита́ет, что серьёзно занима́ться би́знесом мо́гут то́лько мужчи́ны.

9. Для делово́й же́нщины семья́ — са́мая сло́жная пробле́ма.

10. Ле́на счита́ет, что муж не понима́ет её.

11. Же́нщина облада́ет таки́ми ка́чествами, кото́рых ча́сто не хвата́ет мужчи́нам.

12. Ле́на счита́ет, что же́нщина в би́знесе соверша́ет бо́льше оши́бок, чем мужчи́на.

10 На сле́дующий день Никола́й сказа́л Джо́ну, что он уже́ на́чал рабо́ту над переда́чей. И пе́рвое интервью́ он взял у со́бственной жены́. Джон о́чень заинтересова́лся тем, что говори́ла Ле́на о делово́й же́нщине и би́знесе. Что же заинтересова́ло Джо́на? Из трёх вариа́нтов вы́берите оди́н пра́вильный отве́т, и вы э́то узна́ете.

1. Пе́рвое интервью́ Никола́й взял у свое́й жены́,
   а) _____ потому́ что он лю́бит её;
   б) __√__ потому́ что Ле́на сде́лала хоро́шую карье́ру;
   в) _____ потому́ что Ле́на уме́ет хорошо́ говори́ть.

2. На перегово́ры Ле́на специа́льно одева́лась стро́го,
   а) _____ что́бы понра́виться делово́му партнёру;
   б) _____ что́бы каза́ться краси́вее;
   в) _____ что́бы произвести́ на партнёра соли́дное впечатле́ние.

3. Же́нщина, как счита́ет Ле́на, создана́ для би́знеса,

    а) _____ потому́ что она́ уме́ет договори́ться;

    б) _____ потому́ что же́нщина никогда́ не соверша́ет оши́бок;

    в) _____ потому́ что же́нщина лю́бит быть пе́рвой.

4. Ле́не бы́ло о́чень тру́дно,

    а) _____ когда́ роди́лся Са́ша;

    б) _____ когда́ фи́рма станови́лась на́ ноги;

    в) _____ когда́ фи́рма вста́ла на́ ноги.

5. В нача́ле делово́й карье́ры Ле́на была́

    а) _____ чу́ткой и рани́мой;

    б) _____ нереши́тельной и осторо́жной;

    в) _____ авторита́рной и ре́зкой.

6. В до́ме Ле́ны быва́ют ссо́ры,

    а) _____ несмотря́ на то что муж понима́ет Ле́ну;

    б) _____ несмотря́ на то что ба́бушка помога́ет с ребёнком;

    в) _____ несмотря́ на то что ба́бушка покупа́ет проду́кты.

7. Пре́жде чем нача́ть занима́ться би́знесом, же́нщина должна́ реши́ть для себя́,

    а) _____ что для неё важне́е, здоро́вье и́ли би́знес;

    б) _____ что для неё важне́е, муж и́ли ребёнок;

    в) _____ что для неё важне́е, би́знес и́ли семья́.

8. Увлече́ние би́знесом ча́сто стано́вится причи́ной семе́йной дра́мы,

    а) _____ потому́ что у же́нщины появля́ются но́вые знако́мые мужчи́ны;

    б) _____ потому́ что же́нщине не хвата́ет вре́мени на семью́;

    в) _____ потому́ что мужья́ не лю́бят, когда́ жена́ де́лает карье́ру.

9. Мужчи́нам, по мне́нию Ле́ны, ча́сто не хвата́ет в би́знесе таки́х ка́честв, как

    а) _____ терпели́вость и осторо́жность;

    б) _____ мя́гкость и чу́ткость;

    в) _____ серьёзность и энерги́чность.

11 Почему́? Заче́м? Вновь и вновь задава́л Джон себе́ вопро́сы. Зада́йте и вы друг дру́гу вопро́сы, кото́рые волнова́ли Джона. Для э́того преобразу́йте предложе́ния из зада́ния 10 в вопроси́тельные. Отве́тьте на э́ти вопро́сы.

1. Пе́рвое интервью́ Никола́й взял у свое́й жены́,

а) _____ потому́ что он лю́бит её;

б) __√__ потому́ что Ле́на сде́лала хоро́шую карье́ру;

в) _____ потому́ что Ле́на уме́ет хорошо́ говори́ть.

Почему́ пе́рвое интервью́ Никола́й взял у свое́й жены́? _____

12 В интервью́ Джон услы́шал мно́го тру́дных слов и выраже́ний. И хотя́ дел у него́ невпроворо́т — на́до зака́нчивать кни́гу, — он реши́л посмотре́ть не́которые слова́ в словаре́. Помоги́те Джо́ну определи́ть значе́ние слов и выраже́ний, кото́рые он вы́писал.

А

1. __5__ осторо́жный (челове́к)
2. _____ прибавля́ть (во́зраст)
3. _____ не хвата́ет (вре́мени)
4. _____ облагора́живать (мир)
5. _____ увлече́ние (би́знесом)
6. _____ (же́нские) ка́чества
7. _____ жесто́кий (мир)
8. _____ рани́мый (челове́к)
9. _____ чу́ткий (челове́к)

1) безжа́лостный, стра́шный мир
2) характе́рные черты́ же́нщины
3) челове́к, кото́рому легко́ мо́жно сде́лать бо́льно
4) челове́к, кото́рый чу́вствует чужу́ю боль
5) челове́к, кото́рый бои́тся сде́лать что́-то не так
6) большо́й, повы́шенный интере́с к би́знесу
7) увели́чивать себе́ года́
8) нет доста́точно вре́мени
9) де́лать (мир) бо́лее до́брым, бо́лее хоро́шим

Б

10. _____ ду́ться на му́жа
11. _____ дать интервью́
12. _____ сде́лать хоро́шую карье́ру
13. _____ разбира́ться в лю́дях
14. _____ кре́пко стоя́ть на нога́х *(о фи́рме и челове́ке)*
15. _____ Мне повезло́ с му́жем!
16. _____ соверша́ть оши́бки
17. _____ семе́йная дра́ма
18. _____ иска́ть компроми́ссы

1) понима́ть, знать люде́й
2) Како́й у меня́ хоро́ший муж!
3) де́лать оши́бки
4) идти́ на усту́пки, иска́ть соглаше́ния
5) ни оди́н мужчи́на не мо́жет так договори́ться, как же́нщина
6) рассказа́ть о себе́ для переда́чи по телеви́дению, для газе́ты...
7) же́нщина рождена́ для би́знеса
8) успе́шно рабо́тать
9) семе́йный конфли́кт

19. _____ же́нщине нет ра́вных в уме́нии договори́ться

20. _____ уделя́ть внима́ние ребёнку

21. _____ же́нщина создана́ для би́знеса

10) занима́ться ребёнком, тра́тить мно́го вре́мени на ребёнка

11) не разгова́ривать с му́жем, обижа́ться на му́жа

12) хорошо́, успе́шно рабо́тать *(о фи́рме и челове́ке)*

13 Джон написа́л в своём дневнике́ небольшо́й расска́з о том, что он узна́л о Ле́не. В э́том расска́зе он употреби́л слова́, кото́рые он хорошо́ знал. Помоги́те Джо́ну переписа́ть расска́з с по́мощью слов из интервью́. Э́ти слова́ вы найдёте в зада́нии 12.

Ле́на недо́лго **обижа́лась** на Никола́я. На сле́дующий день они́ помири́лись. И Ле́на **рассказа́ла** Никола́ю **о себе́** для переда́чи, кото́рую он де́лает на телеви́дении.

Ле́на счита́ет, что же́нщина **рождена́** для би́знеса. Же́нщина ре́дко **де́лает** оши́бки. Она́ хорошо́ **понима́ет и зна́ет люде́й.** Же́нщина **де́лает добре́е и лу́чше** делово́й мир. **Ни оди́н мужчи́на не мо́жет так бы́стро договори́ться, как же́нщина.**

К сожале́нию, у делово́й же́нщины **остаётся ма́ло** вре́мени на семью́. Поэ́тому ча́сто из-за увлече́ния би́знесом муж и жена́ ссо́рятся и да́же **расхо́дятся.** Но **кака́я уда́ча, что у Ле́ны тако́й замеча́тельный муж!** Никола́й лю́бит и понима́ет свою́ жену́. К сожале́нию, Ле́на ма́ло **занима́ется до́мом и Са́шей.** Поэ́тому в семье́ иногда́ быва́ют ссо́ры.

Фи́рма Ле́ны **успе́шно рабо́тает.** Мо́дную оде́жду, кото́рую создаю́т в До́ме мо́ды, зна́ют во мно́гих стра́нах ми́ра.

 Что но́вого о Ле́не вы узна́ли?

14 Джон не всегда́ чу́вствует себя́ уве́ренно в том, как он пи́шет по-ру́сски. Помоги́те Джо́ну. Откро́йте ско́бки и напиши́те слова́ в ну́жном падеже́.

1. Же́нщине нет ра́вных (уме́ние договори́ться, би́знес, веде́ние перегово́ров)
   в уме́нии договори́ться, _____

2. Делова́я же́нщина не принадлежи́т (себя́, семья́, де́ти, друзья́)
   _____

3. Делова́я же́нщина ма́ло уделя́ет внима́ния (муж, семья́, ребёнок, дом)
   _____

4. Деловая женщина должна обладать такими качествами, как (рассудительность, терпеливость, осторожность)

_____

5. Часто женщине в бизнесе не хватает (жёсткость, хладнокровие, решительность)

_____

6. Часто причиной семейной драмы становится увлечение (бизнес, игра в карты, спорт)

_____

7. Лена производит солидное впечатление (партнёры, друзья, коллеги)

_____

8. Лене повезло (муж, работа, родители, квартира)

_____

9. Лена чувствует себя (счастливый, любимый, нужный)

_____

10. Работа действует как наркотик (Лена, она, деловая женщина, деловой мужчина)

_____

11. Лена создана (семья, бизнес, любовь, Николай)

_____

12. Лене надо больше внимания обращать (сын, муж, отношения в семье, дом)

_____

15 Поговорите друг с другом! В задании 14 выберите из скобок слово, значение которого вы считаете наиболее интересным. Прочитайте полученное предложение. Пусть с вами согласятся или не согласятся.

1. Женщине нет равных (умение договориться, бизнес, ведение переговоров)

— *Женщине нет равных в умении договориться.*

— *Я совершенно согласен (согласна) с тобой. Но как ты думаешь, почему женщине нет равных в умении договориться?*

— *Мне кажется, женщине нет равных в умении договориться, потому что в семье ей надо регулировать отношения, искать компромиссы. То же и в фирме.*

— *Женщине нет равных в бизнесе.*

— *Я не согласен (согласна) с тобой. Почему ты думаешь, что женщине нет равных в бизнесе?*

— *Я думаю, что женщине нет равных в бизнесе, потому что женщина рассудительна, осторожна, она хорошо разбирается в людях.*

102

16 Делово́й мир! Ско́лько тут пробле́м! Дава́йте поговори́м о не́которых из них.

16.1. В чём причи́на того́, что так мно́го же́нщин сейча́с занима́ется би́знесом? Джон узна́л э́то, соедини́в причи́ну и сле́дствие. Сде́лайте э́то и вы.

1. В семье́ же́нщине прихо́дится регули́ровать отноше́ния, иска́ть компроми́ссы,

поэ́тому, е́сли челове́к начина́ет занима́ться би́знесом, он не мо́жет поверну́ть наза́д.

2. Мужчи́ны не всегда́ ви́дят в же́нщине серьёзного партнёра,

поэ́тому без труда́ мо́жет определи́ть неделово́го челове́ка.

3. Ча́сто увлече́ние же́нщины би́знесом стано́вится причи́ной семе́йной дра́мы,

поэ́тому в би́знесе же́нщина соверша́ет ме́ньше оши́бок, чем мужчи́на.

4. Же́нщина хорошо́ разбира́ется в лю́дях,

поэ́тому молода́я же́нщина иногда́ прибавля́ет себе́ во́зраст.

5. Би́знес — э́то нарко́тик,

поэ́тому же́нщина, пре́жде чем заня́ться би́знесом, должна́ реши́ть, что для неё важне́е — её де́ло и́ли семья́.

16.2. Поговори́те друг с дру́гом! Преобразу́йте предложе́ния из зада́ния 16.1 в вопроси́тельные и отве́тьте на них.

1. В семье́ же́нщине прихо́дится регули́ровать отноше́ния, иска́ть компроми́ссы, поэ́тому в би́знесе же́нщина соверша́ет ме́ньше оши́бок, чем мужчи́на.

— Почему́ в би́знесе же́нщина соверша́ет ме́ньше оши́бок, чем мужчи́на?
— Мне ка́жется (я ду́маю, мо́жет быть), же́нщина соверша́ет в би́знесе ме́ньше оши́бок, чем мужчи́на, потому́ что она́ бо́лее осторо́жна, чем мужчи́на. Же́нщина уме́ет договори́ться, она́ не лю́бит рискова́ть.

16.3. Е́сли же́нщина захо́чет сде́лать карье́ру, она́ сде́лает её несмотря́ ни на что! Вспо́мните содержа́ние интервью́ Ле́ны и зако́нчите предложе́ния. В гла́вной ча́сти э́тих предложе́ний испо́льзуйте сою́з **но** и усили́тельные части́цы **всё-таки, всё же, тем не ме́нее.**

1. Хотя́, как счита́ет Ле́на, же́нщина создана́ для би́знеса...

Хотя, как считает Лена, женщина создана для бизнеса, но всё-таки для женщины главное — её семья.

2. Хотя́ мно́гие деловы́е же́нщины стано́вятся ре́зкими, авторита́рными...

3. Хотя́ в семье́ у делово́й же́нщины ча́сто быва́ют ссо́ры...

4. Хотя́ же́нщины по свое́й приро́де терпели́вы, осторо́жны...

5. Хотя́ же́нщины прекра́сно разбира́ются в лю́дях...

6. Хотя́ сли́шком большо́й риск не для же́нщин...

7. Хотя́ же́нщина соверша́ет в би́знесе ме́ньше оши́бок, чем мужчи́на...

16.4. Поговори́те друг с дру́гом! Прочита́йте предложе́ния, кото́рые у вас получи́лись в зада́нии 16.3. Пусть с ва́ми соглася́тся, не соглася́тся и́ли части́чно соглася́тся.

1. Хотя́, как счита́ет Ле́на, же́нщина создана́ для би́знеса, но всё-таки для же́нщины гла́вное — её семья́.

— Ты абсолютно прав (права). Я полностью согласен (согласна) с тобой. Хотя, как считает Лена, женщина создана для бизнеса, но всё-таки для женщины главное — её семья.

— Ну что ты! По-моему, это не так. Я абсолютно с тобой не согласен (согласна). Я думаю, что для современной женщины главное — её работа.

— Я не совсем с тобой согласен! Ты прав (права), что главное, конечно, семья. Но для современной женщины важна и работа.

16.5. Каки́е сове́ты мо́жно дать начина́ющей делово́й же́нщине? Попро́буйте записа́ть э́ти сове́ты, испо́льзуя информа́цию те́кста и слова́ **на́до, сле́дует, необходи́мо**.

1. Что́бы сде́лать карье́ру, же́нщине...

Чтобы сделать карьеру, женщине надо забыть о личной жизни.

2. Что́бы в же́нщине уви́дели серьёзного партнёра, ей...

3. Чтобы вписа́ться в жёсткий мир би́знеса, же́нщине...

_____

4. Чтобы в семье́ не́ было ссор, же́нщине...

_____

5. Чтобы чу́вствовать себя́ в семье́ счастли́вой, же́нщине...

_____

6. Чтобы стать делово́й же́нщиной, же́нщине...

_____

7. Чтобы доби́ться успе́ха, же́нщине...

_____

16.6. Поговори́те друг с дру́гом! Прочита́йте предложе́ния, кото́рые у вас получи́лись в зада́нии 16.5. Пусть с ва́ми соглася́тся, не соглася́тся и́ли части́чно соглася́тся.

1. Чтобы сде́лать карье́ру, же́нщине на́до забы́ть о ли́чной жи́зни.

— Вот-вот, и я так думаю! Ты абсолютно прав. Я абсолютно согласен (согласна) с тобой. Чтобы сделать карьеру, женщине надо забыть о личной жизни.

— То есть как это забыть о личной жизни? Ну что ты! Конечно, нет! Я думаю, что ни одной женщине не следует забывать о личной жизни.

— Мне кажется, что это не совсем так. Деловая женщина не должна увлекаться личной жизнью.

16.7. Поговори́те друг с дру́гом! Да́йте не́сколько сове́тов начина́ющим деловы́м мужчи́нам.

17 В интервью́ мно́го слов, кото́рые характеризу́ют челове́ка. Э́ти слова́ — прилага́тельные — привлекли́ внима́ние Джо́на.

17.1. Образу́йте от э́тих прилага́тельных имена́ существи́тельные с су́ффиксом −ОСТЬ. Обрати́те внима́ние, что существи́тельные с су́ффиксом −ОСТЬ обознача́ют при́знак предме́та и́ли лица́.

авторита́рный — _авторитарность_ _____

жесто́кий — _____

мя́гкий — _____

нереши́тельный — _____

осторо́жный — _____

рани́мый — _____

рассуди́тельный — _____

ре́зкий — _____

чу́ткий — _____

17.2. Джон реши́л, что слов, кото́рые он вы́писал из интервью́, недоста́точно для характери́стики делово́й же́нщины. Он взял слова́рь и вы́писал ещё ряд прилага́тельных. Вы то́же посмотри́те э́ти слова́. Вы́берите 5 слов, кото́рые, по ва́шему мне́нию, лу́чше всего́ характеризу́ют делову́ю же́нщину.

Агресси́вный	общи́тельный	уве́ренный в себе́
гото́вый к ри́ску	предприи́мчивый	уравнове́шенный
жизнера́достный	разгово́рчивый	целеустремлённый
за́мкнутый	реши́тельный	че́стный
наблюда́тельный	самокрити́чный	энерги́чный

17.3. Напиши́те, како́й, по ва́шему мне́нию, должна́ быть (и не должна́ быть) делова́я же́нщина.

1. Мне ка́жется, что делова́я же́нщина должна́ быть *осторо́жной,* _____

_____

2. Я ду́маю, что делова́я же́нщина не должна́ быть *о́чень рани́мой,* _____

3. Наве́рное, делово́й же́нщине на́до облада́ть таки́ми ка́чествами, как ___

остро́жность, _____

_____

17.4. Поговори́те друг с дру́гом! Назови́те ка́чества, кото́рыми, по ва́шему мне́нию, должна́ облада́ть делова́я же́нщина. Пусть с ва́ми соглася́тся, не соглася́тся и́ли части́чно соглася́тся.

17.5. А каки́м до́лжен быть делово́й мужчи́на?

17.6. Каки́ми ка́чествами, по ва́шему мне́нию, облада́ет Ле́на? Аргументи́руйте свой отве́т.

18 Прове́рьте свою́ па́мять! Как вы запо́мнили но́вые слова́? Зако́нчите предложе́ния слова́ми и выраже́ниями из те́кста. Вам необходи́мо вста́вить всего́ одно́ сло́во.

1. Ле́на сде́лала прекра́сную _карье́ру_ _____.

2. За после́дние не́сколько лет она́ доби́лась большо́го _____.

3. Мужчи́ны не всегда́ ви́дят в же́нщине серьёзного _____.

4. Делова́я же́нщина должна́ производи́ть соли́дное _____.

5. Что́бы каза́ться соли́дной, Ле́на прибавля́ла себе́ _____.

6. На перегово́ры Ле́на всегда́ одева́лась о́чень _____.

7. Же́нщина создана́ для _____.

8. В семье́ же́нщине прихо́дится регули́ровать _____, иска́ть _____.

9. В уме́нии договори́ться же́нщине нет _____.

10. Предприя́тие Ле́ны уже́ кре́пко стои́т на _____.

11. У делово́й же́нщины остаётся ма́ло вре́мени на _____.

12. Челове́к, кото́рый занима́ется би́знесом, себе́ не _____.

13. Би́знес де́йствует как _____.

14. Делово́й же́нщине не хвата́ет вре́мени уделя́ть му́жу _____.

15. Не ка́ждая делова́я же́нщина чу́вствует себя́ в семье́ _____.

16. Нере́дко увлече́ние же́нщины би́знесом стано́вится причи́ной семе́йной _____.

17. Же́нщина по свое́й _____ мя́гкая, чу́ткая, рани́мая.

18. Же́нщина ча́сто не впи́сывается в жёсткий _____ мир.

19. Мужчи́не ча́сто не хвата́ет таки́х ка́честв, кото́рыми _____ же́нщина.

20. Мужчи́ны ду́мают, что сли́шком большо́й риск не для _____.

21. Же́нщина прекра́сно _____ в лю́дях.

22. Же́нщина соверша́ет в би́знесе ме́ньше _____, чем мужчи́на.

19 Джон, когда́ слу́шал интервью́, кото́рое дала́ своему́ му́жу Еле́на Чернышо́ва — совреме́нная делова́я же́нщина, обрати́л внима́ние на то, что в интервью́ встре́тилось не́сколько выраже́ний со слова́ми **внима́ние** и **впечатле́ние**. Прочита́йте и вы текст интервью́ ещё раз и подчеркни́те все выраже́ния с э́тими слова́ми.

19.1. Что́бы вам и Джо́ну ста́ло бо́лее поня́тным употребле́ние выраже́ний со слова́ми **внима́ние** и **впечатле́ние**, прочита́йте небольши́е те́ксты. Чита́йте их и подчёркивайте все словосочета́ния со слова́ми **внима́ние** и **впечатле́ние**.

1. Делова́я же́нщина должна́ <u>уделя́ть</u> большо́е <u>внима́ние</u> своему́ туале́ту. Она́ не должна́ одева́ться крикли́во, что́бы не привлека́ть к себе́ осо́бого внима́ния. На перегово́ры ей на́до одева́ться стро́го, что́бы не отвлека́ть внима́ние свои́х партнёров от дел. В туале́те делово́й же́нщины осо́бого

внимания заслуживает длина юбки: юбка не должна быть очень короткой. Деловая женщина должна обращать внимание на свой макияж. Её губы не должны быть слишком яркими, а причёска — очень сложной.

⇨ Согласны ли вы с тем, что деловая женщина должна уделять большое внимание своему туалету?
На что бы вы посоветовали обращать особое внимание деловой женщине?

2. Джон недавно был в театре на премьере. Спектакль был замечательный. Он произвёл на Джона сильное впечатление. Джон и сегодня находится под впечатлением от него: думает, вспоминает, переживает. Он решил поделиться своими впечатлениями с Леной. Ведь Лена тоже деловая женщина. Но сначала он решил пересказать ей основное содержание спектакля. Вот начало его рассказа.

Главная героиня — современная деловая женщина. Она уделяет огромное внимание работе и совсем не занимается домом, мужем и ребёнком. Её внимание привлекает молодой человек — деловой партнёр. Он оказывает ей внимание, ухаживает за ней. Дома разыгрывается семейная драма. Муж уходит от неё и забирает ребёнка. Молодой человек оказывается мошенником. И совсем не заслуживает её внимания.

⇨ Как вы думаете, чем закончилась эта история?
На что, по вашему мнению, стоит обращать внимание деловой женщине, чтобы избежать семейных драм?

19.2. В первой главе вы узнали, как познакомились Лена и Коля. Об этом вам рассказал Николай. А сейчас перед вами рассказ Лены. Помогите Джону восстановить историю знакомства Лены и Николая. Для этого вам надо составить словосочетания со словами **внимание** и **впечатление**. Эти словосочетания вы найдёте после текста под звёздочкой (*).

Мы познакомились с Колей в театре, вернее, около театра. Это случилось 10 лет назад. Моя подруга купила билеты, но почему-то не пришла. Я стояла около входа в театр. Уже прозвенел первый звонок. А её всё не было. Моё внимание _____ *привлёк* _____ молодой человек. Он тоже кого-то ждал. «Наверное, ждёт девушку. Уж очень волнуется», — подумала я.

Это был Николай. Вначале он не _____ на меня никакого впечатления. Но мне очень хотелось попасть на спектакль. А подруги всё не было и не было. Я хотела, чтобы молодой человек _____ на меня внимание. И я четыре раза прошла около него: туда и обратно, туда и обратно. Никакого впечатления. «Ну, — думаю, — всё. Надо домой идти». И вдруг слышу: «Девушка, вы хотите пойти в театр. Я угадал?» «Ещё бы! Конечно, угадал, — подумала я, — чего я только не делаю, чтобы _____ твоё внимание». Спектакль, и правда, был неплохой. Но молодой человек всё время поглядывал на меня и _____ моё внимание. После спектакля он пошёл меня провожать. Мы много смеялись, _____ впечатлениями, чуть не опоздали на метро. Вот так я познакомилась с моим будущим мужем. Интересно, а что Коля рассказывал о нашем знакомстве?

* Произвести впечатление, обратить внимание, делиться впечатлениями, привлечь внимание (2 раза), отвлекать внимание.

19.3. Вы помните, что Николай рассказывал о своей первой встрече с Леной? Прочитайте ещё раз воспоминания Николая (глава первая, задание 4) и ответьте на вопросы.

1. Какое впечатление произвела Лена на Николая?
2. Почему Николай не сразу обратил внимание на Лену?
3. Чем Лена привлекла внимание Николая?
4. Почему Николай во время спектакля всё время отвлекался?

19.4. В жизни каждого человека бывают незабываемые встречи. Расскажите об одной из них. Используйте следующие выражения:

привлекать/привлечь внимание *кого? к кому? к чему?*
уделять/уделить внимание *кому? чему?*
заслуживать/ заслужить внимание *кого?*
оказывать/оказать внимание *кому?*
отвлекать/отвлечь внимание *кого? от кого? от чего?*
обращать/обратить внимание *на кого? на что?*
слушать с вниманием *кого?*
смотреть с вниманием *на кого? на что?*

делиться/поделиться впечатлениями *о чём? с кем?*
быть под впечатлением *от чего?*
находиться под впечатлением *от чего?*
производить/произвести *какое?* **впечатление** *на кого? чем?*

109

20 Интервью́ с Ле́ной произвело́ на Джо́на си́льное впечатле́ние. И он реши́л написа́ть в свое́й кни́ге «Росси́я глаза́ми америка́нца» главу́ о делово́й ру́сской же́нщине — Еле́не Чернышо́вой. Помоги́те Джо́ну написа́ть э́ту статью́. Для э́того вам на́до, вспо́мнив слова́ и выраже́ния из те́кста, запо́лнить про́пуски в статье́ Джо́на.

В Москве́ у меня́ есть знако́мая — Еле́на Чернышо́ва. Ле́на — но́вый тип ру́сской же́нщины. Она́ _____ *делова́я* _____ же́нщина. Ле́на дире́ктор До́ма _____. Ей всего́ 30 лет. Но она́ уже́ сде́лала _____. Доби́лась _____. Когда́ её фи́рма то́лько _____, ей бы́ло о́чень нелегко́. Ведь мужчи́ны не всегда́ ви́дят в же́нщине _____. Что́бы производи́ть на партнёров _____, ей да́же приходи́лось прибавля́ть _____. Но сейча́с все тру́дности позади́. Её фи́рма кре́пко _____.

Еле́на счита́ет, что же́нщина создана́ _____. Ведь же́нщине постоя́нно прихо́дится в семье́ регули́ровать _____, иска́ть _____. Би́знес, по её мне́нию, э́то _____, а в э́том же́нщине нет _____. Же́нщина хорошо́ впи́сывается _____ делово́й мир. По приро́де свое́й _____ она́ облагора́живает э́тот мир. В её прису́тствии всегда́ успе́шнее и ле́гче прохо́дят _____. Она́ терпели́ва, _____. Сли́шком большо́й риск — _____. Она́ прекра́сно _____. Поэ́тому же́нщина, по мне́нию Еле́ны, соверша́ет в би́знесе _____, чем мужчи́на.

Когда́ Еле́на то́лько начина́ла занима́ться би́знесом, она́ о́чень измени́лась. Она́ ста́ла _____. Э́то бы́ло тру́дное для неё вре́мя.

Еле́на за́мужем, у неё очарова́тельный сын. Но она́ счита́ет, что же́нщина, пре́жде чем заня́ться би́знесом, должна́ реши́ть, что для неё важне́е — _____. Би́знес, по мне́нию Ле́ны, де́йствует _____. Би́знес — э́то _____. Челове́к, занима́ющийся би́знесом, себе́ не _____. О́чень ча́сто увлече́ние же́нщины би́знесом стано́вится причи́ной _____. Ведь делова́я же́нщина ма́ло _____ семье́. Еле́не _____. Муж понима́ет её, хотя́ и в их семье́ быва́ют _____. Еле́на — счастли́вый челове́к. Она́ нашла́ себя́ и в семье́, и в рабо́те.

⇩ Что но́вого вы узна́ли?

21 Джон вы́писал из интервью́, кото́рое дала́ Ле́на своему́ му́жу, не́сколько предложе́ний, над кото́рыми сто́ит поду́мать. Но не́сколько предложе́ний он дописа́л сам. Отме́тьте предложе́ния, кото́рые принадлежа́т Джо́ну.

1. Би́знес — э́то о́браз жи́зни.
2. Би́знес де́йствует как нарко́тик.
3. Челове́к, кото́рый занима́ется би́знесом, себе́ не принадлежи́т.
4. Же́нщина со́здана́ для би́знеса.
5. Же́нщине нет ра́вных в уме́нии договори́ться.
6. Немно́гие деловы́е же́нщины чу́вствуют себя́ в семье́ счастли́выми.
7. Делово́й же́нщине нельзя́ име́ть дете́й.
8. Же́нщина прекра́сно впи́сывается в жёсткий делово́й мир.
9. Же́нщина по приро́де свое́й мя́гкая, чу́ткая, рани́мая.
10. Большо́й риск — э́то не для же́нщины.
11. Же́нщина прекра́сно разбира́ется в лю́дях.
12. Краси́вой же́нщине ле́гче сде́лать делову́ю карье́ру.
13. Же́нщина соверша́ет в би́знесе ма́ло оши́бок.

22 А каково́ ва́ше мне́ние? Чита́йте предложе́ния из зада́ния 21. Вы согла́сны с тем, что вы прочита́ли? Аргументи́руйте свои́ отве́ты.

23 Прочита́йте ещё не́сколько выска́зываний. Что вы по э́тому по́воду ду́маете? Согла́сны вы и́ли нет?

1. Делова́я же́нщина — э́то не же́нщина.
2. Же́нщина не должна́ занима́ться поли́тикой.
3. Основно́е жела́ние делово́й же́нщины — зарабо́тать как мо́жно бо́льше де́нег.
4. С же́нщиной нельзя́ име́ть деловы́е отноше́ния.
5. Ка́ждая же́нщина мо́жет занима́ться би́знесом.

24 Хоти́те ли вы быть делово́й же́нщиной? Хоти́те ли вы име́ть жену́ — делову́ю же́нщину? Отве́тьте на э́ти вопро́сы. Не забу́дьте аргументи́ровать свой отве́т.

25 Встреча́ли ли вы в жи́зни деловы́х же́нщин? Е́сли да, то расскажи́те об одно́й из них.

Слова́рь

Слова́

би́знес

волнова́ть (нсв) *кого́?*

волнова́ться/разволнова́ться *из-за кого́? из-за чего́?*

впи́сываться/вписа́ться *во что?*

вре́мя *на что?*

горячи́ться/погорячи́ться *из-за чего́?*

де́йствовать *на кого́? как?*

делово́й

догова́риваться/договори́ться *с кем? о чём?*

же́нщина *кака́я?*

    авторита́рная

    делова́я

    мя́гкая

    нереши́тельная

    осторо́жная

    рани́мая

    рассуди́тельная

    ре́зкая

    терпели́вая

    чу́ткая

жёсткий

жесто́кий

замеча́ть/заме́тить *что?*

карье́ра

ка́чество

колле́кция

кста́ти

меша́ть/помеша́ть *кому́?*

мра́чный

нарко́тик

оби́да

обижа́ться/оби́деться *на кого́? за что?*

облагора́живать/облагоро́дить *что?*

облада́ть (нсв) *чем?*

партнёр

переда́ча *кака́я? (о чём?)*

повздо́рить *из-за чего́?*

прибавля́ть/приба́вить *что? кому́?*

принадлежа́ть (нсв) *кому́? чему́?*

причи́на

происходи́ть/произойти́

регули́ровать (нсв) *что?*

со́здан -а, -о, -ы *для чего́?*

ссо́риться/поссо́риться *с кем? из-за чего́?*

стро́го (одева́ться стро́го)

увлече́ние *чем?*

уме́ние *что де́лать?*

успева́ть/успе́ть *что де́лать? куда́?*

хвата́ть (нсв) *чего́? кому́?*

чу́вствовать/почу́вствовать себя́ *каки́м?*

Выраже́ния

брать/взять интервью́ *у кого́?*

быва́ть: С кем не быва́ет!

везти́/повезти́ *кому́? с кем/с чем? в чём?* (Ей повезло́ с му́жем.)

внима́ние:

    заслу́живать/заслужи́ть внима́ние *кого́?*

обраща́ть/обрати́ть внима́ние *кого́? на кого́? на что?*

отвлека́ть/отвле́чь внима́ние *кого́? от кого́? от чего́?*

привлека́ть/привле́чь внима́ние *кого́? к кому́? к чему́?*

уделя́ть/удели́ть внима́ние *кому́? чему́?*

слу́шать *кого? что?*

с внима́нием

смотре́ть *на кого? на что?*

с внима́нием

вода́: *кто?* сло́вно воды́ в рот набра́л

Во́льный как пти́ца!

вот-вот + глаго́л (св) (Вот-вот Джон
придёт!)

впечатле́ние:

быть под впечатле́нием
от кого? от чего?

дели́ться впечатле́ниями *с кем?*

находи́ться под впечатле́нием
от кого? от чего?

производи́ть/произвести́
впечатле́ние *на кого?*

встава́ть/встать на́ ноги

де́ло: дел невпроворо́т *у кого?*

дел по го́рло *у кого?*

добива́ться/доби́ться успе́ха

жена́: жену́ к до́му не привя́жешь

иска́ть/найти́ компроми́ссы

интервью: брать/взять интервью́
у кого?

дава́ть/дать интервью́ *кому?*

как: как + сло́во, значе́ние кото́рого
вызыва́ет удивле́ние
(Как заде́рживается?);

как э́то (так) + сло́во, значе́ние
кото́рого вызыва́ет удивле́ние
(Как э́то заде́рживается?);

то есть как э́то + сло́во, значе́ние
кото́рого вызыва́ет удивле́ние
(То есть как э́то заде́рживается?);

крути́ться как бе́лка в колесе́

ли́чная жизнь

но́ги: встава́ть/встать на́ ноги
(*о челове́ке, о фи́рме*)

кре́пко стоя́ть на нога́х
(*о челове́ке, о фи́рме*)

о́браз жи́зни

по́лный: по́лный холоди́льник

прийти́ некста́ти

приро́да: по приро́де (же́нщина по
свое́й приро́де мя́гкая)

проводи́ть/провести́ перегово́ры

пропада́ть/пропа́сть *где?* (Где ты
пропада́ешь?)

Пустяки́!

ра́вный: нет ра́вных *кому? в чём?*

разбира́ться в лю́дях

сдава́ть/сдать колле́кцию

семе́йная дра́ма

соверша́ть/соверши́ть оши́бку

сторона́: быть на стороне́ *кого?*

ту́ча: быть мрачне́е ту́чи

хло́поты: хлопо́т по́лон рот *у кого?*

что: что *кому?* + сло́во, значе́ние
кото́рого отрица́ется
(Что ему́ на́ши пробле́мы!)

да что *кому?* + сло́во, значе́ние
кото́рого отрица́ется
(Да что ему́ на́ши пробле́мы!)

шар: *где?* шаро́м покати́

Познако́мимся побли́же

Еле́на Чернышо́ва сде́лала хоро́шую карье́ру. Её предприя́тие кре́пко стои́т на нога́х. Как же ей удало́сь э́того доби́ться? Несмотря́ на свою́ за́нятость, Ле́на подели́лась с на́ми не́которыми секре́тами своего́ успе́ха. Большу́ю роль игра́ют, как она́ счита́ет, зна́ния пра́вил делово́го этике́та и уме́ние и́ми по́льзоваться. Мно́гое из того́, о чём вы прочита́ете в э́той главе́, Ле́на узна́ла из разгово́ров со свое́й мла́дшей сестро́й. Вы, коне́чно, по́мните, что А́нна Кузнецо́ва — бу́дущий психо́лог. Её нау́чные интере́сы лежа́т в сфе́ре делово́го обще́ния. Ита́к, что же тако́е этике́т делово́го обще́ния?

Этике́т делово́го обще́ния

Сего́дня никто́ не сомнева́ется, что роль этике́та в делово́й жи́зни огро́мна! Он спосо́бствует эффекти́вности би́знеса. Тру́дно сказа́ть, ско́лько ру́шится карье́р, ско́лько теря́ется де́нег, не заключа́ется контра́ктов из-за непра́вильного поведе́ния. Понима́я э́то, в Япо́нии, наприме́р, тра́тят на обуче́ние хоро́шим мане́рам и консульта́ции по вопро́сам этике́та 700 млн до́лларов в год. По мне́нию зарубе́жных иссле́дователей, уда́чная карье́ра челове́ка на 85 % зави́сит от уме́ния обща́ться и то́лько на 15 % — от профессиона́льных зна́ний. Да́нный факт ещё раз дока́зывает, что невозмо́жно доби́ться успе́ха, не ду́мая о зако́нах делово́го обще́ния. Швейца́рский писа́тель И. Лафате́р утвержда́л: «Хо́чешь быть у́мным? Научи́сь разу́мно спра́шивать, внима́тельно слу́шать, споко́йно отвеча́ть и перестава́ть говори́ть тогда́, когда́ тебе́ уже́ не́чего сказа́ть». В э́тих слова́х то́чно заключена́ суть делово́го обще́ния.

Успе́х обще́ния, по мне́нию Ле́ны, зави́сит от того́,

1) как вы вы́глядите, каку́ю оде́жду вы но́сите, как причёсываетесь, как уха́живаете за собо́й в це́лом, как вы́глядит ва́ше рабо́чее ме́сто;

2) как вы де́йствуете, каковы́ ва́ши мане́ры и привы́чки, как вы сиди́те, стои́те, хо́дите, разгова́риваете, реаги́руете на хоро́шие и плохи́е но́вости;

3) как вы говори́те, како́в ваш го́лос, его́ тон, интона́ции, как вы произно́сите слова́;

4) как вы пи́шете пи́сьма, деловы́е, служе́бные запи́ски, докла́ды. То, как вы пи́шете, пожа́луй, наибо́лее ва́жно. Одно́ де́ло, как вы вы́глядите, де́йствуете, говори́те, и совсе́м друго́е, что напи́сано. Э́то докуме́нт. Он мо́жет быть прочи́тан не́сколько раз. Он мо́жет быть изу́чен. Он мо́жет быть бро́шен вам в лицо́.

Лена очень спешила. Весь её день расписан по минутам. Сегодня Лена открыла несколько секретов того, как деловым людям стоит одеваться и вести себя на работе.

Как вы выглядите

Одежда, причёска, макияж несут очень важную информацию (или, наоборот, дезинформацию) о роде занятий человека, его происхождении, особенностях личности, вкусах, настроении.

На уровне подсознания информация о собеседнике фиксируется нашим мозгом независимо от того, хотим мы этого или нет. До того как мы начали беседу, мы фактически уже поговорили друг с другом на более старом и более универсальном языке — языке одежды. «Хорошо одетым, — говорит Пьер Карден, — можно назвать человека, который считается с собой и с другими».

1 Сейчас вы прочитаете несколько правил, которым необходимо следовать деловой женщине. Если в вашей стране имеются такие же правила, ставьте галочку (√).

Внешний вид деловой женщины

Одежда

Деловая женщина должна быть элегантной всегда, даже когда отправляется в магазин за хлебом.	
Не появляйтесь первой на работе в модной вещи. Мода подведёт вас.	
Носите на работу только костюм с юбкой. Специалисты советуют деловым женщинам иметь две-три юбки, несколько жакетов и блузок. При умелом их сочетании женщина сможет каждый день появляться на работе в новом ансамбле.	
Ваша одежда должна отличаться классическим покроем.	

В одежде должно сочетаться не более трех цветов.
     Классические сочетания цветов:
          чёрный — белый — красный
          чёрный — белый — фиолетовый
          белый — синий — голубой	

Не следует носить на работу джинсы.	

Украше́ния

Украше́ния должны́ образо́вывать анса́мбль с костю́мом.	
Не сто́ит надева́ть на́ руку бо́лее одного́ кольца́.	
Все украше́ния, кото́рые наде́ты на же́нщине, должны́ быть вы́полнены из одного́ материа́ла. Нельзя́ носи́ть одновреме́нно изде́лия из зо́лота и серебра́.	
Сле́дует избега́ть о́чень кру́пных украше́ний, сли́шком блестя́щих и я́рких, звеня́щих и кача́ющихся.	

Макия́ж

Лу́чшая косме́тика та, кото́рую не ви́дно.	
Вече́рний макия́ж до́лжен быть я́рче дневно́го.	

Духи́

Не сто́ит покупа́ть духи́ то́лько потому́, что они́ мо́дны.	
Арома́т духо́в до́лжен быть ощути́м на расстоя́нии полуме́тра.	

⇨ А как у вас?

1. Как должна́ вы́глядеть делова́я же́нщина в ва́шей стране́? Посмотри́те ещё раз табли́цу, мо́жет быть, с ва́шей то́чки зре́ния, в табли́це не хвата́ет чего́-нибудь ва́жного?
2. Расскажи́те, как, по ва́шему мне́нию, должна́ вы́глядеть делова́я же́нщина?

2 Сейча́с вы прочита́ете небольшо́й текст о том, как вы́глядит же́нщина на рабо́те. Верне́е, как не должна́ вы́глядеть же́нщина на рабо́те. Скажи́те, в чём вы ви́дите наруше́ния пра́вил делово́го этике́та; какова́ реа́кция расска́зчика на э́ти наруше́ния; как на́до вести́ себя́ в предлага́емых ситуа́циях. Обраща́йте внима́ние не то́лько на описа́ние вне́шности же́нщин, но и на описа́ние их рабо́чего ме́ста.

116

Вчера́ я побыва́л в одно́м министе́рстве. Когда́ я входи́л в лифт, я уви́дел очарова́тельную де́вушку в ми́ни-ю́бке. Её коле́нки так заинтересова́ли меня́, что я прое́хал свой эта́ж, и мне пришло́сь спуска́ться два этажа́ пешко́м. В отде́ле сиде́ло челове́к де́сять. Мне показа́лось, что в нём рабо́тают одни́ же́нщины: так я́рко они́ бы́ли оде́ты. «Наве́рное, в отде́ле сего́дня пра́здник», — поду́мал я и реши́л, что пришёл некста́ти. Спра́ва от вхо́да сиде́ла де́вушка, на голове́ кото́рой бы́ло что́-то о́чень похо́жее на гнездо́ огро́мной пти́цы. «Ско́лько же вре́мени, — поду́мал я, — пришло́сь бе́дной же́нщине провести́ у́тром пе́ред зе́ркалом?» Не успе́л я отве́тить на э́тот вопро́с, как меня́ позва́ли из-за сосе́днего стола́. За столо́м сиде́ла моя́ знако́мая по ста́рой рабо́те. В руке́ у неё была́ заба́вная ру́чка. В её сте́ржне пла́вал цвето́к. Уви́дев, что я внима́тельно разгля́дываю ру́чку, моя́ знако́мая поясни́ла: «Привезла́ из после́дней командиро́вки. Сади́тесь, пожа́луйста». Но я так и оста́лся стоя́ть. О́коло меня́ прошла́ потряса́ющая же́нщина. Глаза́ её каза́лись огро́мными, её о́гненно-кра́сные гу́бы улыба́лись, а от её те́ла шёл тако́й арома́т, что я чуть не задохну́лся. Моя́ знако́мая, посмотре́в на меня́, сказа́ла: «Ди́кая ро́за. Когда́ я нахожу́сь с ней ря́дом, мне стано́вится пло́хо». Я положи́л докуме́нты на стол и неожи́данно обрати́л внима́ние на ма́ленькую су́мочку, кото́рая лежа́ла о́коло компью́тера. В ней видне́лись губна́я пома́да, тушь для ресни́ц и что́-то ещё. Что и́менно, я не успе́л рассмотре́ть, потому́ что моя́ знако́мая, уви́дев, куда́ я смотрю́, бы́стро убрала́ су́мочку в стол. Когда́ она́ э́то де́лала, огро́мные блестя́щие се́рьги зазвене́ли так, что я вздро́гнул. «Подари́л муж», — сказа́ла она́, отве́тив на мой немо́й вопро́с. Ве́чером, вспомина́я свой визи́т в министе́рство, я реши́л, что в на́шем министе́рстве не ху́же, чем на брази́льском карнава́ле.

3 А тепе́рь прочита́йте, как до́лжен вы́глядеть делово́й мужчи́на. Внизу́ приво́дятся пра́вила, кото́рым до́лжен сле́довать делово́й мужчи́на в Росси́и. Е́сли у вас име́ются таки́е же пра́вила, ста́вьте га́лочку (√).

Вне́шний вид делово́го мужчи́ны

Костю́м

Делово́му мужчи́не сле́дует подбира́ть тёмно-си́ние, тёмно-се́рые костю́мы.	
Мужчи́не не сле́дует одева́ться сли́шком мо́дно. Э́то счита́ется дурны́м то́ном.	
Осо́бое внима́ние сле́дует обраща́ть на шля́пу, перча́тки, реме́нь, часы́ и ту́фли. По ним обы́чно су́дят об элега́нтности мужчи́ны.	

Пиджа́к

Пиджа́к до́лжен быть застёгнут на все пу́говицы, кро́ме ни́жней. Ни́жняя пу́говица не застёгивается никогда́.

В застёгнутом пиджаке́ вхо́дят к знако́мым, на совеща́ние, сидя́т в прези́диуме. Танцу́ют то́лько в застёгнутом пиджаке́. Расстегну́ть пу́говицы пиджака́ мо́жно во вре́мя за́втрака, обе́да, у́жина и́ли си́дя в кре́сле.

Снима́я пиджа́к, мужчи́на до́лжен снять и жиле́т.
Мужчи́на не мо́жет снять пиджа́к, е́сли он в подтя́жках.

Руба́шка

Руба́шка должна́ быть с дли́нными рукава́ми.

Воротни́к руба́шки не до́лжен быть те́сным и́ли свобо́дным.

Га́лстук

Га́лстук — важне́йшая дета́ль в костю́ме мужчи́ны. Э́то показа́тель вку́са и ста́туса владе́льца.

Длина́ га́лстука должна́ быть тако́й, что́бы в завя́занном ви́де он достава́л до пря́жки ремня́.

Однотонный га́лстук подхо́дит к любо́й руба́шке и любо́му костю́му. Вы́берите однотонный га́лстук и не ошибётесь!
Чёрный га́лстук надева́ют то́лько в знак тра́ура.

Носки́

Носки́ подбира́ются в тон к костю́му. Их цвет до́лжен соотве́тствовать цве́ту костю́ма и о́буви. Бе́лые, кра́сные, цветны́е носки́ испо́льзуются на о́тдыхе и на заня́тиях спо́ртом.

 А как у вас?

 Вы прочита́ли, как до́лжен вы́глядеть делово́й мужчи́на в Росси́и.
А как до́лжен вы́глядеть делово́й мужчи́на, живу́щий в ва́шей стране́?

4 Прочитайте текст. В тексте вы найдёте несколько ошибок, которые допускают деловые мужчины в своём внешнем облике. Найдите эти ошибки. И посоветуйте, как их устранить.

На совещании было очень жарко. Некоторые мужчины сидели, сняв пиджаки. Объявили выступление одного известного учёного из Иркутска — Этикетова. Может, слышали? Пишет любопытно. И интересные наблюдения есть. Я уселся поудобнее и настроился слушать. Но вот что странно! Что-то во внешнем виде докладчика привлекло моё внимание и совсем отвлекло от содержания выступления. Когда Этикетов шёл к трибуне, я понял, что он только что побывал под дождём: волосы его влажно блестели, а ботинки, напротив, не блестели вовсе. Носки почему-то были белого цвета. «И откуда эта мода пошла — носить белые носки?» — пронеслось у меня в голове. Докладчику явно было трудно дышать. «Наверное, очень волнуется, — подумал я, — или прибежал только что из гостиницы». Видно, Этикетову на трибуне стало совсем жарко, он расстегнул пиджак. Из-под пиджака виднелись подтяжки. Галстук был очень дорогой. Я это сразу заметил. Думаю, из шёлка. Но почему-то чёрного цвета. «Наверное, кто-то умер», — с сочувствием подумал я. Я попытался вслушаться в то, о чём говорил докладчик. Но почему-то галстук всё не давал мне покоя. Этикетов эмоционально размахивал руками, и его галстук проделывал движения в разные стороны вслед за своим хозяином. «Наверное, вытер всю пыль на трибуне, — подумал я. — Нет, надо послушать. Ведь что-то интересное говорит». Но в этот момент доклад кончился, и взволнованный Этикетов быстро пошёл на своё место. «Экая досада, — подумал я, — а всё галстук виноват».

Дистанция общения

Есть люди, которые постоянно проникают в чужое жизненное пространство через прикосновение рук, широкий жест. Говорящий может похлопывать собеседника по плечу, долго пожимать или держать его руку, класть руку на плечо, забывая, что каждый человек стремится сохранить независимость своего коммуникативного пространства. От умения соблюдать суверенность чужого пространства зависит успех каждого как в личной, так и в профессиональной жизни. В сфере личного пространства русского человека можно выделить 4 зоны.

Интимная зона человека находится в пределах 0—60 см. Это самая важная зона, потому что каждый человек рассматривает её как свою собственность. Проникать в неё может только самый близкий человек. Если человек, с которым вы только что познакомились, положит вам руку на плечо, вряд ли вы захотите с ним ещё раз встретиться.

Ли́чная зо́на — от 60 до 120 см. Делово́е обще́ние с колле́гами, клие́нтами, знако́мыми наибо́лее ча́сто происхо́дит и́менно в э́той зо́не. Е́сли вы хоти́те, что́бы лю́ди чу́вствовали себя́ комфо́ртно с ва́ми, не сле́дует наруша́ть таку́ю диста́нцию. Э́то золото́е пра́вило этике́та.

Социа́льная зо́на — от 120 до 300 см. На тако́м расстоя́нии сле́дует проводи́ть деловы́е встре́чи. На э́том расстоя́нии обы́чно де́ржатся незнако́мые и́ли малознако́мые лю́ди.

Публи́чная зо́на — от 300 см. Э́то то расстоя́ние, кото́рое необходи́мо устана́вливать, обща́ясь с гру́ппой. Его́ обы́чно приде́рживаются докла́дчики по отноше́нию к аудито́рии, актёры — к пу́блике.

5 Запо́лните табли́цу. Е́сли вам тру́дно запо́лнить графу́ «Э́то характе́рно для Росси́и», прочита́йте текст «Диста́нция обще́ния» ещё раз.

Это характе́рно	*для России*	*для ва́шей страны́*
Инти́мная зо́на обще́ния		
Ли́чная зо́на обще́ния		
Социа́льная зо́на обще́ния		
Публи́чная зо́на обще́ния		

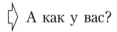 А как у вас?

 1. Кака́я диста́нция обще́ния существу́ет в ва́шей стране́?

2. Поду́майте, есть ли кака́я-нибудь закономе́рность ме́жду диста́нцией обще́ния и традицио́нными покло́нами, характе́рными для культу́ры ва́шей страны́?

3. Е́сли челове́к наруша́ет диста́нцию, при́нятую в ва́шей стране́, как э́то отража́ется на комфо́ртности обще́ния?

4. Есть ли у вас в стране́ теа́тры но́вого ти́па, когда́ актёры разы́грывают свои́ ро́ли, находя́сь почти́ в пу́блике? Как вы отно́ситесь к тако́му теа́тру? Како́го эффе́кта хо́чет дости́чь режиссёр э́того теа́тра?

Говоря́щие жéсты

Движéния тéла — это язы́к жéстов. Мы ча́сто заменя́ем слова́ физи́ческими движéниями. Наприме́р, пока́чивание голово́й явля́ется зна́ком согла́сия и́ли несогла́сия; пома́хивание руко́й — зна́ком проща́ния и́ли приве́тствия. Вы, конéчно, зна́ете эти сигна́лы. Мно́гие счита́ют, что с по́мощью языка́ жéстов человéк бессозна́тельно передаёт то, что чу́вствует. Одна́ко мно́гие лю́ди понима́ют таки́е сигна́лы очень пло́хо. Неумéние по́льзоваться языко́м жéстов ча́сто приво́дит к непонима́нию, недоумéнию, иногда́ раздражéнию собесéдников по отношéнию друг к дру́гу.

6 Попро́буйте зако́нчить нéсколько предложéний. Дописа́в эти предложéния и зачита́в их свои́м коллéгам по гру́ппе, вы узна́ете, что обознача́ют нéкоторые жéсты в ра́зных культу́рах.

1. Éсли ваш собесéдник пожима́ет плеча́ми, это мо́жет означа́ть, что...

   _____

2. Éсли ваш собесéдник сжима́ет кулаки́, это мо́жет означа́ть, что...

   _____

3. Éсли ваш собесéдник стучи́т па́льцем по столу́, это мо́жет означа́ть, что...

   _____

4. Éсли человéк идёт бы́стро, голова́ по́днята, ру́ки вися́т свобо́дно, это мо́жет означа́ть, что...

   _____

5. Éсли человéк идёт, опусти́в го́лову, держа́ ру́ки в карма́нах, это мо́жет означа́ть, что...

   _____

6. Éсли человéк ударя́ет себя́ по́ лбу, это мо́жет означа́ть, что...

   _____

7. Éсли человéк хо́дит взад и вперёд, это мо́жет означа́ть, что...

   _____

8. Éсли человéк сиди́т на краю́ сту́ла, это мо́жет означа́ть, что...

   _____

9. Éсли человéк сиди́т нога́ на́ ногу и слегка́ пока́чивает ного́й, это мо́жет означа́ть, что...

   _____

10. Éсли человéк во врéмя разгово́ра кива́ет голово́й, это мо́жет означа́ть, что...

   _____

11. Если человек покашливает, постоянно курит сигареты, это может означать, что...

_____.

12. Если человек снимает очки и демонстративно кладёт их в сторону, это может означать, что...

_____.

⇩ А как у вас?

▽? Какие жесты есть в вашей стране?

Опишите их и покажите. Пусть ваши коллеги по группе догадаются, что обозначают эти жесты.

☐7 Представьте, что вы идёте устраиваться на работу. Опишите свой внешний вид. Как вы будете вести себя в кабинете. Разыграйте с коллегой по группе сценку «На собеседовании при приёме на работу».

☐8 Представьте, что вы на деловом фуршете. Знаете ли вы, что фуршет проводится между 17.00 и 20.00 часами? Этот приём проходит стоя. Форма одежды — повседневный костюм или платье. Опишите, как одеты вы и как одеты окружающие. А теперь представьте, что вы и ваши коллеги по группе — представители разных фирм. Встаньте и попробуйте установить деловые контакты. Помните, что ваши движения и выражения лица могут быть вашими помощниками или врагами.

☐9 Вы идёте на деловую встречу. Вы не очень хорошо знаете своего делового партнёра. Что вы сделаете для того, чтобы произвести на него хорошее впечатление. Помните, что информация о человеке формируется в первые 90 секунд общения с ним.

Почитаем на досуге

 Николай уже не одну неделю готовится к передаче. Каждый день он встречается с разными женщинами, задаёт им вопросы, выслушивает их мнения. Иногда приходится услышать и не очень приятные отзывы о мужчинах. Но что делать? Работа журналиста такая. Кроме интервью со своей женой (интервью первое), его заинтересовали интервью ещё с тремя женщинами. На передачу Николай может пригласить только двоих. Прочитайте эти интервью. Решите, каких женщин стоит пригласить на телевидение. Объясните, почему вы сделали такой выбор.

Интервью второе

Анна Силина (А.С.) — профессиональный политик, член Государственной Думы.

Н.Ч. — Много ли женщин занимается политикой?

А.С. — Да, такие женщины есть, но их мало. Вообще женщина и политика — серьёзная проблема. Особенно у нас, в России. Женщина случайно в политике оказаться не может. Это мужчина может стать политиком случайно.

Н.Ч. — Может быть, русская женщина просто не способна заниматься политикой?

А.С. — Ну что вы! Считаю, что женщина в политике мужчине даст фору. Но у нас нет традиций. Русская женщина всегда неуверенна в своих силах. У неё всегда было мало времени на общественную жизнь. Неустроенный быт съедал и съедает почти всё свободное время. Да что я рассказываю! У вас у самого есть, наверное, жена. И вы знаете, сколько времени у неё уходит на домашние дела.

Н.Ч. — К сожалению, она тоже не принадлежит дому.

А.С. — Вот видите, к сожалению. Такова психология современных мужчин. Конечно, сказывается и то, что в России никогда не было массовых общественных женских организаций. А они могли бы сделать многое.

? Как вы думаете, Николай был согласен со всем, что говорила Анна Силина? А вы со всем согласны? Прочитайте некоторые высказывания этой женщины, именно на них обратил внимание Николай. Выразите своё согла́сие и́ли несогла́сие с тем, что говори́ла А́нна Си́лина. Поста́вьте о́коло ка́ждого предложе́ния **да** и́ли **нет**. Скажи́те, почему́ вы так ду́маете.

1. Же́нщина не спосо́бна занима́ться поли́тикой.   _____
2. Мужчи́на мо́жет стать поли́тиком случа́йно.   _____
3. Люба́я же́нщина в поли́тике лу́чше, чем мужчи́на.   _____
4. Быт съеда́ет у ру́сской же́нщины бо́льшую часть вре́мени.   _____

Интервью́ тре́тье

Татья́на Красно́ва (Т.К.) — дире́ктор кру́пного магази́на «Всё для до́ма».

Н.Ч. — Вы давно́ занима́етесь би́знесом?

Т.К. — Я мечта́ла име́ть своё де́ло с университе́тской скамьи́. Управля́ть — э́то черта́ моего́ хара́ктера.

Н.Ч. — Извини́те за нескро́мный вопро́с. Вы за́мужем?

Т.К. — Нет. Мне ещё 36 лет. В отли́чие от мно́гих росси́йских же́нщин, счита́ю, что в моём во́зрасте я «ещё» не за́мужем. Муж для меня́ — э́то пре́жде всего́ делово́й партнёр. Челове́к абсолю́тно авторите́тный. А таки́х встре́тишь не ча́сто.

Н.Ч. — Но, мо́жет быть, у вас сли́шком завы́шенные тре́бования к мужчи́нам?

Т.К. — Ну что ж, мо́жет быть.

Н.Ч. — Скажи́те, что привлека́ет же́нщин в би́знесе?

Т.К. — Ду́маю, что же́нщины лю́бят зараба́тывать де́ньги. В э́том они́ материа́льнее мужчи́н. Но любо́вь к деньга́м, коне́чно, не еди́нственный сти́мул. Де́ньги важны́ пре́жде всего́ для того́, что́бы обеспе́чить бу́дущее дете́й, свои́х бли́зких. Ду́маю, что же́нщин привлека́ют в би́знесе самореализа́ция, интере́с к де́лу.

Н.Ч. — У делово́й же́нщины есть недоста́тки?

Т.К. — Коне́чно. Среди́ них — изли́шняя эмоциона́льность. Поро́й она́ перехо́дит в несде́ржанность. Недоста́точная пунктуа́льность, неуме́ние дистанци́роваться от сотру́дников.

Н.Ч. — А каки́е досто́инства? Чем делова́я же́нщина лу́чше делово́го мужчи́ны?

Т.К. — Ду́маю, что же́нский менталите́т во мно́гом помога́ет делово́й же́нщине. Же́нщина уме́ет «поверте́ть» ситуа́цию. Поиска́ть непрямы́е пути́ к це́ли. Мужчи́на же ча́ще стреми́тся доби́ться це́ли так, как он с са́мого нача́ла реши́л. Ему́ ва́жен не то́лько результа́т, но и возмо́жность доказа́ть, что он прав.

Ду́маю, что же́нщина бо́льше, чем мужчи́на, скло́нна к перегово́рам. Она́ бо́лее мя́гко отно́сится к сотру́дникам, клие́нтам, посети́телям.

Никола́й в блокно́те отме́тил не́сколько выска́зываний Татья́ны Красно́вой. Обрати́те внима́ние на э́ти выска́зывания и вы. Вы́разите своё согла́сие и́ли несогла́сие с тем, что сказа́ла э́та же́нщина. Аргументи́руйте свои́ отве́ты.

1. Муж для делово́й же́нщины — э́то прежде всего́ делово́й партнёр.
2. Же́нщины лю́бят зараба́тывать де́ньги.
3. Самореализа́ция, интере́с к де́лу — основны́е причи́ны, побужда́ющие же́нщину занима́ться би́знесом.
4. Би́знес для мно́гих ру́сских же́нщин — э́то путь самореализова́ться.
5. Недоста́тки делово́й же́нщины:
   а) несде́ржанность;
   б) недоста́точная пунктуа́льность;
   в) неуме́ние дистанци́роваться от сотру́дников.
6. Досто́инства делово́й же́нщины:
   а) она́ спосо́бна иска́ть непрямы́е пути́ к це́ли;
   б) она́ бо́льше, чем мужчи́на, скло́нна к перегово́рам;
   в) она́ бо́лее мя́гко отно́сится к сотру́дникам.

Интервью́ четвёртое

С дире́ктором рестора́на Зо́ей Но́виковой (З.Н.) Никола́й разгова́ривал по телефо́ну. Здесь приво́дится лишь часть разгово́ра, кото́рый состоя́лся ме́жду Но́виковой и Никола́ем.

Н.Ч. — Существу́ет ли, по-ва́шему, возрастно́й ценз для деловы́х же́нщин?
З.Н. — Во́зраст би́знесу не поме́ха. Нача́ть своё де́ло же́нщина мо́жет и в 25, и в 40 лет, и в 50 лет. Я бы посове́товала не занима́ться би́знесом лишь же́нщинам, име́ющим дете́й в во́зрасте до 12 лет, когда́ ребёнок осо́бенно нужда́ется в постоя́нном обще́нии с ма́терью, её ла́ске, внима́нии.
Н.Ч. — Каку́ю сфе́ру предпринима́тельской де́ятельности вы порекомендова́ли бы избра́ть же́нщине, кото́рая реши́ла с головой уйти́ в делову́ю жизнь?

З.Н. — Сейча́с уже́ о́чень тру́дно созда́ть свой банк, юриди́ческую фи́рму. Соверше́нно нереа́льно, не име́я большо́го капита́ла, откры́ть ча́стный магази́н. И тем не ме́нее у ка́ждой же́нщины есть шанс заяви́ть о себе́ в би́знесе.

Абсолю́тно неосво́енное по́ле де́ятельности — сфе́ра бытовы́х услу́г. Здесь по́лный просто́р для тво́рчества. Зна́ешь англи́йский язы́к — возьми́ ученико́в. Уме́ешь шить — откро́й ателье́. Ничего́ не уме́ешь де́лать — научи́сь. Существу́ет мно́жество разли́чных ку́рсов, где мо́жно научи́ться де́лать масса́ж, маникю́р. Мо́жно откры́ть ча́стный де́тский сад. Ра́зве пло́хо? Для э́того не тре́буется ни ста́ртового капита́ла, ни большо́го помеще́ния. Гла́вное — не лени́ться. По́мню, очути́вшись пе́ред Рождество́м в Герма́нии, я порази́лась, ско́лько там самоде́льных ёлочных украше́ний, игру́шек. Сра́зу поду́мала: почему́ же на́ши рукоде́льницы не рабо́тают на прода́жу.

Н.Ч. — Мно́гие же́нщины боя́тся, что их пости́гнет неуда́ча в би́знесе.

З.Н. — Э́то не так. Же́нщина должна́ быть соверше́нно уве́рена: она́ мо́жет всё. А да́льше на́чатое де́ло пойдёт. Здра́вый смысл, оптими́зм, немно́го фанта́зии — вот фо́рмула успе́ха. И, коне́чно, на́до люби́ть своё де́ло!

Никола́й внима́тельно слу́шал, что говори́ла ему́ Зо́я Но́викова. В её интервью́ он нашёл отве́ты на не́которые вопро́сы, кото́рые волнова́ли его́ в после́днее вре́мя. Испо́льзуя информа́цию те́кста, попыта́йтесь и вы отве́тить на них.

1. В како́м во́зрасте же́нщине лу́чше всего́ нача́ть своё де́ло?
2. Почему́ же́нщине с ма́ленькими детьми́ лу́чше не занима́ться би́знесом?
3. В како́й о́бласти же́нщине лу́чше всего́ организова́ть свой би́знес?
4. Какова́ фо́рмула успе́ха делово́й же́нщины?

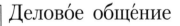

Делово́е обще́ние

Никола́ю показа́лся о́чень интере́сным разгово́р с жено́й об этике́те делвы́х отноше́ний. Он по́нял, что не о́чень образо́ван в э́том вопро́се. Поско́льку Никола́й ча́сто на свои́ переда́чи приглаша́ет иностра́нцев, он реши́л почита́ть литерату́ру об этике́те делово́го обще́ния в ра́зных стра́нах. Ду́маем, что вам то́же бу́дет интере́сно познако́миться с материа́лами, кото́рые суме́л найти́ Никола́й. Е́сли вам пока́жется, что в статья́х есть нето́чности и́ли не хвата́ет каки́х-то ва́жных дета́лей, скажи́те об э́том ва́шему преподава́телю. Он обяза́тельно переда́ст э́то Никола́ю. Никола́й нашёл статьи́ о делово́м этике́те, кото́рый быту́ет в А́нглии, Фра́нции, Герма́нии, Япо́нии, США, Кита́е. Други́х материа́лов, к сожале́нию, у него́ не оказа́лось. Вы прие́хали из ра́зных стран. Напиши́те не́сколько рекоменда́ций, кото́рые помо́гут Никола́ю Чернышо́ву при обще́нии с делвы́ми партнёрами из стран, отку́да прие́хали вы.

Áнглия. Оде́жда делвы́х люде́й в А́нглии отлича́ется стро́гостью. Же́нщины на слу́жбе но́сят костю́мы и́ли пла́тья, мужчи́ны — костю́мы и га́лстуки.

Говори́ть с англича́нами о дела́х по́сле оконча́ния рабо́чего дня счита́ется дурны́м то́ном. Для них все разгово́ры о рабо́те прекраща́ются с оконча́нием рабо́чего дня. Э́то пра́вило де́йствует и во вре́мя у́жина с ва́шим делвы́м партнёром.

За столо́м не при́нято бесе́довать с отде́льными людьми́. Вы должны́ слу́шать того́, кто говори́т, и вы, в свою́ о́чередь, говори́те так, что́бы слы́шали все.

Éсли вы приглашены́ на обе́д, то обяза́тельно должны́ яви́ться в смо́кинге, а на официа́льный ве́чер — во фра́ке.

Вот наибо́лее типи́чный портре́т англи́йского бизнесме́на: вы́школенный, эруди́рованный челове́к, в кото́ром сочета́ются высоча́йшая подгото́вка и полити́ческий инфантили́зм. Круг его́ интере́сов о́чень широ́к: от литерату́ры и иску́сства до спо́рта.

В англи́йском би́знесе существу́ет определённый ритуа́л делово́го обще́ния, поэ́тому, что́бы дости́чь успе́ха, на́до учи́тывать его́ специ́фику.

Éсли англи́йский партнёр пригласи́л вас на ланч, то вы не должны́ отка́зываться и ни в ко́ем слу́чае нельзя́ опа́здывать. В знак уваже́ния обяза́тельно поинтересу́йтесь, каки́м вре́менем располага́ет ваш партнёр.

Подде́рживайте отноше́ния с людьми́, с кото́рыми вы когда́-то вели́ перегово́ры. Поздра́вьте их с днём рожде́ния и с други́ми пра́здниками.

Делвы́ми пода́рками для англича́н мо́гут быть календари́, записны́е кни́жки, зажига́лки, фи́рменные авторучки. Люб́ые други́е пода́рки с ва́шей стороны́ бу́дут расце́нены как давле́ние на партнёра, и дове́рие к вам бу́дет подо́рвано.

Перегово́ры лу́чше всего́ начина́ть с разгово́ра о пого́де, спо́рте и тому́ подо́бном.

Фра́нция. Францу́зам сво́йствен не́который национали́зм. Они́ боле́зненно реаги́руют на испо́льзование англи́йского и неме́цкого языко́в во вре́мя делвы́х встреч и са́ми неохо́тно у́чат како́й-либо иностра́нный язы́к. Францу́зы гордя́тся свои́ми национа́льными тради́циями. Одни́м из гла́вных досто́инств счита́ется францу́зская ку́хня. Е́сли, находя́сь во Фра́нции, вы бу́дете хвали́ть како́е-либо блю́до и́ли напи́ток, э́то бу́дет то́лько приве́тствоваться.

Францу́зы приве́тливы, разгово́рчивы, расчётливы и бережли́вы. Несмотря́ на общи́тельность, они́ предпочита́ют рабо́тать в одино́чку. Францу́зы о́чень эмоциона́льны. Их темпера́мент отража́ется не то́лько в разгово́ре, но и в ми́мике и же́стах. Лю́бят суди́ть други́х, но кри́тику в свой а́дрес не лю́бят.

Во Фра́нции, как и везде́, при делово́м знако́мстве сле́дует вручи́ть визи́тную ка́рточку, но, поско́льку здесь большо́е значе́ние придаётся у́ровню ва́шего образова́ния, рекоменду́ется указа́ть на ка́рточке око́нченное ва́ми уче́бное заведе́ние. Е́сли с францу́зской стороны́ на встре́че прису́тствует не́сколько челове́к, визи́тная ка́рточка вруча́ется лицу́, занима́ющему бо́лее высо́кое положе́ние.

Тре́бования к вне́шнему ви́ду делово́го челове́ка во Фра́нции в основно́м те же, что и в други́х европе́йских стра́нах, но есть одно́ ва́жное пра́вило: оде́жда должна́ быть высо́кого ка́чества, из натура́льного материа́ла. Исключи́те из ва́шего гардеро́ба всю синте́тику.

Во Фра́нции мно́гие ва́жные реше́ния принима́ются за обе́денным столо́м. Деловы́е приёмы мо́гут быть в фо́рме кокте́йля, за́втрака, обе́да и́ли у́жина. О дела́х при́нято говори́ть то́лько по́сле того́, как подаду́т ко́фе.

Герма́ния. Не́мцы, как и францу́зы, расчётливы и бережли́вы. Они́ бо́лее надёжны и пунктуа́льны, но уступа́ют францу́зам в чу́встве ю́мора и серде́чности. Хорошо́ изве́стны таки́е черты́ неме́цкого хара́ктера, как трудолю́бие, прилежа́ние, любо́вь к организо́ванности и поря́дку. Они́ педанти́чны и скепти́чны, отлича́ются немногосло́вием и сде́ржанностью.

В Герма́нии при́нято называ́ть ти́тул ка́ждого, с кем вы разгова́риваете. Поэ́тому ещё до нача́ла перегово́ров уточни́те все ти́тулы деловы́х партнёров. Е́сли ти́тул неизве́стен, то мо́жно обраща́ться так: «Herr Doktor». Оши́бка здесь минима́льна, сло́во «до́ктор» употребля́ется в стране́ дово́льно широко́. Когда́ разгова́риваете с не́мцем, не держи́те ру́ки в карма́нах — э́то счита́ется ве́рхом неуваже́ния.

Ру́сские бизнесме́ны обы́чно приезжа́ют с пода́рками, но ожида́ть отве́тных презе́нтов от не́мцев не сто́ит. В Герма́нии при делово́м обще́нии пода́рки не при́няты.

Отличи́тельная черта́ не́мцев — э́то высо́кая сте́пень официа́льности. Не́мцы о́чень сде́ржанны. Спе́шка у них вызыва́ет неодобре́ние. Все встре́чи назнача́ются зара́нее. Все дела́ плани́руются зара́нее. Пла́ны на о́тпуск, наприме́р, они́ обду́мывают за полго́да-год.

Не́мцы одева́ются стро́го. От мужчи́ны не тре́буется непреме́нно тёмный костю́м, но брю́ки для же́нщин все равно́ исключа́ются.

Япо́ния. Вся жизнь япо́нцев насы́щена многообра́зными церемо́ниями и подчинена́ стро́гому протоко́лу. При знако́мстве они́ обме́ниваются визи́тными ка́рточками, что́бы име́ть возмо́жность вы́яснить своё положе́ние относи́тельно друг дру́га. Получи́в ка́рточку, япо́нец пе́рвым де́лом посмо́трит, в како́й компа́нии вы рабо́таете, и каку́ю до́лжность вы занима́ете. Он определи́т ста́тус ва́шей фи́рмы по отноше́нию к со́бственной и на осно́ве э́того вы́берет ли́нию поведе́ния.

Визи́тная ка́рточка в Япо́нии — ва́ше «лицо́», поэ́тому обраща́ться с ней на́до аккура́тно. Е́сли вы вручи́те япо́нцу мя́тую гря́зную визи́тную ка́рточку, то его́ мне́ние о вас бу́дет не са́мым высо́ким.

Когда́ вы хоти́те преподнести́ япо́нцу небольшо́й пода́рок, то в знак глубо́кого уваже́ния вруча́йте его́ двумя́ рука́ми. Осо́бенно э́то ва́жно при встре́че с лицо́м, кото́рое занима́ет высо́кое положе́ние.

В Япо́нии на́до быть кра́йне ве́жливым. Пе́ред тем как войти́ в япо́нский дом, на́до снять о́бувь. Вме́сто рукопожа́тия япо́нцы ни́зко кла́няются. Здесь не при́нято сиде́ть, положи́в но́гу на́ ногу: э́то явля́ется при́знаком того́, что мы́сли и слова́ собесе́дника вас не интересу́ют. При знако́мстве с япо́нцем на́до называ́ть его́ по́лное и́мя и фами́лию. Сло́во «господи́н» в Япо́нии заменя́ет приста́вка «сан» в конце́ сло́ва.

Япо́нцы о́чень пунктуа́льны. Назна́чив встре́чу, япо́нец придёт за пять мину́т до ука́занного вре́мени.

Говори́ть о рабо́те по́сле оконча́ния рабо́чего дня не при́нято.

Е́сли япо́нский партнёр во вре́мя перегово́ров кива́ет голово́й, в то вре́мя когда́ вы говори́те, э́то не зна́чит, что он соглаша́ется с ва́ми. Э́то зна́чит, что он понима́ет вас. Обща́ясь с япо́нцами, никогда́ не горячи́тесь. Да́же е́сли вы не́рвничаете, постара́йтесь вне́шне каза́ться споко́йным.

США. Са́мая больша́я це́нность для америка́нцев — э́то индивидуа́льная свобо́да. Америка́нцы про́сто поме́шаны, в хоро́шем смы́сле сло́ва, на неприкосновéнности свое́й ли́чности. Они́ постоя́нно отста́ивают свои́ права́ в суде́ и не даду́т никому́ оби́деть себя́.

Америка́нцы це́нят трудолю́бие, бережли́вость, предприи́мчивость, тре́звость мышле́ния и прагмати́зм.

Для америка́нского делово́го этике́та характе́рны я́сность и простота́ в обще́нии. Е́сли вы хоти́те дости́гнуть успе́хов в америка́нском делово́м ми́ре, вам придётся приде́рживаться определённых пра́вил.

В деловых письмах, например, как и на переговорах, вам надо сообщить названия организаций или имена людей, которые представили вас деловому партнёру. На переговорах вы должны чётко сказать, кто вы, какую фирму представляете и почему партнёру будет выгодно сотрудничать с вами. Если такая информация не будет представлена, американцы, скорее всего, прервут переговоры, так как посчитают их непродуктивными.

Во время переговоров надо особое внимание обращать на цели переговоров. Если вы можете оказать хоть какую-нибудь помощь в достижении этих целей, то вы их точно заинтересуете. Но ваши предложения не должны быть абстрактными. Для американцев характерна самостоятельность, поэтому они очень легко принимают решения.

При заключении контракта американцы проявляют большую напористость и агрессивность, так как они считают, что обладают более сильной позицией, нежели их будущие партнёры.

Китай. Перед тем как назначить переговоры с китайскими партнёрами, за 3—4 недели до командировки отправьте им подробное описание ваших предложений, так как китайцы не примут решения без внимательного изучения всех аспектов. Китайцы придают большое значение неформальным отношениям с иностранными партнёрами.

Перед тем как приступить к обсуждению деловых вопросов, они обязательно поинтересуются вашим семейным положением, здоровьем и тому подобным.

После деловой встречи вас наверняка пригласят в ресторан, где уговорят попробовать какое-нибудь экзотическое блюдо. Если даже вы и не готовы к этому, постарайтесь съесть хотя бы маленький кусочек.

Одежде в Китае не придают большого значения. Костюм и галстук обязательны лишь на официальных приёмах.

Если вы хотите вручить китайскому партнёру небольшой сувенир, лучше сделайте это после заключения сделки и не определённому лицу, а всей организации, так как в Китае запрещается принимать личные подарки. В Китае во время приветствия принято обмениваться рукопожатием, при этом сначала жмут руку наиболее высокопоставленному лицу.

Китайцы очень благодарные люди. Если вы окажете им хотя бы маленькую услугу, они обязательно отблагодарят вас.

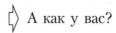 А как у вас?

 Расскажите о деловом этикете в вашей стране. Вашему рассказу могут помочь вопросы, которые вы прочитаете ниже.

1. Как принято обращаться к незнакомому человеку?

2. Какова роль визитной карточки при знакомстве? Как должна быть оформлена визитная карточка?

3. Как должны быть одеты деловые партнёры во время деловой встречи?

4. Легко ли человеку, пришедшему в мир бизнеса совершенно из другого мира, сделать карьеру в вашей стране?

5. Принято ли у вас деловым партнёрам отправлять поздравительные открытки, например, к Рождеству?

6. Принято ли у вас деловым партнёрам дарить что-нибудь? Если да, то, какого рода подарки прилично делать?

7. Принято ли у вас за столом во время обеда или ужина вести деловые разговоры?

8. Можете ли вы назвать несколько характерных жестов, которые типичны в деловом мире вашей страны?

Раз в креще́нский вечеро́к...

Де́лу — вре́мя

Загада́й жела́ние 🎧

Но́вый год — семе́йный пра́здник. Семья́ Чернышо́вых и семья́ Кузнецо́вых собрали́сь по тради́ции за пра́здничным столо́м. Джон то́же здесь. Пе́рвый раз он встреча́ет Но́вый год в Росси́и.

Д.С. — Как бы́стро лети́т вре́мя! Прошёл ещё оди́н год.

И.П. — Да, вре́мя не остано́вишь.

Т.В. — Осо́бенно бы́стро оно́ бежи́т, когда́ тебе́ уже́ за пятьдеся́т.

А.К. — Ах, ма́мочка, не на́до о гру́стном. Ведь сего́дня Но́вый год. Ты что, забы́ла о приме́те? Как встре́тишь Но́вый год, так его́ и проведёшь!

Е.Ч. — Да, действи́тельно, ну́жно, что́бы у всех бы́ло хоро́шее настрое́ние. Е́сли встре́тишь Но́вый год ве́село, то он бу́дет счастли́вым.

Н.Ч. — Снача́ла, как э́то при́нято, дава́йте проводи́м ста́рый год. Вспо́мним всё хоро́шее, что бы́ло в нём.

Т.В. — Ко́ля, для тебя́ э́тот год был о́чень уда́чным. Ведь твоя́ переда́ча о делолвы́х же́нщинах ста́ла переда́чей го́да.

Н.Ч. — Че́стно говоря́, для меня́ э́то по́лная неожи́данность. Я был поражён до глубины́ души́, узна́в об э́том.

И.П. — Ну-ну́, не скро́мничай! Э́ту те́му ты вы́страдал.

Н.Ч. — Пожа́луй, вы пра́вы. Своему́ успе́ху я в пе́рвую о́чередь обя́зан Ле́ночке.

Д.С. — Ещё бы! Кому́, как не тебе́, му́жу делово́й же́нщины, разбира́ться во всех то́нкостях же́нской души́.

Н.Ч. — Успéшным был э́тот год и для Лéночки. Её коллéкция была́ при́знана лу́чшей.

Т.В. — Я о́чень ра́да за Лéну. Она́ давно́ стреми́лась к э́тому успéху и стара́лась сдéлать всё, что́бы его́ дости́чь.

Д.С. — Я слы́шал, что тебя́, Лéна, да́же пригласи́ли в Пари́ж. Это пра́вда?

Е.Ч. — Да, Джон. Вот то́лько не зна́ю, отпу́стит ли меня́ Ко́ля. Я пыта́лась поговори́ть с ним на э́ту тéму, но пока́ безуспéшно. В глубинé души́ он счита́ет, что жéнщине лу́чше сидéть до́ма.

Д.С. — *(Смеётся.)* Это заблуждéние всех ру́сских мужчи́н. Впро́чем, когда́ у тебя́ така́я краси́вая жена́, о чём же ещё мо́жно мечта́ть?

Е.Ч. — Уда́чным э́тот год был и для па́пы. Буква́льно на днях вы́шла его́ кни́га о ру́сских имена́х, о́тчествах и фами́лиях.

Н.Ч. — Кста́ти, я заходи́л сего́дня в кни́жный магази́н и ви́дел, что кни́га идёт нарасхва́т.

А.К. — Тепéрь, Джон, о́чередь за тобо́й. Когда́ вы́йдет твоя́ кни́га?

И.П. — Да-да, когда́? Мне так хо́чется взгляну́ть на на́шу жизнь глаза́ми америка́нца.

Д.С. — Я ду́маю, что вам ско́ро предста́вится э́та возмо́жность. Приглаша́ю вас всех на презента́цию свое́й кни́ги. Она́ состои́тся 14 января́.

А.К. — В ста́рый Но́вый год! Это прекра́сно! Поздравля́ем тебя́, Джон!

Н.Ч. — Вот э́то да! Молодéц! Поздравля́ю от всей души́!

И.П. — *(Поднима́я бока́л вина́.)* Ну что ж, прошёл ещё оди́н год. Он был уда́чным для всех нас. Дава́йте вы́пьем за всё хоро́шее, что бы́ло в нём.

С.Ч. — Посмотри́те на часы́! Ужé без пяти́ двена́дцать!

А.К. — Чéрез пять мину́т наступа́ет Но́вый год!

Татья́на Ва́сильевна и Ива́н Петро́вич напева́ют популя́рную пéсню свое́й мо́лодости.

Т.В. — «Пять мину́т, пять мину́т... С Но́вым го́дом! С но́вым сча́стьем!»

И.П. — «Пять мину́т, пять мину́т... Ста́рый год ужé не вла́стен!»

Никола́й разлива́ет в фужéры шампа́нское.

А.К. — Когда́ бу́дут бить кура́нты, не забу́дьте загада́ть жела́ние.

Д.С. — *(Смо́трит на А́нну.)* А́ня, я ду́маю, ты дога́дываешься, что я хочу́ загада́ть.

А.К. — Тс-с! Жела́ние никому́ нельзя́ говори́ть, а то оно́ не сбу́дется.

Д.С. — Молчу́, молчу́. Я так хочу́, что́бы оно́ испо́лнилось.

Слы́шится бой кура́нтов. Все встаю́т, чо́каются.

Все — С Но́вым го́дом! С но́вым сча́стьем!

1 Джон впервы́е встреча́ет Но́вый год в Росси́и. Ему́, коне́чно, интере́сно уви́деть, как отмеча́ют э́тот пра́здник в обы́чной ру́сской семье́. Джон обрати́л внима́ние на не́которые любопы́тные дета́ли. На каки́е? Отве́тьте на вопро́сы, и вы узна́ете.

1. Но́вый год — семе́йный пра́здник?
2. Почему́ ва́жно ве́село встре́тить Но́вый год?
3. Кака́я есть нового́дняя приме́та?
4. О чём обы́чно вспомина́ют в после́дние часы́ уходя́щего го́да?
5. Вспомина́ют ли за пра́здничным столо́м уходя́щий год? Како́й тост обы́чно произно́сят?
6. Что по тради́ции пьют в Но́вый год?
7. Когда́ мо́жно загада́ть жела́ние? Почему́ о зага́данном жела́нии никому́ нельзя́ говори́ть?
8. Что де́лают, когда́ слы́шится бой кремлёвских кура́нтов?
9. Что говоря́т в пе́рвые мину́ты но́вого го́да?

⇨ Как вы ду́маете, кака́я из нового́дних тради́ций бо́льше всего́ понра́вилась Джо́ну и почему́?
А кака́я тради́ция понра́вилась вам?

2 Джон продолжа́ет пополня́ть свой слова́рный запа́с. Найди́те вме́сте с ним слова́ и выраже́ния, бли́зкие по значе́нию.

А

1. __6__ фуже́р
2. _____ то́нкости (же́нской души́)
3. _____ отпуска́ть/отпусти́ть (Ле́ну в Пари́ж)
4. _____ разбира́ться/разобра́ться (в то́нкостях же́нской души́)
5. _____ выходи́ть/вы́йти *(о кни́ге)*
6. _____ заблужде́ние
7. _____ предста́виться *(о возмо́жности)*
8. _____ кура́нты
9. _____ сбыва́ться/сбы́ться *(о жела́нии)*

1) быть и́зданным, опублико́ванным
2) разреши́ть уе́хать
3) осо́бенности (же́нской души́)
4) появи́ться, возни́кнуть *(о возмо́жности)*
5) оши́бочное мне́ние
6) большо́й бока́л на высо́кой но́жке
7) осуществи́ться, испо́лниться *(о жела́нии)*
8) часы́ на ба́шне
9) хорошо́ понима́ть же́нскую ду́шу

Б

10. _____ кому́ как не тебе́	1) совсе́м неда́вно
11. _____ сиде́ть до́ма	2) то́лько тебе́
12. _____ поражён до глубины́ души́	3) о́чень удивлён
13. _____ буква́льно на дня́х	4) в мы́слях, про себя́
14. _____ о́чередь за тобо́й	5) сади́ться/сесть (за пра́здничный стол) пра́здновать
15. _____ в пе́рвую о́чередь	6) пре́жде всего́
16. _____ (ему́) уже́ за 50	7) са́мая лу́чшая переда́ча в году́
17. _____ в глубине́ души́	8) ну, а тепе́рь ты; сейча́с твоя́ о́чередь
18. _____ переда́ча го́да	9) бо́льше пяти́десяти лет
19. _____ собира́ться/собра́ться (за пра́здничным столо́м)	10) быть, остава́ться до́ма
20. _____ кни́га идёт нарасхва́т	11) кни́гу охо́тно покупа́ют

3 Татья́на Васи́льевна с ра́достью отмеча́ет, что проше́дший год был уда́чным для её бли́зких. Дава́йте вспо́мним вме́сте с ней об успе́хах Ива́на Петро́вича, Ле́ны, Никола́я и дру́га семьи́ Джо́на. Что́бы не забы́ть о дета́лях, прочита́йте ещё раз полило́г и зада́ние 2 и подбери́те к вы́деленным слова́м слова́ и выраже́ния, бли́зкие по значе́нию.

Пре́жде всего́ э́тот год был уда́чным для Ле́ны. Ведь её колле́кция оде́жды была́ при́знана **лу́чшей**. Ле́ну да́же пригласи́ли в Пари́ж, вот то́лько Ко́ля **не разреша́ет ей уе́хать**. Он **про себя́** счита́ет, что же́нщине лу́чше **быть** до́ма. Впро́чем, э́то **оши́бочное мне́ние** мно́гих ру́сских мужчи́н. Но Ко́ля не до́лжен ошиба́ться, ведь он прекра́сно **зна́ет все осо́бенности** же́нской души́.

Для Никола́я проше́дший год то́же был о́чень успе́шным. Его́ переда́ча о делов́ых же́нщинах ста́ла **са́мой лу́чшей переда́чей в году́**. Узна́в об э́том, он был **о́чень удивлён**.

Уходя́щий год был уда́чным и для Ива́на Петро́вича. В э́том году́ **была́ и́здана** его́ кни́га о ру́сских имена́х, о́тчествах и фами́лиях. Это случи́лось **совсе́м неда́вно**. Прия́тно, что кни́гу **охо́тно покупа́ют**.

Ско́ро и у Джо́на **появится** возмо́жность принима́ть поздравле́ния. **14 января́** состои́тся презента́ция его́ но́вой кни́ги «Росси́я глаза́ми америка́нца».

⇨ Каки́м был проше́дший год для вас и для ва́ших бли́зких?

4 Подводи́ть итóги уходя́щего гóда — однá из новогóдних тради́ций. А что инте́ресного произошлó в э́том году́ у А́ни, её мáмы Татья́ны Васи́льевны и племя́нника Сáши? Вы узнáете об э́том, как тóлько подберёте необходи́мые словá и выраже́ния. Они́ даны́ внизу́ под звёздочкой (*).

А.К. — ___*Полной неожиданностью*___ для меня́ бы́ло приглаше́ние Ле́ны учáствовать в покáзе её колле́кции. Ведь я никогдá не собирáлась стать моде́лью, хотя́ _____ мне óчень э́того хоте́лось. Ну что ж, прия́тно, что _____ моё дáвнее желáние.

Т.В. — Вот и прошёл ещё оди́н год. _____! Осóбенно бы́стро онó _____, когдá тебе́ уже́ за 50. Но не нáдо о гру́стном. Пусть в Нóвый год бу́дет хорóшее _____. Ведь есть приме́та: _____ _____. Впрóчем, не бу́ду _____. Для меня́ прошéдший год тóже был неплохи́м. Я занимáлась люби́мым де́лом. Со мной ря́дом муж, де́ти, внук. О чём же ещё мóжно _____?

С.Ч. — Э́то был отли́чный год! Наконéц-то бáбушка понялá, что я уже́ вы́рос. _____! Ведь мне скóро бу́дет шесть! Онá дáже стáла _____ меня́ гуля́ть одногó. Я сейчáс це́лый день бе́гаю во дворе́ и де́лаю всё, что хочу́. А бáбушка _____ и занимáется свои́ми делáми.

* Скрóмничать; отпускáть; мечтáть; бежáть; сбы́ться; настроéние; пóлная неожи́данность; в глубине́ души́; сиде́ть дóма; Как бы́стро лети́т вре́мя! Ещё бы! Как Нóвый год встре́тишь, так его́ и проведёшь!

5 Однó из люби́мых заня́тий в новогóднюю ночь — э́то чте́ние гороскóпов. Сегóдня у вас есть возмóжность сами́м состáвить гороскóп. Напиши́те, что предскáзывают звёзды Львам, Козерóгам и Стрельцáм на январь наступáющего гóда (и́менно под э́тими знáками родили́сь А́нна, Ивáн Петрóвич и Татья́на Васи́льевна).

Львы:

хорóшее настроéние, разбирáться/разобрáться, в глубине́ души́, мечтáть, сбывáться/сбы́ться *(о желáнии)*, представля́ться/предстáвиться *(о возмóжности)*, загáдывать/загадáть желáние

В новогóднюю ночь не забу́дьте загадáть желáние. Загадáйте то, о чём в глубине́ души́ вы так дóлго мечтáли. Ваше желáние сбу́дется уже́ в э́том

*ме́сяце. Вам предста́вится возмо́жность познако́миться с интере́сным челове́-
ком. Не упусти́те свой шанс! Но снача́ла разбери́тесь в свои́х чу́вствах.
И тогда́ у вас всегда́ бу́дет хоро́шее настрое́ние.*

Козеро́ги:

уда́чный ме́сяц, отпуска́ть/отпусти́ть, приглаша́ть/пригласи́ть на пре-
зента́цию, дога́дываться/догада́ться, исполня́ться/испо́лниться *(о жела́нии)*

_____
_____
_____
_____
_____

Стрельцы́:

по́лная неожи́данность, поражён (поражена́) до глубины́ души́, заблужде́ние,
о́чередь за ва́ми, пить/вы́пить шампа́нского, сбыва́ться/сбы́ться *(о жела́нии),*
в пе́рвую о́чередь, сиде́ть до́ма

_____
_____
_____
_____
_____

6 **Стреми́ться, стара́ться, пыта́ться**... и сно́ва **стреми́ться** и **стара́ться**. Э́то на́ша
жизнь. Постара́йтесь вме́сте с Джо́ном разобра́ться в значе́нии да́нных глаго́лов.
Кто зна́ет, мо́жет быть, жизнь вам пока́жется ле́гче?

6.1. К чему́ вы стреми́тесь? Как стара́етесь дости́чь поста́вленной це́ли? Ста́лкивались
ли вы на своём пути́ с неуда́чами? Э́ти вопро́сы Джон задава́л свои́м друзья́м
и знако́мым, когда́ писа́л кни́гу. Прочита́йте их отве́ты. Обрати́те внима́ние на
употребле́ние глаго́лов **стреми́ться, стара́ться/постара́ться, пыта́ться/попыта́ться**.

Н.Ч. — Я с де́тства *стреми́лся* уви́деть как мо́жно бо́льше ра́зных стран. Поэ́тому
ка́ждый год я *стара́юсь* пое́хать с семьёй в каку́ю-нибудь но́вую страну́.
Но в э́том году́ мы никуда́ не пое́хали. Ле́на гото́вила к пока́зу свою́
но́вую колле́кцию. Я *пыта́лся* уговори́ть её немно́го отдохну́ть. Но так
и не смог.

Е.Ч. — Успе́х — э́то лу́чшее доказа́тельство того́, что же́нщина мо́жет занима́ться
би́знесом. Не бу́ду скрыва́ть, я о́чень ра́да, что моя́ колле́кция при́знана
лу́чшей. Я *стреми́лась* к э́тому успе́ху, де́лала всё, что́бы дости́чь его́.

Ме́ня приглаша́ют на рабо́ту в Пари́ж. Пари́ж — э́то центр мо́ды. Ка́ждый моделье́р *стреми́тся* там порабо́тать. Вот то́лько Ко́ля меня́ не отпуска́ет. Я *пыта́лась* поговори́ть с ним на э́ту те́му. Но он счита́ет, что мне лу́чше остава́ться до́ма. «А в Пари́ж мы *постара́емся* пое́хать в о́тпуск», — говори́т он.

И.П. — Мы с жено́й *стреми́лись* воспита́ть в свои́х де́тях любо́вь к труду́. На со́бственном о́пыте мы *стара́лись* показа́ть им, что рабо́та прино́сит огро́мное удовлетворе́ние. Я сча́стлив, что Ле́ночка в э́том году́ доби́лась тако́го большо́го успе́ха. Я *пыта́юсь* найти́ каки́е-то осо́бые слова́, что́бы вы́разить свою́ ра́дость, но не могу́.

⇨ А как бы вы отве́тили на вопро́сы Джо́на? К чему́ вы стреми́тесь в жи́зни? Как стара́етесь дости́чь поста́вленной це́ли? Ста́лкивались ли вы на своём пути́ с неуда́чами? Как вы их пыта́лись преодоле́ть?

6.2. Вы́слушав отве́ты друзе́й, Джон по́нял, что ему́ ещё придётся немно́го порабо́тать, что́бы разобра́ться в значе́нии глаго́лов **стреми́ться, стара́ться** и **пыта́ться**. Табли́ца из кни́ги Ива́на Петро́вича, возмо́жно, помо́жет ему́ в э́том. Обрати́те и вы внима́ние на э́ту табли́цу.

глаго́л	*управле́ние*	*значе́ние*	*приме́ры*
стреми́ться	*к чему́?* *что де́лать?* *что сде́лать?*	име́ть си́льное жела́ние дости́чь чего́-либо, мечта́ть о чём-либо	Ка́ждый челове́к стреми́тся к сча́стью. Ка́ждый моделье́р стреми́тся порабо́тать в Пари́же.
стара́ться/ постара́ться	*что де́лать?* *что сде́лать?*	прилага́ть уси́лия, предпринима́ть де́йствия для достиже́ния чего́-либо	Он стара́ется изо всех сил помо́чь мне.
пыта́ться/ попыта́ться	*что де́лать?* *что сде́лать?*	предпринима́ть де́йствия (как пра́вило, безрезульта́тные) для достиже́ния чего́-либо	Мы пыта́лись попа́сть на э́тот спекта́кль, но не смогли́ доста́ть биле́ты.

6.3. Джон до́лго изуча́л табли́цу, но не́которые дета́ли по-пре́жнему остава́лись непоня́тными. К сча́стью, Ива́н Петро́вич всё объясни́л. Говоря́ о глаго́лах **стреми́ться** и **стара́ться**, он обрати́л внима́ние Джона на 3 моме́нта. На каки́е? Постара́йтесь разобра́ться.

стреми́ться	*стара́ться*
— ука́зывает на само́ жела́ние, а не на де́йствия, свя́занные с его́ осуществле́нием	— ука́зывает на акти́вные де́йствия, необходи́мые для достиже́ния поста́вленной це́ли
— употребля́ется, когда́ говори́тся о бо́лее о́бщих явле́ниях, о духо́вной сфе́ре	— употребля́ется, когда́ речь идёт о явле́ниях обы́денной жи́зни
— встреча́ется, как пра́вило, в кни́жной ре́чи	— явля́ется стилисти́чески нейтра́льным

6.4. Объясни́в всё Джо́ну, Ива́н Петро́вич реши́л немно́го отдохну́ть и рассказа́ть Джо́ну о стремле́ниях и жела́ниях свое́й жены́ и дочере́й. Вста́вив глаго́лы **стреми́ться**, **стара́ться/постара́ться**, вы узна́ете, к чему́ стреми́лись и стремя́тся Татья́на Васи́льевна, Ле́на и А́нна.

Как вы зна́ете, моя́ жена́ — худо́жница. Она́ _стреми́тся_ вноси́ть в на́шу жизнь красоту́. Она́ _____ укра́сить дом, _____ _____ краси́во накры́ть на стол. И у неё э́то всегда́ получа́ется. Когда́ де́вочки бы́ли ма́ленькими, они́ _____ помо́чь жене́ и то́же украша́ли дом. Мо́жет быть, поэ́тому они́ всегда́ _____ к прекра́сному.

А́ня в де́тстве _____ стать актри́сой. Она́ _____ _____ де́лать всё, что́бы дости́чь э́той це́ли: учи́ла стихи́, учи́лась петь и танцева́ть. И вот сейча́с она́ игра́ет в студе́нческом теа́тре МГУ.

Ле́на, как и все в ю́ности, _____ найти́ свой идеа́л. Она́ _____ всех сде́лать краси́выми. Вот и ста́ла модельéром. Лéночка _____ сде́лать всё, что́бы её но́вая колле́кция была́ лу́чше предыду́щей.

⇨ Что но́вого вы узна́ли о Татья́не Васи́льевне, Ле́не и А́нне?

6.5. Джон продолжа́ет изуча́ть ру́сские глаго́лы. Он прочита́л в кни́ге по грамма́тике, что глаго́лы **стара́ться** и **пыта́ться** име́ют значе́ние «де́лать что́-либо, что́бы доби́ться чего́-либо». В чём же ра́зница? Как всегда́, помо́г Ива́н Петро́вич. Он обрати́л внима́ние Джо́на вот на что:

стара́ться	*пыта́ться*
— употребля́ется, когда́ хотя́т обрати́ть внима́ние на уси́лие, стремле́ние дости́гнуть це́ли	— употребля́ется, когда́ основно́е внима́ние обраща́ют на безрезульта́тность всех уси́лий

6.6. У Джо́на вчера́ был не са́мый уда́чный день. Почему́? Вста́вьте глаго́лы **стара́ться/постара́ться** и **пыта́ться/попыта́ться**, и вы узна́ете.

У́тром Джон _____*пыта́лся*_____ дозвони́ться до А́нны. Но никто́ не подходи́л к телефо́ну. Днём он _____ взять биле́ты на премье́ру в Большо́й теа́тр. Но ка́сса была́ закры́та на обе́денный переры́в. Ве́чером с ним поздоро́вался о́чень симпати́чный молодо́й челове́к. Джон _____ вспо́мнить, где он его́ ви́дел, но не мог. «Да, сего́дня не мой день, — поду́мал Джон. За́втра мне на́до быть акти́внее, и тогда́ всё бу́дет по-друго́му. Я _____ _____ дозвони́ться до А́нны. Я _____ купи́ть биле́ты в теа́тр. Я _____ сде́лать всё, что заду́мал».

6.7. В нового́днюю ночь ка́ждый стара́ется вспо́мнить о чём-то о́чень значи́тельном в уходя́щем году́. О чём сейча́с ду́мают Татья́на Васи́льевна, А́нна и Са́ша? Вы узна́ете об э́том, е́сли вста́вите глаго́лы **стреми́ться, стара́ться/постара́ться, пыта́ться/попыта́ться** (где возмо́жно, да́йте вариа́нты).

С.Ч. — Ура́! Я ско́ро пойду́ в шко́лу! Ба́бушка ча́сто говори́т мне, что челове́к до́лжен _____*стреми́ться*_____ к зна́ниям. Я и _____. _____ бо́льше чита́ть. _____ да́же научи́ться писа́ть, но ничего́ не получа́ется. Бу́квы выхо́дят кривы́е. Ничего́! В шко́ле научу́сь!

Т.В. — О́чень волну́юсь о Са́ше. Роди́тели _____ отда́ть его́ в каку́ю-то осо́бенную шко́лу. Я _____ сказа́ть им, что гла́вное — э́то хоро́ший учи́тель. Но всё напра́сно. Никола́й счита́ет, что я отста́ла от жи́зни. Гла́вное сейча́с — э́то прести́жная шко́ла. Бе́дный ребёнок! Гото́вится к собесе́дованию. Изо все́х сил _____ _____ де́лать всё, что говоря́т ему́ роди́тели.

А.К. – Я будущий психолог. Я _____ понять, о чём думают люди, _____ разобраться в их чувствах. Но, честно говоря, у меня не всегда это получается. Вот и сейчас я не знаю, почему Джон так на меня смотрит. Что он _____ мне сказать?

6.8. Джону очень нравится Анна, поэтому он хочет знать о ней как можно больше. Прочитайте, что говорят об Анне её близкие, и помогите Джону во всём разобраться. Употребляйте вместо выделенных слов и словосочетаний глаголы **стремиться, стараться/постараться, пытаться/попытаться** (дайте, где возможно, варианты).

Т.В. – Анечка — целеустремлённый человек. Она *очень хотела* учиться в МГУ. И вот, видите, учится.
Она стремилась учиться в МГУ.

И.П. – Аня всегда *готова* прийти на помощь. Я помню вот какой случай. В Москву на гастроли приехала моя любимая певица. Мы с женой *хотели* попасть на концерт, но не смогли достать билетов. Я очень расстроился. И вдруг ко мне подходит Аня и протягивает свой билет.

Е.Ч. – Анна *хочет* видеть в людях только хорошее, и люди рядом с ней действительно становятся лучше.

С.Ч. – Аня — весёлый человек. Летом родители *хотят* как можно раньше отправить нас с бабушкой на дачу. А мне там скучно, все друзья в Москве. Когда приезжает Аня, она *делает всё*, чтобы мне было весело. Она рассказывает смешные истории, играет со мной. И я не скучаю. Хорошая у меня тётя!

⇨ Что нового вы узнали об Анне?
Как вы думаете, что в характере Анны нравится Джону больше всего?

7 Когда́ конча́ется год, прия́тно вспо́мнить всё хоро́шее, что бы́ло в нём. Просмотри́те ещё раз полило́г и упражне́ние 4 и отве́тьте на вопро́сы:

1. Чем па́мятен уходя́щий год для геро́ев кни́ги?
2. Что бы́ло интере́сного в э́том году́ в ва́шей жи́зни?

8 Как вы ду́маете?
1. Отпу́стит ли Никола́й Ле́ну в Пари́ж?
2. Како́е жела́ние загада́л Джон?
3. Как сло́жатся отноше́ния А́нны и Джо́на?

Джон в Москве́ уже́ не́сколько ме́сяцев. Ему́ о́чень нра́вится ру́сская зима́. А са́мый люби́мый его́ ме́сяц — э́то янва́рь. Почему́? Вы догада́етесь об э́том, прочита́в страни́чку из дневника́ Джо́на.

Отры́вок из дневника́ Джо́на 🎧

Я впервы́е встреча́л Но́вый год в Росси́и. Мне бы́ло так хорошо́ здесь в э́тот пра́здник, несмотря́ на суро́вые зи́мние холода́. Моро́з — ми́нус три́дцать! Стра́шно вы́йти на у́лицу. А в дома́х тепло́ и ую́тно. Стоя́т пуши́стые нового́дние ёлки (их мо́жно купи́ть на ёлочных база́рах). Наряжа́ть ёлку — одно́ удово́льствие! О бо́же! Как не хо́чется пото́м её разбира́ть! Чего́ то́лько нет на ёлке! Здесь и краси́вые шары́, и гирля́нды, и сере́бряный дождь, и я́ркие игру́шки, и светя́щиеся разноцве́тные ла́мпочки. Но са́мое гла́вное нахо́дится под ёлкой. Там лежа́т пода́рки, кото́рые принесли́ Дед Моро́з и Снегу́рочка. Пока́ мы сиде́ли за пра́здничным столо́м, Са́ша вре́мя от вре́мени встава́л из-за стола́ и подходи́л к ёлке. Представля́ю, как ему́ хоте́лось загляну́ть под ёлку и узна́ть, что положи́л туда́ Дед Моро́з.

Краса́вица-ёлка, от кото́рой весь дом наполня́ется за́пахом хво́и, стои́т до ста́рого Но́вого го́да, а иногда́ и до́льше. По ста́рому, уже́ давно́ забы́тому календарю́, Но́вый год прихо́дится на 14 января́. О календаре́ никто́ не вспомина́ет, а пра́здник живёт. Ста́рый Но́вый год обы́чно встреча́ют уже́ не в семе́йном кругу́, как настоя́щий Но́вый год, а с друзья́ми.

Янва́рь в Росси́и — э́то сплошны́е пра́здники. А у пра́здников, когда́ их мно́го, есть оди́н суще́ственный недоста́ток — тру́дно останови́ться. Но́вый год встре́тили, Рождество́ отпра́здновали, встре́тили и ста́рый Но́вый год. А впереди́ ещё Креще́ние (и знамени́тые креще́нские моро́зы). Ну а сейча́с иду́т Свя́тки. Э́то вре́мя, когда́ все де́вушки гада́ют. Я ду́мал, что то́лько у поэ́та Жуко́вского «раз в креще́нский вечеро́к де́вушки гада́ли, за воро́та башмачо́к, сняв с ноги́, броса́ли». Ока́зывается, нет. Занима́ются э́тим и сейча́с. То́лько вот броса́ют не башмачки́, а изя́щные ту́фельки, и не за воро́та, а пря́мо с балко́на. Ну а пото́м, как и сто лет наза́д, смо́трят де́вушки, куда́ гляди́т носо́к. Отту́да и ждут появле́ния жениха́.

Са́мый лу́чший для гада́ния — восьмо́й день Свя́ток. Говоря́т, что и́мя пе́рвого встре́ченного в э́тот день мужчи́ны, бу́дет таки́м же, как и и́мя жениха́. Как же мне хоте́лось в тот день пройти́сь под о́кнами А́нны! Ведь не так мно́го Джо́нов живёт в Москве́. Заче́м искуша́ть судьбу́? Впро́чем, А́нна дога́дывается о мои́х чу́вствах. На Но́вый год я загада́л жела́ние, каза́вшееся мне ещё совсе́м неда́вно соверше́нно несбы́точным. Че́стно говоря́, я никогда́ ра́ньше э́того не де́лал. Но А́ня уверя́ет, что нового́дние жела́ния исполня́ются, не ну́жно то́лько никому́ о них расска́зывать. Я и не говорю́. Наде́юсь, что испо́лнится. Я подожду́, пока́ оно́ не испо́лнится. Говоря́т, «под Но́вый год, что ни пожела́ется, всё всегда́ произойдёт, всё всегда́ сбыва́ется!»

9 Джон нахо́дится под впечатле́нием от янва́рских пра́здников. Ка́ждый день — но́вое откры́тие. Отме́тьте га́лочкой (√) те тради́ции, о кото́рых Джон впервы́е узна́л в нового́днюю ночь (они́ опи́саны в полило́ге), а звёздочкой (*) то, что ста́ло ему́ изве́стно поздне́е (об э́том он написа́л в своём дневнике́).

1. ___√___ В Но́вый год вся семья́ собира́ется за пра́здничным столо́м.
2. _____ Как встре́тишь Но́вый год, так его́ и проведёшь.
3. _____ Пе́ред Но́вым го́дом в дома́х наряжа́ют ёлки.
4. _____ Пода́рки кладу́т под ёлку.
5. _____ За нового́дним столо́м вспомина́ют всё хоро́шее, что бы́ло в уходя́щем году́.
6. _____ В Но́вый год пьют шампа́нское.
7. _____ В 12 часо́в но́чи бьют кура́нты.
8. _____ В нового́днюю ночь зага́дывают жела́ние.
9. _____ О зага́данном в Но́вый год жела́нии никому́ нельзя́ говори́ть.
10. _____ В Свя́тки все де́вушки гада́ют.
11. _____ Са́мый лу́чший для гада́ния — восьмо́й день Свя́ток.

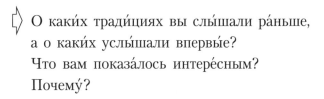 О каки́х тради́циях вы слы́шали ра́ньше, а о каки́х услы́шали впервы́е? Что вам показа́лось интере́сным? Почему́?

Каки́е нового́дние тради́ции есть у вас? Зага́дываете ли вы в нового́днюю ночь жела́ние?

10 Как приятно, когда наступает праздник. А если праздников много? Трудно, наверное, только одно — запомнить их названия. А вы помните, какие праздники отмечают в России в январе? Напишите, как они называются.

_____

_____

_____

_____

11 Январь в России — это одни праздники. Их так много ещё и потому, что некоторые праздники отмечаются дважды, например Новый год. По новому, европейскому, стилю его сейчас встречают 1 января, а по старому, принятому ещё при Петре I, — на две недели позже, в ночь с 13 на 14 января. Этот праздник называется сейчас старый Новый год. Русская церковь сохранила старый календарь. Поэтому в России зимние христианские праздники отмечаются по старому стилю. Напишите, когда русские отмечают Рождество, Крещение, Святки. Не забудьте, что разница между старым и новым стилем — 13 дней.

праздник	старый стиль	новый стиль
Рождество	25 декабря	
Крещение	6 января	
Святки	26 декабря — 6 января	

12 Вчера в метро Джон случайно услышал разговор двух девушек. О чём же они говорили? Прочитав диалог, вы об этом узнаете. Обратите внимание на выделенные слова и выражения. Именно их не совсем понял Джон.

— Ох и **суровая зима** в этом году!
— Да, а ведь впереди ещё **крещенские морозы.** Кстати, ты не забыла, что сегодня восьмой день **Святок?** Эта ночь — самое хорошее время для **гадания!**
— Конечно, не забыла. Буду **гадать.** Я **время от времени** это делаю.
— А я боюсь **искушать судьбу.**
— Я так люблю январь! **Сплошные** праздники! Недавно отметили Рождество. Вчера встретили **старый Новый год.** Ты знаешь, мне даже **ёлку** не хочется **разбирать.** Такую хорошую мы купили в этот раз на **ёлочном базаре: пушистую,** красивую. Я **наряжала** эту **ёлку** перед Новым годом весь день!

144

12.1. А вы мо́жете сказа́ть, что означа́ют э́ти слова́ и выраже́ния? Е́сли нет, найди́те в пра́вом сто́лбике пра́вильный отве́т.

А

1. ___4___ суро́вая зима́
2. _____ ёлочный база́р

3. _____ креще́нские моро́зы
4. _____ Свя́тки
5. _____ ста́рый Но́вый год

6. _____ гада́ть/погада́ть
7. _____ пуши́стая ёлка

1) Но́вый год по ста́рому сти́лю
2) о́чень си́льные моро́зы, кото́рые обы́чно быва́ют во второ́й полови́не января́
3) ёлка с краси́выми густы́ми ве́тками
4) о́чень холо́дная зима́
5) предска́зывать, «узнава́ть» своё бу́дущее
6) пери́од от Рождества́ до Креще́ния
7) ме́сто, где продаю́т ёлки к Но́вому го́ду

Б

8. _____ искуша́ть судьбу́
9. _____ наряжа́ть/наряди́ть ёлку
10. _____ разбира́ть/разобра́ть ёлку
11. _____ вре́мя от вре́мени
12. _____ сплошны́е пра́здники

1) иду́щие друг за дру́гом пра́здники
2) иногда́
3) снима́ть/снять игру́шки с ёлки
4) украша́ть/укра́сить ёлку
5) рискова́ть

12.2. А сейча́с прочита́йте отры́вок из разгово́ра де́вушек и страни́чку из дневника́ Джо́на ещё раз. Как вы счита́ете, э́тот разгово́р состоя́лся до того́, как Джон написа́л в дневнике́ о нового́дних пра́здниках и́ли по́сле? Почему́ вы ду́маете и́менно так?

12.3. Ну а э́тот вопро́с для са́мых внима́тельных! Скажи́те, како́го числа́ Джон услы́шал разгово́р двух де́вушек? Как вы догада́лись?

| 13 | Джон обрати́л внима́ние, что ру́сские о́чень эмоциона́льные лю́ди. Э́то проявля́ется и в том, как они́ говоря́т. Прочита́йте, как об одни́х и тех же веща́х говоря́т Джон и Никола́й. Вы почу́вствовали ра́зницу?

Джон	Никола́й
1. На ёлке мно́го ра́зных игру́шек.	1. Чего́ то́лько нет на ёлке!
2. Я о́чень хоте́л пройти́сь под о́кнами А́нны.	2. Как же мне хоте́лось пройти́сь под о́кнами А́нны!

13.1. А сейчас прочитайте предложения и попробуйте вместе с Джоном сказать о том же самом, но в более эмоциональной форме.

1. На ёлке много разных игрушек.
   Чего только нет на ёлке!

2. **На столе много вкусных вещей.** Здесь и икра, и салаты, и заливная рыба.

3. **У Саши много разных игрушек.** У него есть и машины, и конструкторы, и самолёты.

4. **Много ёлочных украшений продают в магазине перед Новым годом.** Здесь и красивые шары, и гирлянды, и серебряный дождь, и яркие игрушки, и разноцветные лампочки.

5. Я очень хотел пройтись под окнами Анны.
   Как же мне хотелось пройтись под окнами Анны!

6. В Святки Анна гадала. **Она очень хотела узнать имя жениха.**

7. В новогоднюю ночь Джон загадал желание. **Он очень хочет, чтобы оно сбылось.**

8. Время от времени Саша подходил к ёлке. **Он очень хотел узнать, что положил под ёлку Дед Мороз.**

13.2. Как вы думаете, Джон научился говорить по-русски более эмоционально? Прочитайте ещё раз внимательно страничку из его дневника. Найдите подтверждение своим мыслям.

| 14 | У вас хорошая память? Не упустите свой шанс её проверить! Читайте вопросы и отмечайте правильный ответ. |

1. Почему́ Са́ша вре́мя от вре́мени встава́л из-за стола́ и подходи́л к ёлке?

  а) ____√____ ему́ хоте́лось взгляну́ть на пода́рки;

  б) _____ ему́ бы́ло ску́чно со взро́слыми.

2. Когда́ обы́чно разбира́ют ёлку?

  а) _____ сра́зу по́сле Но́вого го́да;

  б) _____ по́сле ста́рого Но́вого го́да.

3. Когда́ де́вушки гада́ют?

  а) _____ в ста́рый Но́вый год;

  б) _____ на восьмо́й день Свя́ток.

4. Почему́ Джо́ну хоте́лось пройти́сь под о́кнами А́нны на восьмо́й день Свя́ток?

  а) _____ он счита́л, что не сто́ит искуша́ть судьбу́;

  б) _____ он собира́лся зайти́ к ней в го́сти.

5. Почему́ нельзя́ расска́зывать о нового́дних жела́ниях?

  а) _____ они́ мо́гут не сбы́ться;

  б) _____ э́то никому́ не интере́сно.

---

15 Джон хо́чет написа́ть в свое́й кни́ге, как встреча́ют Но́вый год в Росси́и. Дава́йте помо́жем ему́ э́то сде́лать.

15.1. Вспо́мните о нового́дних тради́циях, о кото́рых вы прочита́ли, и зако́нчите предложе́ния.

1. Когда́ встреча́ют Но́вый год, *все собира́ются за пра́здничным столо́м.*

  _____

2. Когда́ в нового́днюю ночь садя́тся за пра́здничный стол, _____

  _____

3. Когда́ стре́лки часо́в приближа́ются к 12, _____

  _____

4. Когда́ слы́шится бой кура́нтов, _____

  _____

5. Когда́ наступа́ют Свя́тки, _____

  _____

6. Когда́ сейча́с де́вушки гада́ют, _____

  _____

15.2. Напиши́те, как Джон провёл нового́днюю ночь.

1. Когда́ все се́ли за пра́здничный стол, *каждый вспомнил всё хорошее, что было в уходящем году.*

2. Когда́ стре́лки часо́в прибли́зились к 12, _____

_____

3. Когда́ послы́шался бой кура́нтов, _____

_____

4. Когда́ кура́нты проби́ли 12 раз, _____

_____

15.3. Кто что де́лал в нового́днюю ночь? Вы узна́ете об э́том, е́сли из двух просты́х предложе́ний соста́вите сло́жное с сою́зом **пока́**.

1. Ле́на и Татья́на Васи́льевна накрыва́ли на стол. Са́ша и А́ня зака́нчивали украша́ть ёлку. —

   Пока Лена и Татьяна Васильевна накрывали на стол, Саша и Аня заканчивали украшать ёлку.

2. Все сиде́ли за пра́здничным столо́м. Са́ша вре́мя от вре́мени встава́л из-за стола́ и подходи́л к ёлке. —

_____

_____

3. Роди́тели Ле́ны пе́ли пе́сню свое́й мо́лодости. Никола́й разлива́л в фуже́ры шампа́нское. —

_____

_____

4. Би́ли кура́нты. Джон зага́дывал жела́ние. —

_____

_____

15.4. У кого́ каки́е пла́ны на ближа́йшее вре́мя? Вы узна́ете об э́том, соста́вив сло́жное предложе́ние с сою́зом **пока́ не**.

1. Са́ша реши́л не отходи́ть от ёлки, не узна́в, како́й пода́рок ему́ принёс Дед Моро́з. —

   Саша решил не отходить от ёлки, пока не узнает, какой подарок ему принёс Дед Мороз.

2. Ива́н Петро́вич не хо́чет выходи́ть на у́лицу до оконча́ния креще́нских моро́зов. —

_____

_____

3. Джон не вернётся домо́й, не дожда́вшись отве́та А́нны. —

_____

_____

4. Ле́на не бу́дет разбира́ть ёлку до оконча́ния всех янва́рских пра́здников. —

_____

_____

15.5. «Нача́ть но́вый год с ва́жного де́ла — хоро́шая приме́та», — поду́мал Джон и реши́л написа́ть письмо́ А́нне. Помоги́те ему́ подобра́ть ну́жные глаго́лы.

Дорога́я А́ня!

Когда́ я ___*прие́хал*___ (приезжа́ть/прие́хать) в Москву́ не́сколько ме́сяцев наза́д, я не _____ (ду́мать/поду́мать), что встре́чу здесь таку́ю замеча́тельную де́вушку, как ты. Когда́ я впервы́е _____ (ви́деть/уви́деть) тебя́, я _____ (понима́ть/поня́ть), что в мое́й жи́зни произошло́ что́-то о́чень ва́жное. Когда́ ты _____ (входи́ть/войти́) в ко́мнату, я совсе́м растеря́лся. Я мо́лча _____ (смотре́ть/посмотре́ть) на тебя́, пока́ ты не _____ (улыба́ться/улыбну́ться) мне и не _____ (говори́ть/сказа́ть): «Джон, дава́йте перейдём на "ты". Я наде́юсь, мы с ва́ми подру́жимся». Пока́ мы _____ (говори́ть/сказа́ть) с тобо́й, я ничего́ не _____ (замеча́ть/заме́тить) и ничего́ не _____ (ви́деть/уви́деть) вокру́г. И так _____ (происходи́ть/произойти́) всегда́, когда́ я _____ (встреча́ться/встре́титься) с тобо́й все э́ти ме́сяцы.

За не́сколько мину́т до Но́вого го́да ты сказа́ла мне: «Джон, когда́ _____ (бить/проби́ть) кура́нты, загада́й жела́ние». Пока́ _____ (бить/проби́ть) кура́нты, я _____ (ду́мать/поду́мать), что же загада́ть. Жела́ний бы́ло так мно́го! Пока́ я размышля́л, кура́нты уже́ _____ (бить/проби́ть) 10 раз. Но я успе́л! Ты, наве́рное, дога́дываешься, что я загада́л. Э́то жела́ние ещё неда́вно каза́лось мне соверше́нно несбы́точным. Неуже́ли оно́ испо́лнится! Я не _____ (возвраща́ться/верну́ться) домо́й, пока́ оно́ не _____ (сбыва́ться/сбы́ться). Я _____ (ждать/подожда́ть), пока́ ты не _____ (говори́ть/сказа́ть) мне «да».

Джон

16 Пуши́стая зелёная ёлка — си́мвол нового́дних пра́здников. Напиши́те вме́сте с Джо́ном о ней, соста́вив предложе́ния из отде́льных слов.

149

1. Нового́дние пра́здники... ка́ждый... дом... мо́жно... уви́деть... пуши́стая... ёлка... —

   В новогодние праздники в каждом доме можно увидеть пушистую елку.

2. Весь... дом... наполня́ться... за́пах... хво́я... —

3. Ёлка... покупа́ть... ёлочный база́р... —

4. Украша́ть... ёлка... одно́ удово́льствие... —

5. Ёлка... мо́жно... уви́деть... мно́го... игру́шки... —

6. Пода́рки... обы́чно класть... ёлка... —

7. Ёлка... стоя́ть... ста́рый Но́вый год... —

8. Ста́рый Но́вый год... ёлка... разбира́ть... —

17 А́нна, как и мно́гие ру́сские де́вушки, лю́бит гада́ть. Наступа́ет восьмо́й день Свя́ток — лу́чшее для гада́ний вре́мя. Интере́сно, чем занима́лась в э́ту ночь А́нна? Запо́лнив про́пуски слова́ми и выраже́ниями из те́кста, вы узна́ете об э́том.

Сего́дня — восьмо́й день Свя́ток. Все де́вушки _____*гадают*_____. По́мните, как у Жуко́вского: «Раз в _____ вечеро́к де́вушки _____, за _____ башмачо́к, сняв с ноги́, _____». Тепе́рь, пра́вда, _____ не баш-мачки́, а _____ ту́фельки, и не за _____, а пря́мо _____. Мы с подру́гой то́же пошли́ на балко́н и бро́сили на́ши ту́фли. А пото́м побежа́ли смотре́ть, куда́ _____ носо́к. Но я об э́том так и не узна́ла. Когда́ я спусти́лась вниз, я уви́дела молодо́го челове́ка. Он держа́л в рука́х мои́ ту́фли. Тут я вспо́мнила о друго́й _____. Говоря́т, что и́мя пе́рвого встре́ченного в э́тот день мужчи́ны бу́дет таки́м же, как и и́мя _____. Я хоте́ла спроси́ть: «Как вас зову́т?» Но пото́м поду́мала: «Заче́м ____ _____ судьбу́? Скоре́е всего́, его́ зову́т Ви́ктор и́ли И́горь, но, увы́, не Джон».

⇨ Как вы ду́маете, чем зако́нчилась э́та исто́рия?

18 Говоря́т, «под Но́вый год что ни пожела́ется, всё всегда́ произойдёт, всё всегда́ сбыва́ется». А вы когда́-нибудь зага́дывали жела́ния? Сбыва́лись ли они́? Расскажи́те, е́сли э́то не секре́т, каки́е жела́ния вы загада́ли в нового́днюю ночь.

19 Янва́рь в Росси́и — э́то сплошны́е пра́здники. Почему́ так говоря́т? Как отмеча́ют э́ти пра́здники?

20 А как отмеча́ют Рождество́ и Но́вый год в ва́шей стране́? Расскажи́те о са́мой па́мятной нового́дней но́чи.

Слова́рь

Слова́

балко́н

броса́ть/бро́сить *что? куда́? отку́да?*

воро́та

гада́ние

встава́ть/встать *отку́да?* (и́з-за стола́)

гада́ть/погада́ть

год:

    наступа́ющий

    счастли́вый

    успе́шный

    уда́чный

    уходя́щий

    Но́вый год

    ста́рый Но́вый год

Дед Моро́з

ёлка:

    нового́дняя

    пуши́стая

ёлочный:

    ёлочный база́р

    ёлочные игру́шки

    ёлочные украше́ния

ёлочные украше́ния:

    гирля́нды

    сере́бряный дождь

    разноцве́тные ла́мпочки

    шары́

жела́ние:

    несбы́точное

    нового́днее

жени́х

заблужде́ние

загля́дывать/загляну́ть *куда́?*

    (под ёлку)

изя́щный, -ая, -ое, -ые

календа́рь

Креще́ние

мечта́

мечта́ть (нсв) *о ком? о чём?*

напева́ть (нсв) *что?*

наполня́ться/напо́лниться *чем?*

настрое́ние

нового́дний, -яя, -ее

носо́к (башмачка́)

обя́зан, -а, -ы *кому́?*

отмеча́ть/отме́тить *что?* (пра́здник)

отпуска́ть/отпусти́ть *кого́? куда́?*

пить/вы́пить *что? за что?*

поздравля́ть/поздра́вить *кого́? с чем?*

пра́здновать/отпра́здновать *что?*

признава́ть/призна́ть *кого́? что?*

    како́й? (колле́кцию лу́чшей)

приме́та

приходи́ться *на како́е число́?*

пройти́сь (св) *где?*

рад, -а, -ы *за кого́?*

разбира́ться/разобра́ться *в чём?*

разлива́ть/разли́ть *что? куда́?*

Рождество́

Свя́тки

Снегу́рочка

стреми́ться к *чему́?*

    стара́ться/постара́ться

    пыта́ться/попыта́ться

суще́ственный

то́нкости (мн. ч.)

си́мвол

скро́мничать

уверя́ть/уве́рить *кого́? в чём?*

уда́чный, -ая, -ое, -ые (быть уда́чным

    для кого́?)

успе́х

фуже́р

хво́я

хоте́ться/захоте́ться *кому́?*
   что де́лать? (ему́ захоте́лось
      посмотре́ть пода́рки)

чо́каться/чо́кнуться *с кем?*
шампа́нское

Выраже́ния

бу́квально на днях
бьют кура́нты
вре́мя от вре́мени
встреча́ть/встре́тить Но́вый год
выходи́ть/вы́йти: кни́га вы́шла
год:
   колле́кция го́да
   переда́ча го́да
де́лать/сде́лать сюрпри́з
душа́:
   в глубине́ души́
   поздравля́ть/поздра́вить от всей
      души́
   поражён до глубины́ души́
ёлка:
   наряжа́ть/наряди́ть ёлку
   разбира́ть/разобра́ть ёлку
   украша́ть/укра́сить ёлку
жела́ние:
   выполня́ть/вы́полнить жела́ние
   зага́дывать/загада́ть жела́ние
   исполня́ть/испо́лнить жела́ние
   жела́ние исполня́ется/испо́лнится
   жела́ние сбыва́ется/сбу́дется
идти́ нарасхва́т: кни́га идёт
   нарасхва́т
искуша́ть судьбу́
как: кому́ как не тебе́
креще́нские вечера́
креще́нские моро́зы

круг:
   семе́йный круг
   круг друзе́й
кура́нты:
   бьют кура́нты
   бой кура́нтов
наступа́ть/наступи́ть: наступи́л Но́вый
   год, пра́здник
о́чередь:
   в пе́рвую о́чередь
   о́чередь за тобо́й
отмеча́ть/отме́тить пра́здник
поднима́ть/подня́ть бока́л
по́лная неожи́данность
представля́ться/предста́виться: пред-
   ста́вилась возмо́жность
провожа́ть/проводи́ть ста́рый год
Ско́лько?: *кому́? за ско́лько?*
   (ей за пятьдеся́т)
собира́ться/собра́ться: собира́ться/со-
   бра́ться за пра́здничным столо́м
сплошны́е пра́здники
суро́вые моро́зы, суро́вые холода́
те́ма:
   вы́страдать те́му (переда́чу)
   поговори́ть на э́ту те́му
тост:
   говори́ть/сказа́ть тост
   произноси́ть/произнести́ тост
тради́ция: по тради́ции

Как встре́тишь Но́вый год, так его́ и
   проведёшь.
С Но́вым го́дом! С но́вым сча́стьем!

Познако́мимся побли́же

Заходи́те к нам на огонёк

«Заходи́те к нам на огонёк», — так поётся в одно́й популя́рной пе́сне. И действи́тельно, обща́ясь с ру́сскими, мо́жно ча́сто услы́шать: «Загля-ни́те к нам как-нибу́дь вечерко́м», «Заходи́те к нам, бу́дем о́чень ра́ды», «Бу́дете в на́ших края́х, заходи́те». Зна́чит ли э́то, что ка́ждый из нас мо́жет прийти́ к свои́м знако́мым, не дожида́ясь осо́бого приглаше́ния? Скоре́е нет, чем да (хотя́ о́чень бли́зкие друзья́ и мо́гут заходи́ть друг к дру́гу в любо́е вре́мя). Приглаше́ние в тако́й фо́рме — не бо́лее чем ве́жливая фо́рмула. В отве́т на него́ обы́чно говоря́т: «Спаси́бо, как-нибу́дь зайдём» — и́ли в свою́ о́чередь приглаша́ют: «А мо́жет быть, вы к нам загля́нете?»

Е́сли же приглаше́ние свя́зано с каки́м-то семе́йным торжество́м, пра́здни-ком и́ли про́сто с жела́нием вас уви́деть, познако́мить со свои́ми бли́зкими, друзья́ми, то фо́рма приглаше́ния бу́дет ино́й. Сло́во «ка́к-нибудь» уже́ не бу́дет произнесено́. Вме́сто э́того у вас спро́сят о пла́нах на ближа́йшую суббо́ту (обы́чно в го́сти приглаша́ют в выходны́е дни): «Да, кста́ти, на э́ту суббо́ту у вас уже́ есть каки́е-нибу́дь пла́ны? Е́сли вы свобо́дны, мы бу́дем ра́ды вас ви́деть у себя́». В э́той ситуа́ции употребля́ется и друго́й глаго́л — «приходи́ть», и называ́ют то́чное вре́мя: «Приходи́те к нам в суббо́ту в 6 часо́в».

Приглаша́ют, как пра́вило, при ли́чной встре́че и́ли по телефо́ну обы́чно за не́сколько дней. Пи́сьменные приглаше́ния не при́няты (исключе́ние составля́ют приглаше́ния на сва́дьбу).

По́сле ве́чера, проведённого в гостя́х, вам сле́дует позвони́ть хозя́евам и поблагодари́ть их. Тепе́рь ва́ша о́чередь приглаша́ть друзе́й к себе́. Как э́то сде́лать — вы уже́ зна́ете.

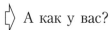 А как у вас?

1. При́нято ли у вас заходи́ть к друзья́м без осо́бого приглаше́ния?

2. В каки́е дни у вас обы́чно принима́ют госте́й?

3. Лю́бите ли вы ходи́ть в го́сти? Что вы де́лаете ча́ще: хо́дите в го́сти и́ли приглаша́ете госте́й к себе́?

4. Кака́я ра́зница ме́жду словосочета́ниями *заходи́те к нам* и *приходи́те к нам*? Переведи́те э́ти словосочета́ния на ваш родно́й язы́к.

5. Прочита́йте ещё раз текст «Заходи́те к нам на огонёк» и запо́лните табли́цу.

Что делают	в России	в вашей стране

1. Что делают, приглашая друзей в гости:
    а) посылают письменное приглашение;
    б) звонят по телефону;
    в) говорят об этом при личной встрече?		

2. Что делают, побывав в гостях у друзей:
    а) звонят на следующий день и благодарят за прекрасный вечер;
    б) приглашают к себе в гости?		

В гостях

Вас пригласили в гости. Что может быть приятнее? Купив по дороге цветы хозяйке дома, бутылку вина хозяину и что-нибудь сладкое детям, вы спешите к своим друзьям.

Не стремитесь быть особенно точными. Хозяйке обычно не хватает 10—15 минут, чтобы всё было готово. Почему бы ей их не дать? Опоздание на 15 минут стало сейчас почти нормой.

Итак, вы звоните в дверь. Радушные хозяева вздыхают с облегчением: «Ну наконец-то. А то мы вас уже заждались!» Не волнуйтесь, это не упрёк, а общепринятая любезность.

Мужчины обмениваются рукопожатиями, близкие друзья обнимаются и целуются. Хозяйка дома предлагает снять пальто и пройти в комнату. Хозяин ухаживает за дамами, помогая им повесить пальто на вешалку.

Принесённые гостями цветы сразу ставятся в воду. Всё, что приносится к столу (торт, пирожные, конфеты, вино, фрукты), обязательно появляется на столе. Лишь ребёнок, поблагодарив гостя за шоколадку, может сделать с ней всё, что захочет сам.

Вновь пришедших гостей представляют собравшейся компании. Хозяин старается вовлечь их в общий разговор, а хозяйка в это время заканчивает последние приготовления. И наконец звучит долгожданная фраза: «Прошу всех к столу».

 А как у вас?

155

1. Вы прихо́дите в го́сти во́время и́ли обы́чно опа́здываете?

2. Всё ли у вас быва́ет гото́во к прихо́ду госте́й и́ли вам поро́й не хвата́ет 10—15 мину́т? Нра́вится ли вам, когда́ го́сти опа́здывают и́ли вы предпочита́ете, что́бы они́ приходи́ли во́время?

3. При́нято ли в ва́шей стране́ приходи́ть в го́сти с пу́стыми рука́ми? Что вы обы́чно прино́сите с собо́й? Ста́вят ли хозя́ева на стол принесённую гостя́ми коро́бку конфе́т, буты́лку вина́, ба́нку икры́?

Ру́сское засто́лье

Ру́сское засто́лье име́ет це́лый ряд осо́бенностей. Познако́мьтесь, как веду́т себя́ ру́сские в гостя́х. А что при́нято де́лать у вас? Е́сли в ва́шей стране́ де́лают то же са́мое, поста́вьте га́лочку (√).

Го́сти садя́тся за о́бщий стол.	
Места́ за столо́м не распределены́.	
Стол удивля́ет коли́чеством и разнообра́зием блюд.	
Вино́ налива́ет хозя́ин.	
Пе́ред ка́ждым то́стом в рю́мки долива́ют вина́.	
Без то́ста пить не при́нято.	
По́сле то́ста все чо́каются и то́лько по́сле э́того пьют.	
Хозя́йка стара́ется уха́живать за гостя́ми, предлага́ет им разли́чные блю́да.	
Мужчи́на уха́живает за сидя́щей ря́дом же́нщиной, предлага́ет ей положи́ть что́-нибудь на таре́лку.	
Угоще́ние состои́т обы́чно из заку́ски, горя́чего и сла́дкого.	
Появле́ние горя́чего го́сти приве́тствуют дру́жным во́згласом: «О!»	

По́сле горя́чего устра́ивают небольшо́й переры́в, во вре́мя кото́рого го́сти выхо́дят и́з-за стола́.

За столо́м идёт о́бщий разгово́р.

Те́мы са́мые разнообра́зные: поли́тика, иску́сство, мо́да, каждодне́вные пробле́мы.

Засто́лье иногда́ сопровожда́ется пе́снями под гита́ру, та́нцами.

Го́сти начина́ют расходи́ться по́сле ча́я.

Не проща́ясь, го́сти не ухо́дят.

Хозя́ева угова́ривают уходя́щего го́стя побы́ть ещё немно́го.

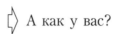 А как у вас?

1. Как принима́ют госте́й в ва́шей стране́?
2. Что де́лают хозя́ева и го́сти?
3. Как прохо́дит засто́лье?

 ## Для вас, знатоки́ этике́та

1 Прочита́йте отры́вки из диало́гов. Скажи́те, в каки́х слу́чаях приглаше́ние — лишь ве́жливая этике́тная фра́за, а в каки́х — конкре́тное предложе́ние прийти́ в го́сти. Подчеркни́те слова́ и выраже́ния, кото́рые помога́ют вам найти́ ве́рное реше́ние.

1. — ...Мы так давно́ не ви́делись. Уже́ 10 лет прошло́, как мы зако́нчили шко́лу. Дава́й ка́к-нибудь соберёмся.
   — Хоро́шая иде́я. Мо́жно ка́к-нибудь. На́до созвони́ться со все́ми.

2. — ...А́лекс, мы не ви́делись це́лую ве́чность! Каки́е у тебя́ пла́ны на выходны́е?
   — В суббо́ту ве́чером я иду́ в теа́тр. А на воскресе́нье определённых пла́нов пока́ нет.

— Дава́й встре́тимся в воскресе́нье. Приходи́ к нам в 5 часо́в.

— Спаси́бо, обяза́тельно приду́.

3. — Андре́й Петро́вич, вы не загля́нете к нам ка́к-нибудь вечерко́м?

— Коне́чно, обяза́тельно, ка́к-нибудь, при слу́чае. Мы ещё созвони́мся.

4. — Мы о́чень ра́ды, что вы пришли́ к нам в го́сти. Бу́дете в на́ших края́х, заходи́те.

— Спаси́бо, зайдём как-нибу́дь. Вы то́же заходи́те к нам.

5. — Джордж, ты пе́рвый раз встреча́ешь Но́вый год в Росси́и?

— Соверше́нно ве́рно. В Москве́ я быва́л мно́го раз ле́том, а вот зимо́й прие́хал впервы́е.

— А где ты встреча́ешь Но́вый год?

— Пока́ не зна́ю.

— Приходи́ к нам. Я познако́млю тебя́ со свои́ми друзья́ми. Мы собира́емся в 10 часо́в ве́чера.

— Спаси́бо, приду́.

— Не забу́дь, 31 декабря́ в 10 часо́в ве́чера.

---

2 Допо́лните диало́ги.

1. — Анто́н, я так рад, что мы встре́тились по́сле сто́льких лет! Дава́й _____
_____.

— Дава́й как-нибу́дь.

2. — Макс, что ты де́лаешь на ста́рый Но́вый год?

— Определённых пла́нов пока́ нет. Друзья́ приглаша́ют на да́чу, но не зна́ю, пое́ду и́ли нет. Уж о́чень хо́лодно.

— _____. Мы собира́емся в 9 часо́в ве́чера.

3. — Спаси́бо за прия́тный ве́чер.

— Мы о́чень ра́ды, что вы пришли́ к нам. _____.

— Спаси́бо, но тепе́рь уж вы к нам.

4. — Мы так ре́дко ви́димся. _____ вечерко́м.

— _____. Мы ещё созвони́мся.

---

3 Придя́ в го́сти, мо́жно услы́шать мно́жество ма́ло зна́чащих, но обяза́тельно произноси́мых фраз.

3.1. Постарайтесь разобраться, что и когда принято говорить.

1. _____4_____ Ну, наконец-то! А мы вас уже заждались!

2. _____ Вы уже собираетесь уходить? Побудьте ещё немного. Время совсем не позднее.

3. _____ Проходите, чувствуйте себя, как дома.

4. _____ Дорогие гости! Угощайтесь. Берите рыбу, салат. Вам положить этот кусочек? Он смотрит прямо на вас.

5. _____ Разрешите за вами поухаживать. Что вам положить?

6. _____ Спасибо, как-нибудь зайду. Вы тоже заходите, будем рады.

7. _____ Спасибо, что пришли. Будете в наших краях, заходите.

8. _____ Спасибо за приятный вечер.

9. _____ Прошу к столу!

1) так приглашают гостей в комнату (разговор происходит в прихожей)

2) так мужчина обращается к сидящей рядом женщине, предлагая ей различные блюда

3) так говорит гость, понимая, что настало время уходить

4) так встречают хозяева гостей, задержавшихся на 10—15 минут (это не упрёк, а общепринятая любезность)

5) так говорят хозяева, прощаясь с гостями

6) так хозяйка угощает гостей, предлагая им попробовать то или иное блюдо

7) так приглашают гостей сесть за стол

8) так говорит гость в ответ на любезное приглашение хозяев

9) так хозяева выражают своё сожаление по поводу вашего ухода

3.2. Расположите микродиалоги, приведённые в задании 3.1, в следующем порядке:
    — встреча гостей;
    — за столом;
    — проводы гостей.

3.3. К вам пришли гости. Составьте возможные варианты диалогов в зависимости от ситуации и разыграйте их.
    1. Вы встречаете гостей в прихожей.
    2. Вы приглашаете гостей к столу и угощаете их.
    3. Пора домой. Вы провожаете гостей.

4 Недавно Лена с Николаем побывали в гостях у Джона. Прочитайте рассказ Лены об этом вечере. Вы уже знакомы с русским этикетом. Что, на ваш взгляд, показалось Лене необычным?

Джон реши́л пригласи́ть в го́сти свои́х друзе́й. Сего́дня прекра́сный по́вод. Во-пе́рвых, успе́шно прошла́ презента́ция его́ но́вой кни́ги, а во-вторы́х — ста́рый Но́вый год.

Ле́на и Никола́й принесли́ буты́лку францу́зского шампа́нского и коро́бку конфе́т. «О! Э́то моё люби́мое шампа́нское», — сказа́л Джон и поста́вил его́ вме́сте с конфе́тами в шкаф.

Ле́на и Никола́й прошли́ в ко́мнату. Там уже́ бы́ло мно́го госте́й. Кто́-то сиде́л на дива́не, кто́-то стоя́л с бока́лом вина́, о чём-то оживлённо бесе́дуя. Го́сти знако́мились са́ми. Наконе́ц хозя́ин до́ма предложи́л подкрепи́ться. И все устреми́лись к дли́нному столу́, стоя́вшему у окна́. Стол был заста́влен ра́зными блю́дами. Ка́ждый взял таре́лку и положи́л на неё всего́ понемно́гу. Ну а пото́м, в зави́симости от жела́ния го́стя, мо́жно бы́ло и́ли сесть в кре́сло, и́ли, держа́ в рука́х по́лную таре́лку, вести́ сто́я све́тскую бесе́ду.

Все вы́пили за Джо́на и его́ но́вую кни́гу. А пото́м то́сты не произноси́лись. Ка́ждый пил, когда́ хоте́л и ско́лько хоте́л. И то́лько в 12 часо́в но́чи го́сти вспо́мнили, что они́ в Росси́и и встреча́ют ста́рый Но́вый год. Вы́пили за ста́рый Но́вый год, а пото́м го́сти ста́ли расходи́ться. Ле́на и Никола́й подошли́ к Джо́ну и сказа́ли: «Нам пора́. Спаси́бо за прия́тный ве́чер». Джон улыбну́лся и отве́тил: «Спаси́бо, что пришли́. До свида́ния!»

▽? Возвраща́ясь домо́й, Ле́на сказа́ла: «Впервы́е в жи́зни мы встре́тили ста́рый Но́вый год по-америка́нски». Как вы ду́маете, почему́ она́ так сказа́ла? Напиши́те, что показа́лось Ле́не необы́чным.

_____

_____

_____

_____

_____

_____

_____

_____

_____

_____

5 Сего́дня Но́вый год. К вам прихо́дят го́сти. Бу́дьте гостеприи́мной хозя́йкой. Встре́тьте и угости́те свои́х друзе́й. Ну а друзья́ должны́ поду́мать, что принести́ к столу́. С Но́вым го́дом!

Почита́ем на досу́ге

 Но́вый год — э́то люби́мый пра́здник и взро́слых, и дете́й. Его́ ждут, к нему́ гото́вятся. Как встреча́ют Но́вый год в Росси́и? Дава́йте вме́сте с ва́ми пройдёмся по нового́дней Москве́.

Са́мый люби́мый пра́здник

Но́вый год — э́то са́мый люби́мый пра́здник, пра́здник наде́жд. Де́ти ждут Де́да Моро́за, ска́зочного нового́днего геро́я, пода́рков, зи́мних шко́льных кани́кул... Взро́слые — ми́рной, ра́достной и счастли́вой жи́зни в наступа́ющем году́.

К Но́вому го́ду начина́ют гото́виться зара́нее. В предпра́здничные дни на городски́х площадя́х, в па́рках, на у́лицах, в витри́нах магази́нов, в кафе́, рестора́нах устана́вливают ёлки — си́мвол нового́днего пра́здника. Э́то де́рево не бои́тся суро́вых зи́мних холодо́в и остаётся ве́чнозелёным. Открыва́ются ёлочные база́ры, где мо́жно купи́ть ёлку для свое́й семьи́. Жела́ющих купи́ть настоя́щую ёлку всегда́ мно́го, поэ́тому так многолю́дно на ёлочных база́рах. Мо́жно, коне́чно, купи́ть и иску́сственную, но она́, как счита́ют мно́гие, не принесёт в дом ра́дости настоя́щего нового́днего пра́здника. Ка́ждый день де́ти задаю́т оди́н и тот же вопро́с свои́м роди́телям: «Ну когда́ же мы бу́дем наряжа́ть ёлку?»

Украше́ние ёлки — э́то огро́мное удово́льствие для взро́слых и дете́й, поэ́тому во мно́гих дома́х ёлку наряжа́ет вся семья́. Не́которые роди́тели счита́ют, что украше́ние ёлки — де́ло взро́слых. Они́ украша́ют её, когда́ де́ти спят, что́бы сде́лать им сюрпри́з. У́тром де́ти просыпа́ются и ви́дят краса́вицу-ёлку. На ней разноцве́тные шары́, серебря́ный дождь, я́ркие игру́шки, сла́дкие конфе́ты, мандари́ны. Но са́мый гла́вный сюрпри́з — под ёлкой. Там пода́рки, кото́рые принёс до́брый Дед Моро́з. В э́ти пра́здничные дни на городски́х у́лицах мо́жно уви́деть удиви́тельную карти́ну. О́коло до́ма остана́вливается такси́. Из него́ выхо́дят стра́нные пассажи́ры: стари́к с бородо́й, в дли́нной шу́бе, с па́лкой и больши́м мешко́м и с ним моло́денькая де́вушка в бе́лой шу́бке и ша́почке. Э́то традицио́нные геро́и нового́днего пра́здника — Дед Моро́з и Снегу́рочка. Они́ прие́хали поздра́вить малыше́й.

По́здним ве́чером 31 декабря́, когда́ уста́лые и счастли́вые де́ти уже́ спят, взро́слые собира́ются за пра́здничным столо́м, что́бы проводи́ть ста́рый год. Вспомина́ют всё хоро́шее, что бы́ло в уходя́щем году́. Ну́жно созда́ть хоро́шее настрое́ние, потому́ что есть приме́та: е́сли Но́вый год встре́тишь ве́село, то он бу́дет

счастли́вым. Все ждут полу́ночи. Пока́ часы́ на ба́шне Кремля́ отсчи́тывают по-
сле́дние секу́нды ста́рого го́да, ну́жно успе́ть откры́ть шампа́нское.

И вот наступи́л Но́вый год. Все поздравля́ют друг дру́га с пра́здником.
Жела́ют сча́стья, здоро́вья, успе́хов, да́рят пода́рки родны́м, бли́зким, друзья́м...
Пра́здник в разга́ре. Как мно́го хо́чется успе́ть в э́ту ночь: и посмотре́ть, како́й
сюрпри́з подгото́вило на э́тот раз телеви́дение, и потанцева́ть, и позвони́ть
друзья́м, и вы́йти на у́лицу, что́бы поката́ться с го́рки на са́нках и поигра́ть в
снежки́...

1. Почему́ Но́вый год — са́мый люби́мый пра́здник?

2. По каки́м приме́там мо́жно догада́ться, что ско́ро Но́вый год?

3. Где нахо́дятся нового́дние пода́рки? Куда́ их кладу́т в ва́шей стране́?

4. Кака́я нового́дняя приме́та есть в Росси́и?

5. Как встреча́ют Но́вый год в ва́шей стране́? Есть ли у вас обы́чай дари́ть
на Но́вый год пода́рки?

Но́вый год...
Как мно́го наде́жд свя́зано у ка́ждого из нас с э́тим пра́здником. Когда́
Но́вый год на́чали пра́здновать в Росси́и? Отку́да появи́лся обы́чай
украша́ть ёлку? Почему́ Рождество́ в Росси́и отмеча́ют 7 января́? Отве́ты
на все э́ти вопро́сы вы найдёте в да́нных статья́х.

Что говоря́т календари́

В дре́вности у мно́гих наро́дов но́вый год начина́лся весно́й и́ли о́сенью. В
Дре́вней Руси́ но́вый год начина́лся в ма́рте. Его́ встреча́ли как пра́здник весны́,
со́лнца, тепла́, ожида́ния но́вого урожа́я.

Когда́ на Руси́ в конце́ X ве́ка бы́ло при́нято христиа́нство, но́вый год
ста́ли встреча́ть по византи́йскому календарю́ — 1 сентября́, в са́мом нача́ле
о́сени.

Накану́не 1700 го́да Пётр I изда́л ука́з пра́здновать Но́вый год по евро-
пе́йскому обы́чаю — 1 января́. Пётр предложи́л всем москвича́м укра́сить свои́
дома́ сосно́выми и ело́выми ве́тками. Все должны́ бы́ли поздравля́ть родны́х и
знако́мых с пра́здником. В 12 часо́в но́чи Пётр I вы́шел на Кра́сную пло́щадь с
фа́келом в руке́ и запусти́л в не́бо пе́рвую раке́ту. Начался́ фейерве́рк в честь
нового́днего пра́здника.

Двадца́тый век внёс свои́ измене́ния. В 1918 году́ в Росси́и был введён
за́падный европе́йский календа́рь. Согла́сно при́нятому декре́ту, день по́сле 31 ян-

варя́ 1918 го́да ста́ли счита́ть не 1, а 14 февраля́. Счёт вре́мени в Росси́и с э́того дня раздели́лся на ста́рый стиль, кото́рый сохрани́ла Це́рковь, и но́вый, по кото́рому и сего́дня живу́т госуда́рство и гражда́нское населе́ние.

Но́вый год в результа́те рефо́рмы календаря́ оказа́лся впереди́ церко́вных пра́здников Рождества́ и Креще́ния.

1. Когда́ отмеча́ли нового́дний пра́здник в Дре́вней Руси́?
2. Когда́ на Руси́ ста́ли встреча́ть Но́вый год по́сле приня́тия христиа́нства?
3. Каки́е измене́ния внёс Пётр I в пра́зднование Но́вого го́да? Как ста́ли встреча́ть Но́вый год в Росси́и?
4. Почему́ в Росси́и Рождество́ отмеча́ют по́сле Но́вого го́да?

В лесу́ роди́лась ёлочка...

Рожде́ственские ёлки... Они́ прино́сят в дом ощуще́ние пра́здника. Отку́да пришла́ к нам э́та прекра́сная тради́ция — наряжа́ть ёлку?

У герма́нских наро́дов с да́вних пор существова́ло пове́рье о том, что вечнозелёные дере́вья мо́гут ока́зывать благотво́рное влия́ние на урожа́й. Поэ́тому ве́точки и́ли це́лые ёлочки приноси́ли в дом. Це́рковь снача́ла боро́лась с язы́ческим обы́чаем, но пото́м узако́нила его́ и связа́ла с Рождество́м. Неувяда́ющая зе́лень ста́ла воспринима́ться как си́мвол ве́чной жи́зни, а треуго́льный ко́нтур де́рева ассоции́ровался с триеди́нством Бо́га Отца́, Бо́га Сы́на и Свято́го Ду́ха. Ёлку украша́ли я́блоками, и она́ таки́м о́бразом олицетворя́ла ра́йское дре́во позна́ния добра́ и зла. На ёлку ве́шали ва́фли. Они́ символизи́ровали употребля́емый в обря́де причаще́ния хле́бец. Верши́ну ёлки украша́ла «вифлее́мская звезда́».

В Росси́и ёлки ста́ли наряжа́ть с середи́ны XIX ве́ка. Снача́ла э́то де́лали в неме́цких се́мьях, кото́рых нема́ло бы́ло и в Москве́, и в Петербу́рге. А пото́м но́вый обы́чай распространи́лся и среди́ други́х горожа́н. Ёлки украша́ли мандари́нами, конфе́тами, оре́хами. Де́ти са́ми кле́или игру́шки из цветно́й бума́ги. Бы́ли уме́льцы, мастери́вшие це́лые за́мки, в кото́рых жи́ли да́мы с кавале́рами. Ве́шали на ёлку и покупны́е игру́шки. Но го́рдостью хозя́ев до́ма бы́ли, коне́чно, самоде́льные игру́шки.

Лет три́ста наза́д лю́ди, украша́я нового́днюю ёлку, ве́рили, что они́ де́лают злы́е си́лы добре́е. О злых си́лах давно́ забы́ли, но ёлка по-пре́жнему оста́лась си́мволом нового́днего пра́здника.

1. Где роди́лся обы́чай украша́ть ёлку?

2. Почему́ ёлку украша́ли я́блоками, ве́шали на неё ва́фли, с чем ассоции́ровался треуго́льный ко́нтур де́рева?

3. Когда́ обы́чай украша́ть ёлку появи́лся в Росси́и? С чем э́то свя́зано? Чем обы́чно украша́ли ёлку?

4. Есть ли в ва́шей стране́ обы́чай украша́ть ёлку?

Ско́лько лет Де́ду Моро́зу?

Невозмо́жно предста́вить нового́дний пра́здник без Де́да Моро́за и Снегу́рочки. Так же, как и ёлка, до́брый Дед с пы́шной бородо́й и уса́ми, раздаю́щий пода́рки, появи́лся в Герма́нии. Его́ о́браз восхо́дит к свято́му Никола́ю, о́чень популя́рному у христиа́н (неслуча́йно на За́паде его́ называ́ют Са́нта-Кла́ус).

А существова́л ли на са́мом де́ле до́брый рожде́ственский дед? Не́которые исто́рики на э́тот вопро́с отвеча́ют положи́тельно. В III ве́ке в Ма́лой А́зии на берегу́ Средизе́много мо́ря, в го́роде Пате́ра, в бога́той семье́ роди́лся сын Никола́й. Он был ещё совсе́м молоды́м челове́ком, когда́ его́ назна́чили епи́скопом. Епи́скоп Никола́й, получи́вший от свои́х роди́телей огро́мное состоя́ние, всегда́ помога́л бе́дным и несча́стным, и за э́то его́ называ́ли святы́м. В го́роде Де́мре сохрани́лась це́рковь, где в саркофа́ге поко́ятся оста́нки епи́скопа Никола́я. Ту́рки назва́ли э́ту це́рковь «Баба́ Ноэ́ль Килизе́», что означа́ет Це́рковь Де́да Моро́за.

Ско́лько лет ру́сскому Де́ду Моро́зу? Нам ка́жется, что э́тот до́брый стари́к с белосне́жной бородо́й, друг дете́й и лесны́х звере́й, пришёл к нам о́чень давно́, как и други́е изве́стные геро́и ру́сских ска́зок. Но на са́мом де́ле он са́мый молодо́й из ру́сских ска́зочных геро́ев. До́брым Де́дом Моро́зом, си́мволом нового́дних пра́здников, он стал приме́рно 100—150 лет наза́д.

В дре́вние же времена́ ру́сский наро́д расска́зывал ска́зки и леге́нды о си́льном и злом старике́, хозя́ине сне́жных поле́й и лесо́в, кото́рый приноси́л на зе́млю хо́лод, снег, мете́ли. Его́ называ́ли по-ра́зному: Моро́з, Моро́зко, а ча́ще, с уваже́нием, по и́мени и о́тчеству — Моро́з Ива́нович. В те времена́ он ре́дко дари́л пода́рки. Наоборо́т, лю́ди, кото́рые ве́рили в его́ си́лу, дари́ли пода́рки ему́, что́бы он стал добре́е. Когда́ в Росси́и ста́ли встреча́ть Но́вый год зимо́й, в ночь с 31 декабря́ на 1 января́, Дед Моро́з стал гла́вным геро́ем пра́здника. Но его́ хара́ктер измени́лся: он подобре́л и стал приноси́ть пода́рки де́тям в нового́днюю ночь.

1. Где, по мнению некоторых историков, впервые появился Дед Мороз?
2. Каким был Дед Мороз в России в древние времена? Как изменился его характер?
3. Куда Дед Мороз кладёт свои подарки в вашей стране?

В каждой стране, у каждого народа есть свои новогодние традиции. Давайте познакомимся с некоторыми из них.

Новогодние традиции

У каждого народа свои новогодние традиции. В Японии в новогоднюю ночь в городах и посёлках раздаётся колокольный звон. По колоколам бьют тяжёлым бревном, которое подвешивают горизонтально на двух канатах. Колокола бьют 108 раз! Это число не случайное. В Японии считают, что у человека 6 основных пороков: алчность, глупость, жадность, злость, легкомыслие и нерешительность. Каждый из них имеет 18 оттенков. Чем дольше звучит колокол, тем меньше пороков остаётся у человека.

В небольших городках и деревушках Дании жива до сих пор и такая новогодняя традиция: ночью весельчаки снимают... чужие садовые калитки. Утром владелец находит свою калитку, к примеру, на крыше соседнего дома. Конечно, этот обычай улучшает настроение только тем, кто шутит...

Согласно финским обычаям, вся семья в канун Нового года моется в бане, чтобы смыть с себя все заботы уходящего года. По поверью, за новогодний стол надо сесть не менее девяти раз: чем больше ест хозяин дома, тем усерднее он будет работать, а это означает, что в доме будет достаток. В новогоднюю ночь финны обязательно едят чеснок с мёдом.

Хоть и считается Новый год семейным праздником, какой же праздник без гостей? Гостеприимство священно у всех народов, однако и здесь есть свои правила.

В Японии не приходят в гости без предупреждения. Раньше, если хозяева хотели, чтобы гости поскорее ушли, они переворачивали метлу, то есть ставили её нижним концом вверх. А у африканцев-банту, проживающих в Кении, и сейчас существует особый неписаный закон гостеприимства: когда гость приходит издалека, корми его два дня, а на третий заставь работать.

У англичан свои новогодние традиции. Лучший подарок англичанам — визит в дом в первые же минуты нового года темноволосого мужчины с кусочком угля́ для традицио́нного англи́йского ками́на и ве́ткой оме́лы, символизи́рующей долголе́тие. В Шотла́ндии в по́лночь все мужчи́ны отправля́ются к сосе́дям, что́бы пе́рвыми переступи́ть их поро́г. Счита́ется, е́сли э́то сде́лает же́нщина, год бу́дет неуда́чным для всей семьи́. То же са́мое отно́сится к... ры́жим. А вот брюне́т — са́мый жела́нный гость.

Како́й же Но́вый год без пода́рков! Их ждут в э́ту ночь и де́ти, и взро́слые. Но — внима́ние! Есть ве́щи, кото́рые дари́ть не сто́ит. В Кита́е си́мволом несча́стья счита́ются пода́ренные насте́нные часы́, а в не́которых стра́нах Лати́нской Аме́рики — носовы́е платки́. В ара́бских стра́нах плоха́я приме́та де́лать пода́рки хозя́йке до́ма и... приноси́ть с собо́й спиртны́е напи́тки. На Бли́жнем Восто́ке, приобрета́я дары́, не при́нято скупи́ться. Затра́ты мо́жно легко́ возмести́ть, похвали́в како́й-нибудь предме́т в до́ме хозя́ина. Ведь тради́ция вели́т тут же преподнести́ э́тот предме́т го́стю.

1. Каки́е нового́дние тради́ции существу́ют в Япо́нии, Финля́ндии, Да́нии, Ке́нии?

2. Каки́е из нового́дних тради́ций вам понра́вились бо́льше всего́? Почему́? Каки́е нового́дние тради́ции есть у вас?

3. Явля́ется ли Но́вый год в ва́шей стране́ семе́йным пра́здником и́ли, наоборо́т, у вас при́нято встреча́ть его́ в гостя́х?

4. Что при́нято у вас дари́ть на Но́вый год, а от каки́х пода́рков лу́чше воздержа́ться?

Свя́тки — 12 дней от Рождества́ и до Креще́ния.
Вре́мя гада́ний, по́лное тайн и наде́жд. Вы бы́ли в Росси́и на Свя́тки? Е́сли нет, не огорча́йтесь. Прочита́йте, что де́лают ру́сские де́вушки, что́бы узна́ть о своём бу́дущем. Попро́буйте и вы. Мо́жет быть, вам то́же улыбнётся уда́ча.

Наста́ли Свя́тки. То́-то ра́дость!

С да́вних времён идёт обы́чай отмеча́ть двена́дцать дней в нача́ле го́да шу́мными карнава́лами, наро́дными гуля́ньями. А но́чи на восьмо́й и оди́ннадцатый день посвяща́лись гада́ниям.

«Раз в креще́нский вечеро́к де́вушки гада́ли, за воро́та башмачо́к, сняв с ноги́, броса́ли». И в каку́ю сто́рону па́дал носко́м башмачо́к, отту́да до́лжен был прийти́ жени́х. А е́сли носо́к смотре́л на дом, зна́чит, не суждено́ в э́том году́ вы́йти его́ хозя́йке за́муж. Така́я вот была́ приме́та. Кста́ти, ей ве́рили не то́лько на Руси́, но и в Ита́лии, Испа́нии, во Фра́нции — по всей Евро́пе. Мно́го гада́ний свя́зано со сне́гом. В све́тлую ночь собира́лись де́вушки за око́лицей и при́горшнями броса́ли снег про́тив ве́тра. Е́сли бы́ло слы́шно, как па́дал снег, мо́жно бы́ло ждать молодо́го краса́вца-жениха́, е́сли снег па́дал ти́хо — выходи́ть за́муж за глухо́го и́ли старика́. Гада́ли на расто́пленном во́ске и́ли на зе́ркале. Впро́чем, что переска́зывать, всё э́то прекра́сно опи́сано Пу́шкиным в пя́той главе́ «Евге́ния Оне́гина».

Гада́ния бы́ли привиле́гией же́нщин. Са́мыми «ве́рными» счита́лись гада́ния на восьмо́й день Свя́ток. Так что, дороги́е де́вушки, не спи́те в э́ту ночь, а погада́йте на сча́стье — своё и свои́х бли́зких.

1. Как в дре́вние времена́ отмеча́ли пе́рвые двена́дцать дней по́сле Но́вого го́да?
2. Что де́лали на восьмо́й и оди́ннадцатый день?
3. О каки́х гада́ниях вы узна́ли?
4. А в ва́шей стране́ де́вушки гада́ют?

«Говоря́т, под Но́вый год, что ни пожела́ется, всё всегда́ произойдёт, всё всегда́ сбыва́ется». Неслуча́йно так популя́рны бы́ли гада́ния. Прочита́йте, как в старину́ гада́ли ру́сские де́вушки. А вы не хоти́те испыта́ть свою́ судьбу́?

Стари́нное гада́ние

В старину́ де́вушки гада́ли так…

Раскла́дывали де́вять разноцве́тных поло́с бума́ги, заду́мывали жела́ние, зажму́ривали глаза́ и на о́щупь выбира́ли бума́жку. Смотре́ли на цвет.

Э́то гада́ние популя́рно и сейча́с. Е́сли вы́пал…

Кра́сный — де́йствуйте сме́ло и риско́ванно. Для выполне́ния ва́шего жела́ния потре́буется реши́тельность.

Ора́нжевый — жела́ние испо́лнится и принесёт вам ра́дость.

Жёлтый — зага́данное жела́ние мо́жет сбы́ться, но не де́йствуйте не поду́мав. Вам мо́гут помеша́ть спле́тни и интри́ги.

Зелёный — сейча́с для ва́шего за́мысла и́ли стремле́ния вре́мя ещё не пришло́. Ну́жно подожда́ть. Возмо́жно, обстоя́тельства изме́нятся.

Голубо́й — э́то цвет наде́жды. Вы близки́ к успе́ху.

Си́ний — цвет уда́чи. Он подска́зывает, что для исполне́ния жела́ния бу́дут предоста́влены все возмо́жности.

Бе́лый — э́то «да», причём зага́данное испо́лнится бе́зо вся́ких уси́лий с ва́шей стороны́.

 1. С каки́м цве́том свя́заны наде́жда, уда́ча, исполне́ние жела́ний?

2. Ве́рите ли вы в гада́ния?

3. Зага́дываете ли вы жела́ния в нового́днюю ночь? Е́сли не секре́т, каки́ми быва́ют ва́ши жела́ния? Сбыва́ются ли они́?

 ## Загля́нем в бу́дущее

Но́вый год — э́то ожида́ние чу́да. Напиши́те, о чём вы мечта́ете.

_____
_____
_____
_____
_____
_____
_____

Что ждёт вас в но́вом году́?
У вас есть шанс загляну́ть в бу́дущее.
Отве́тьте на вопро́сы, кото́рые предлага́ют составители гороско́па.

⟹ да   ⟾ нет

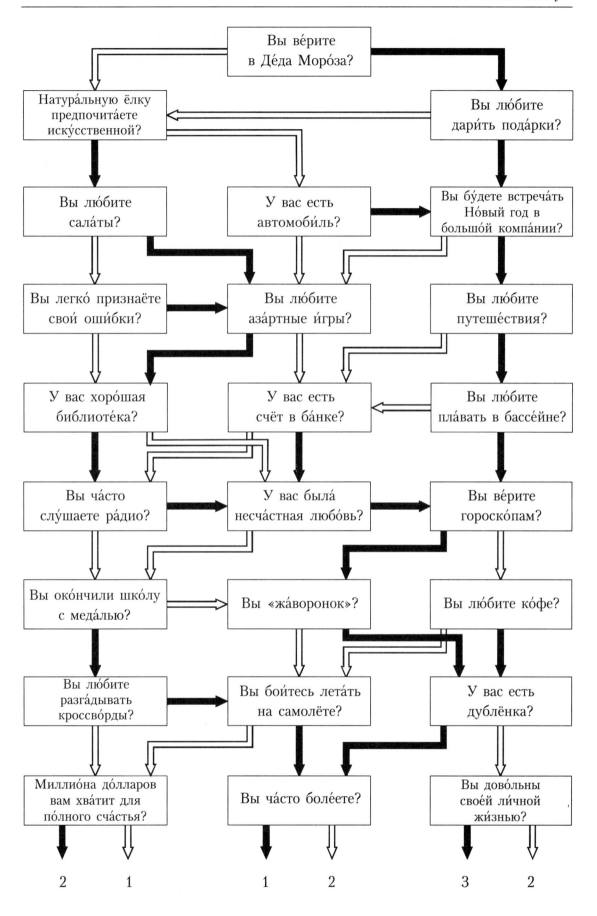

1. В бу́дущем году́ вы должны́ разбогате́ть. Но бу́дьте внима́тельны к своему́ здоро́вью. Не исключены́ пробле́мы. В ли́чной жи́зни всё оста́нется по-пре́жнему, никаки́х серьёзных измене́ний не предви́дится. Впро́чем, говоря́т, что здоро́вье и любо́вь мо́жно купи́ть — бы́ли бы де́ньги.

2. В наступа́ющем году́ вы бу́дете бо́льше забо́титься о себе́. Вы похуде́ете, похороше́ете, у вас улу́чшится цвет лица́. Пра́вда, весьма́ вероя́тно расста-ва́ние с му́жем/жено́й (дру́гом/подру́гой), но оно́ бу́дет кратковре́мен-ным. А вот де́нег мно́го не зарабо́таете, и не наде́йтесь! Но ведь не в де́ньгах сча́стье!

3. Ох и повезло́ же вам! Но́вая любо́вь, больша́я, све́тлая и настоя́щая, ждёт вас по́сле 1 января́. Но бу́дьте осторо́жны: мо́жно пострада́ть мате-риа́льно. Так что не де́лайте дороги́х поку́пок. О здоро́вье не волну́йтесь. Ва́ше самочу́вствие бу́дет прекра́сным.

Пусть сбу́дутся все ва́ши жела́ния и мечты́!

Прове́рьте себя!

Глава́ пе́рвая

Что в и́мени тебе́ моём...

1 Вы по́мните, как Джон познако́мился с А́ней? Напиши́те об э́том, поста́вив слова́, да́нные в ско́бках, в ну́жном падеже́.

В до́ме Черны́шо́вых все говоря́т об имена́х. Де́ло в том, что Ива́н Петро́вич рабо́тает сейча́с _____ (кни́га). Э́то кни́га _____ _____ (ру́сские имена́, о́тчества и фами́лии).

Джо́ну нра́вятся мно́гие ру́сские имена́. Но _____ (са́мое поэти́чное) ему́ ка́жется и́мя А́нна. _____ (перево́д) _____ (древнееврейский) и́мя А́нна означа́ет «благода́ть». Когда́ Джон слы́шит э́то и́мя, он вспомина́ет _____ (А́нна Керн), _____ (геро́иня рома́на Толсто́го... А́нна Каре́нина) и, коне́чно, _____ (дочь Яросла́ва Му́дрого), кото́рая ста́ла короле́вой Фра́нции.

Сего́дня Джон познако́мился _____ (сестра́ Ле́ны). _____ (она́) то́же зову́т А́нна. Когда́ Джон взгляну́л _____ (А́нна), он почу́вствовал _____ (не́которое волне́ние). Он не знал, как _____ (она́) обрати́ться. К сча́стью, А́нна предложи́ла перейти́ _____ («ты»). Джон наде́ется, что он подру́жится _____ (А́нна). А мо́жет быть, он рассчи́тывает на бо́льшее? Не бу́дем иска́ть отве́ты _____ (все вопро́сы) сра́зу. Что бу́дет, пока́жет вре́мя.

2 Напиши́те, что рассказа́л Ива́н Петро́вич Джо́ну.

1. Фами́лия Кузнецо́в... происходи́ть... сло́во «кузне́ц»...

_____

2. Фами́лия Смит... перево́д... англи́йский... то́же зна́чить... «кузне́ц»...

_____

3. Мо́жет быть, далёкие пре́дки... Ива́н Петро́вич и Джон... быть ... кузнецы́...

_____

4. Одна фамилия... совпадения... не кончаться...

5. Имена Джон и Иван... происходить... одно древнееврейское имя...

6. Имя Иоанн... религия... попасть... многие языки мира...

3 Вы не забыли, как прошёл вечер в доме Николая и Лёны? Напишите о некоторых деталях, заменяя прямую речь косвенной.

1. Н.Ч.: «Джон, здравствуй, рад тебя видеть».

2. Т.В.: «Джон, я много слышала о вас от Коли и Лёны».

3. Н.Ч.: «Иван Петрович, познакомьтесь, пожалуйста. Джон Смит, мой давний друг».

4. Н.Ч.: «Лёночка, принеси, пожалуйста, пирог».

5. Е.Ч.: «Прошу всех к столу».

6. Е.Ч.: «Давайте продолжим беседу за ужином».

7. А.К.: «Джон, как называется ваша новая книга?»

8. Д.С.: «Аня, вы свободны в воскресенье вечером?»

9. Д.С.: «До свидания, Татьяна Васильевна и Иван Петрович!»

4 Вы, конечно, сразу догадаетесь, о ком идёт речь, если к выделенным словам подберёте слова и выражения, близкие по значению.

1. Лёночка, **догадайся**, кто к нам сегодня придёт. Ты прекрасно знаешь этого человека, хотя мы с ним не виделись **очень долго**. Он **умеет** говорить комплименты. Он пишет книгу **о том, какой видит Россию американец**. И наконец, это наш **старый друг**.

2. Ну наконе́ц-то! Мы **так до́лго** тебя́ **ждём**! Уже́ все собрали́сь, а **ты всё не идёшь**. Могла́ бы сего́дня **отступи́ть от пра́вила** и **не опа́здывать**! Проходи́ скоре́е, у нас го́сти.

_____
_____
_____

5 Пе́ред ва́ми отры́вок из письма́ Джо́на. Вста́вив глаго́лы **звать, называ́ть/назва́ть, называ́ться** вы узна́ете, что написа́л Джон о свои́х друзья́х.

Жену́ Никола́я _____ Еле́на. Ле́на о́чень краси́вая же́нщина, поэ́тому Никола́й _____ её в шу́тку Еле́ной Прекра́сной (так _____ геро́иню ру́сских наро́дных ска́зок).

Сейча́с Никола́й гото́вит на телеви́дении переда́чу, кото́рая _____ «Како́е вы́брать и́мя». В ней бу́дут говори́ть о том, как _____ ребёнка, как лу́чше _____ дете́й до́ма, в шко́ле. Обсу́дят и мно́гие други́е пробле́мы.

6 Вспо́мните, о чём договори́лись Джон и Са́ша. А тепе́рь напиши́те об э́том, зако́нчив предложе́ния слова́ми и выраже́ниями из те́кста.

Как бы́стро _____! Шесть лет наза́д, когда́ Джон улета́л из Москвы́, Ко́ля и Ле́на то́лько собира́лись _____. А сейча́с у них уже́ _____ сын Са́ша. Са́ша _____ ма́льчик. Он обраща́ется ко взро́слым _____. То́лько вот как _____ Джо́на? Ведь он америка́нец, а у америка́нцев нет _____. Джон предложи́л _____ и звать его́ про́сто Джон. А Са́ша попроси́л Джо́на не _____ его́ Шу́риком и́ли Са́шенькой. Ведь он уже́ не ма́ленький. _____! Взро́слым хо́чется верну́ться в де́тство, а де́тям — скоре́е _____.

Проверьте себя!

Глава́ втора́я

Дела́ шко́льные

1 Ско́ро Са́ше в шко́лу, и Никола́й ча́сто заду́мывается о своём сы́не — бу́дущем шко́льнике. О чём же ду́мает Никола́й? Прочита́йте отры́вок из его́ дневника́, и вы узна́ете об э́том.

Са́ша о́чень непослу́шный ребёнок. Татья́на Васи́льевна о́чень балу́ет _____ (ма́льчик). То́лько хва́лит _____ (он). Он _____ (никто́) не слу́шается, да́же _____ (я). Я иногда́ руга́ю _____ (Са́ша). А что де́лать?! Ра́зве ба́бушка мо́жет воспита́ть настоя́щего мужчи́ну? Бою́сь, что в шко́ле у Са́ши бу́дет ма́сса _____ (пробле́мы). Я зна́ю, что в шко́ле учи́тель ориенти́руется _____ (ученики́... сре́дние спосо́бности). Бою́сь, что Са́ше бу́дет ску́чно в обы́чной шко́ле. Ведь он о́чень спосо́бный ма́льчик. В э́том я соверше́нно согла́сен с Ле́ной, хотя́ ей я э́того не говорю́. На́до отда́ть _____ (Са́ша... гимна́зия). Там си́льный преподава́тельский соста́в и си́льные де́ти. Ведь поступи́ть _____ (гимна́зия) непро́сто. На́до пройти́ _____ (собесе́дование). Ребёнок к шко́ле до́лжен уме́ть уже́ чита́ть, счита́ть, знать наизу́сть стихи́. Да, Са́ша спосо́бный ма́льчик. Но поведе́ние! За плохо́е поведе́ние ученика́ мо́гут отпра́вить _____ (дире́ктор). Да, ду́маю, что пробле́м _____ (шко́ла) бу́дет мно́го. Бою́сь, что с дире́ктором мы бу́дем ви́деться ча́сто.

2 Что же ожида́ет Са́шу в шко́ле? Вы узна́ете э́то, поста́вив слова́ в ну́жной фо́рме.
1. Заня́тия... шко́ла... начина́ться... полови́на... де́вять... у́тро... —

_____

2. Уро́к... продолжа́ться... со́рок... мину́та... —

_____

3. Переме́ны... уро́ки... де́сять... мину́та... —

_____

4. Де́ти... нача́льная шко́ла... ка́ждый день... четы́ре-пять... уро́к... —

_____

5. Нача́льная шко́ла... есть... гру́ппы... продлённый день... —

_____

174

6. Таки́е гру́ппы... остава́ться... де́ти... уро́ки... —

_____

7. Де́ти... шко́ла... не нака́зывать... —

_____

8. Учени́к... до́лжен... хорошо́ вести́ себя́... уро́к: не шуме́ть, не разгова́ривать... —

_____

9. Програ́мма... ка́ждая шко́ла... есть... обяза́тельные предме́ты... и предме́ты... вы́бор... —

_____

10. Нача́льная шко́ла... есть... заня́тия... му́зыка... пе́ние... рисова́ние... —

_____

11. Два... раз... неде́ля... де́ти... уро́ки... физкульту́ра... —

_____

---

3 У ка́ждого из геро́ев свои́ пробле́мы. О не́которых из них вы узна́ете, когда́ вы́полните зада́ния 3.1. и 3.2.

3.1. Как вы по́мните, Татья́на Васи́льевна счита́ет Са́шу о́чень спосо́бным ребёнком. Она́ мечта́ет, чтобы Са́ша получи́л разносторо́ннее образова́ние. О чём же мечта́ет Татья́на Васи́льевна? Вы узна́ете э́то, е́сли вста́вите в текст сло́во **кото́рый** в ну́жных падеже́, ро́де и числе́.

Са́ша обяза́тельно до́лжен учи́ться в музыка́льной шко́ле. Неда́вно я говори́ла с сосе́дкой, до́чка _____ хо́дит в музыка́льную шко́лу. Шко́ла, _____ отда́ли де́вочку, нахо́дится ря́дом с на́шим до́мом. На́ша сосе́дка, из разгово́ра _____ я узна́ла о шко́ле, начала́ учи́ть свою́ до́чку му́зыке с семи́ лет. Чтобы поступи́ть в музыка́льную шко́лу, _____ у́чится её де́вочка, на́до пройти́ ... нет, нет не собесе́дование. Туда́ на́до пройти́ прослу́шивание. Да-да. Дете́й, _____ хотя́т поступи́ть в музыка́льную шко́лу, прослу́шивают: преподава́тели проверя́ют музыка́льные спосо́бности ребёнка. В шко́лу не мо́гут поступи́ть де́ти, _____ нет слу́ха. Но Са́шенька, _____ так замеча́тельно поёт, обяза́тельно посту́пит в э́ту шко́лу. На́до бы поговори́ть с его́ роди́телями. Бою́сь, что Никола́й бу́дет про́тив. Он всегда́ про́тив всего́, что я предлага́ю.

3.2. Джон нашёл в газе́те ма́ленькую заме́тку о ку́рсах для абитурие́нтов. Э́ти ку́рсы бы́ли со́зданы в про́шлом году́ при университе́те. Ку́рсы о́чень заинтересова́ли Джо́на. Прочита́йте э́ту заме́тку и вы. А чтобы вам бы́ло не ску́чно, заменя́йте акти́вные констру́кции пасси́вными.

1. В про́шлом году́ при университе́те организова́ли ку́рсы для абитурие́нтов.

2. Програ́мму ку́рсов разрабо́тали преподава́тели ву́за.

3. Сейча́с заня́тия на ку́рсах прово́дят преподава́тели и профессора́ ву́за.

4. Успева́емость на ку́рсах оце́нивают по пятиба́лльной систе́ме.

5. В сле́дующем году́ кро́ме обяза́тельных предме́тов уча́щимся предло́жат ряд предме́тов по вы́бору.

6. Раз в полго́да на ку́рсах бу́дут устра́ивать экза́мены.

---

4 Са́шу лю́бят все. Тогда́ о чём же спо́ры? Вы узна́ете об э́том, замени́в вы́деленные слова́ слова́ми и выраже́ниями, бли́зкими по значе́нию.

1. Н.Ч. — Са́ша, **иди́** в свою́ ко́мнату. Все де́ти уже́ **давно́ спят**. Тебе́ давно́ **на́до** быть в посте́ли!

1. _____
_____
_____

2. Т.В. — **Не тро́гайте** ребёнка. Пусть досмо́трит мультфи́льм.

2. _____
_____

3. Н.Ч. — Ах, Татья́на Васи́льевна! **Вы опя́ть де́лаете то, что всегда́.** Са́ша, мой ру́ки и спать!

3. _____
_____
_____

4. Т.В. — **Не на́до** руга́ть ребёнка! Лу́чше бы поду́мали о шко́ле.

4. _____
_____

5. Е.Ч. — Не **волну́йся**, ма́ма. **Éсли говори́ть о шко́ле,** то я уже́ шко́лами интересова́лась. Сейча́с **сто́лько ра́зных школ!** Ко́ля, ты зна́ешь, о́коло метро́ есть гуманита́рная гимна́зия. **В ближа́йшее вре́мя** пойду́ в гимна́зию поговори́ть с дире́ктором. Пра́вда, она́ пла́тная.

5. _____
_____
_____
_____
_____
_____
_____
_____

6. Н.Ч. — Пла́тная!? **На пла́тную шко́лу у меня́ нет де́нег!**

6. _____
_____

7. И.П. — Не понима́ю я э́того. Заче́м плати́ть за шко́лу, когда́ ря́дом **мно́го** хоро́ших беспла́тных школ? Вон у нас во дворе́ есть шко́ла. **Обы́чная шко́ла!** Чем она́ вам не нра́вится?

7. _____
_____
_____
_____

8. Е.Ч. — Извини́, па́па, но я хочу́, что́бы Са́ша ходи́л в гуманита́р-

8. _____
_____

176

ную шко́лу. Он **тала́нтливый**
ма́льчик.

  9. Н.Ч. — Ну что ты говори́шь?! Ра́зве
мо́жно так говори́ть о пятиле́т-
нем ребёнке!

10. Т.В. — **Ну всё!** Бо́льше не хочу́ слу́-
шать. Пойду́ почита́ю статью́
Джо́на.

9. _____
    _____

10. _____
    _____

---

5 Что ду́мают друг о дру́ге на́ши геро́и? Вы узна́ете э́то, вы́полнив зада́ния 5.1. и 5.2.

5.1. Джо́ну о́чень нра́вится Никола́й. Вста́вив слова́ **спосо́бность** и **спосо́бности**, вы поймёте почему́.

Никола́й — замеча́тельный веду́щий. Он облада́ет _____ хорошо́ и доказа́тельно говори́ть. _____ бы́стро реаги́ровать — о́чень ва́жная черта́ его́ хара́ктера. И кроме́ того́, Никола́й прекра́сно поёт. О его́ _____ к му́зыке никто́ и не знал. Но в после́дней переда́че ему́ на́до бы́ло испо́лнить не́сколько мело́дий. И он сде́лал э́то замеча́тельно.

5.2. Татья́на Васи́льевна о́чень лю́бит свою́ мла́дшую до́чку. Она́ ча́сто расска́зывает о ней Джо́ну. Вста́вьте слова́ **учи́ться, занима́ться, учи́ть/вы́учить, учи́ть/на-учи́ть, учи́ться/научи́ться, изуча́ть**, и вы узна́ете, что но́вого узна́л Джон об А́нне сего́дня.

А́ня _____ в МГУ. У́тром она́ _____ в уни-верситете́, а ве́чером идёт в спорти́вный клуб. Там она́ _____ пла́ванием. А́ня _____ пла́вать о́чень ра́но, в пять лет. В клу́бе она́ не то́лько пла́вает сама́, но и _____ пла́вать други́х.

За́втра у А́ни тру́дный день. У́тром бу́дет контро́льная по англи́й-скому языку́. А́не ну́жно всё повтори́ть, _____ но́вые слова́. А днём А́ня выступа́ет на семина́ре. Она́ сейча́с _____ пси-холо́гией обще́ния, _____ поведе́ние люде́й в ра́зных ситуа́циях.

6 Вспо́мните, что но́вого узна́л Джон о шко́лах в Росси́и. Напиши́те об э́том, допо́лнив предложе́ния слова́ми и выраже́ниями из те́кста.

Де́ти в Росси́и _____ в шко́лу в шесть-семь лет. Все де́ти _____ занима́ются в одно́м кла́ссе. Е́сли учени́к пло́хо _____ на уро́ке, его́ мо́гут _____ из кла́сса. Раз в че́тверть в шко́ле устра́ивается _____. Е́сли учени́к пло́хо учи́лся в году́, его́ мо́гут _____. В ру́сской шко́ле существу́ет _____ оце́нок. Вы́сший балл — 5, ни́зший — 1. _____ — это шко́льник, кото́рый у́чится на «отли́чно», на _____. Де́ти в шко́ле получа́ют _____ образова́ние. В програ́мму вхо́дят предме́ты, _____ _____. Кро́ме обяза́тельных предме́тов шко́льникам предлага́ются _____.

Прове́рьте себя́!

Глава́ тре́тья

Делова́я же́нщина

1 Никола́й гото́вится к переда́че. Он обща́ется с ра́зными же́нщинами. Что же расска́зывают ему́ деловы́е же́нщины? Поста́вьте слова́, да́нные в ско́бках, в ну́жном падеже́, и вы узна́ете об э́том.

Никола́й гото́вит переда́чу _____ (деловы́е же́нщины). Неда́вно он взял интервью́ _____ (дире́ктор рестора́на) — Ве́ры Кулешо́вой. Пре́жде всего́, _____ (Никола́й) волнова́ли пробле́мы семьи́. Ве́ра рассказа́ла, как счита́ет Никола́й, гру́стную исто́рию. Ве́ра ча́сто заде́рживалась _____ (рабо́та). Рестора́н! Всё поня́тно! Иногда́ приходи́ла домо́й по́здно ве́чером. Не́ было вре́мени погуля́ть с ребёнком, удели́ть внима́ние _____ (муж), пригото́вить обе́д. Муж ча́сто ду́лся _____ (она́), ссо́рился _____ (пустяки́). Неде́лями не разгова́ривал. Увлече́ние _____ (би́знес) ста́ло _____ (причи́на... разво́д). Вот уже́ три го́да, как они́ разошли́сь. Но Ве́ра сча́стлива. Она́ говори́т, что она́ создана́ _____ (би́знес). Она́ счита́ет, что _____ (она́) о́чень повезло́ в жи́зни — у неё есть ма́ма, кото́рая сиди́т с ребёнком, во́дит его́ в шко́лу, гото́вит обе́ды.

2 Че́рез неде́лю Никола́й отпра́вился в шко́лу, куда́ Ле́на хо́чет устро́ить Са́шу. «А да́й-ка я возьму́ интервью́ у дире́ктора шко́лы! Ведь она́ то́же делова́я же́нщина!» — реши́л Никола́й. Соста́вьте предложе́ния, и вы узна́ете, что дире́ктор шко́лы сказа́ла в своём интервью́.

1. Же́нщина... нельзя́ привяза́ть... дом... —

   _____

2. Ка́ждая же́нщина... необходи́мо... де́лать... карье́ра... —

   _____

3. Же́нщина... нет... ра́вный... би́знес... —

   _____

4. Би́знес... де́йствовать... нарко́тик... —

   _____

5. Челове́к,... занима́ющийся... би́знес,... себе́... не принадлежа́ть... —

_____

6. Же́нщина... уме́ть... регули́ровать... отноше́ния,... иска́ть... компроми́ссы... —

_____

7. Же́нщина... прекра́сно... разбира́ться... лю́ди... —

_____

8. Же́нщина... облагора́живать... делово́й мир... —

_____

9. Же́нщина... соверша́ть... би́знес... ме́ньше... оши́бки... мужчи́на... —

_____

10. Же́нщина... прекра́сно... впи́сываться... жёсткий делово́й мир... —

_____

<table>
<tr><td>3</td></tr>
</table>

3 Ве́чер. Вся семья́ до́ма. Нет, как всегда́, Ле́ны. Вот что расска́зывает Татья́на Васи́льевна. Но, что́бы расска́з получи́лся, вста́вьте сою́зы **потому́ что**, **поэ́тому**, **что́бы**, **хотя́**.

Ле́на заде́рживается на рабо́те, _____ Са́ша не спит. Он смо́трит телеви́зор, _____ уже́ 9 часо́в. Мы собира́емся домо́й, _____ за́втра на́до ра́но встава́ть, — у Ива́на Петро́вича ле́кция. Но _____ уйти́, на́до дожда́ться Ле́ну.

Никола́й реши́л поу́жинать, _____ пошёл на ку́хню. _____ холоди́льник по́лный, Никола́й недово́лен. Поня́тно! Жены́ нет до́ма. Коне́чно, на́до, _____ Ле́ночка приходи́ла пора́ньше. Уж сли́шком ча́сто они́ ста́ли ссо́риться. Лю́бят они́ друг дру́га, я э́то зна́ю, _____ ссо́рятся. Ссо́рятся, ми́рятся. Де́ло молодо́е!

Я накры́ла на стол. Позвала́ Ва́ню. Са́ша то́же пришёл, _____ он уже́ у́жинал. Никола́й на́чал крича́ть: «Почему́ Са́ша не в крова́ти?» Он вообще́ в после́днее вре́мя стал не́рвным, наве́рное, _____ де́лает э́ту переда́чу о делов́ых же́нщинах. Сли́шком мно́го делов́ых же́нщин в стране́ ста́ло, _____ и поря́дка нет. И вообще́, не нра́вятся мне э́ти интервью́. Куда́ Ле́на смо́трит?!

4 Никола́й сего́дня в плохо́м настрое́нии. Почему́? Замени́те вы́деленные слова́ слова́ми и выраже́ниями, бли́зкими по значе́нию, и вы узна́ете.

Почему́ у меня́ сего́дня тако́е плохо́е настрое́ние? Ну **поруга́лись** вчера́ с жено́й немно́го. **С ка́ждым тако́е случа́ется**! Жаль, что ссо́риться мы ста́ли ча́ще. А происхо́дит э́то потому́, что у жены́ **о́чень мно́го рабо́ты**. Пришёл вчера́ домо́й, в до́ме **есть не́чего**. Коне́чно, я на́чал **ре́зко говори́ть.** Ле́на же **молча́ла**. Лишь сказа́ла мне, что жену́ **нельзя́ удержа́ть до́ма.**

А тёща всегда́ **подде́рживает дочь!** Вот Ива́н Петро́вич меня́ защища́ет. Он то́же счита́ет, что жена́ должна́ бо́льше **занима́ться до́мом. Кака́я уда́ча, что у меня́ тако́й хоро́ший тесть!** Жаль мне, коне́чно, Ле́нку! И кто э́то приду́мал, что же́нщина **рождена́** для би́знеса?!

5 Ле́на о́чень расстро́илась по́сле ссо́ры с му́жем. Она́ стара́ется поня́ть, что же происхо́дит в её семье́. Напиши́те, о чём ду́мает Ле́на. Допо́лните текст глаго́лами, кото́рые употребля́ются со слова́ми **внима́ние** и **впечатле́ние.**

Прошло́ уже́ не́сколько дней, а я всё ещё _____ под впечатле́нием от на́шей ссо́ры. Почему́ э́то произошло́? Я стара́юсь всегда́ _____ внима́ние семье́. С больши́м внима́нием _____ му́жа, когда́ он _____ со мной свои́ми впечатле́ниями, сомне́ниями, мы́слями. В после́днее вре́мя он стал крича́ть на сы́на, ре́зко говори́ть с ма́мой. Я стара́юсь на всё э́то не _____ внима́ния. Уста́л. Ещё э́та переда́ча! Ко́ля кру́тится как бе́лка в колесе́! Коне́чно, семья́ _____ бо́льшего внима́ния. А би́знес постоя́нно _____ моё внима́ние от му́жа, от семьи́. Что же де́лать? Не зна́ю.

6 Джон пи́шет статью́ о же́нщинах, занима́ющихся би́знесом. Пе́ред ва́ми отры́вок из э́той статьи́. Помоги́те Джо́ну написа́ть его́, допо́лнив предложе́ния слова́ми и выраже́ниями из те́кста.

Мне ка́жется, что же́нщина со́здана́ _____. Ведь би́знес — э́то _____. А в э́том же́нщине _____.

Же́нщина _____ свое́й мя́гкая, чу́ткая, рани́мая. Но она́ хорошо́ _____ в жёсткий делово́й мир. Же́нщина терпели́ва, _____. Сли́шком _____ не для неё. Поэ́тому же́нщина _____ в би́знесе ме́ньше оши́бок, чем мужчи́на. Но пре́жде чем заня́ться би́знесом, же́нщина должна́ реши́ть, что для неё важне́е — _____. Челове́к, занима́ющийся би́знесом, _____. Поэ́тому о́чень ча́сто увлече́ние же́нщины би́знесом стано́вится причи́ной _____ _____.

Проверьте себя!

Глава́ четвёртая

Раз в крещенский вечерок...

1 Вы по́мните, как Джон встреча́л Но́вый год? Напиши́те об э́том, поста́вив слова́ в ско́бках в ну́жном падеже́.

Джон впервы́е встреча́л Но́вый год в Росси́и. _____ (тради́ция) Но́вый год встреча́ют _____ (семе́йный круг). Поэ́тому в нового́днюю ночь вся семья́ Чернышо́вых собрала́сь _____ (пра́здничный стол). К Ле́не и Никола́ю пришли́ Ива́н Петро́вич, Татья́на Васи́льевна, А́ня. Снача́ла вспо́мнили всё хоро́шее, что бы́ло _____ (уходя́щий год). Ива́н Петро́вич по́днял _____ (бока́л вина́) и сказа́л _____ (тост): «Прошёл ещё оди́н год. Он был уда́чным _____ (все мы). Дава́йте вы́пьем _____ (всё хоро́шее), что бы́ло в нём».

Са́ша вре́мя от вре́мени встава́л _____ (стол) и подходи́л к ёлке. _____ (он) о́чень хоте́лось загляну́ть _____ (ёлка) и узна́ть, како́й пода́рок принесли́ ему́ Дед Моро́з и Снегу́рочка.

Ро́вно в двена́дцать часо́в разда́лся бой _____ (кура́нты). Джон загада́л _____ (жела́ние). Э́то жела́ние ещё совсе́м неда́вно каза́лось _____ (он) соверше́нно _____ (несбы́точное). Он зна́ет, что жела́ние никому́ нельзя́ говори́ть, а то оно́ не сбу́дется. Он и молчи́т. Зачем искуша́ть _____ (судьба́)?

2 Вы не забы́ли, что де́лают де́вушки в Свя́тки? Напиши́те об э́том.
1. Свя́тки... де́вушки... гада́ть... —

_____

2. Ра́ньше де́вушки... снима́ть... башмачки́... и броса́ть... они́... воро́та... —

_____

3. Сейча́с де́вушки... броса́ть... балко́н... изя́щные ту́фельки... —

_____

4. Куда́ гляде́ть... носо́к,... отту́да и ждать... появле́ние... жени́х... —

_____

5. Са́мый лу́чший... гада́ние... восьмо́й день... Свя́тки... —

_____

6. И́мя... пе́рвый встре́ченный мужчи́на... быть... тако́е... же, как и и́мя... жени́х... —

_____

7. Молоды́е лю́ди... хоте́ться пройти́сь... э́тот день... о́кна... люби́мые де́вушки... —

_____

8. Никто́... не хоте́ть... искуша́ть... судьба́... —

_____

3 А́нна получи́ла письмо́ от Джо́на. Прочита́в его́, она́ заду́малась. О чём? Напиши́те об э́том, поста́вив глаго́лы в ну́жной фо́рме.

Когда́ я _____ (знако́миться/познако́миться) с Джо́ном, я не _____ (понима́ть/поня́ть) сра́зу, что в мое́й жи́зни произошло́ что́-то о́чень ва́жное. Я по́мню, как он расте́рянно _____ (смотре́ть/посмотре́ть) на меня́, пока́ я ему́ не _____ (улыба́ться/улыбну́ться) и не _____ (предлага́ть/предложи́ть) перейти́ на «ты». Пото́м мы до́лго говори́ли о его́ жи́зни в Москве́. Он рассказа́л мне о кни́ге, кото́рую он пи́шет. А когда́ Джон _____ (проси́ть/попроси́ть) меня́ показа́ть ему́ мои́ люби́мые места́ в Москве́, я _____ (соглаша́ться/согласи́ться) э́то сде́лать. Когда́ мы с ним _____ (гуля́ть/погуля́ть) по Кра́сной пло́щади, я _____ (вспомина́ть/вспо́мнить) об одно́й нового́дней приме́те. Обы́чно, когда́ _____ (бить/проби́ть) кура́нты, _____ (зага́дывать/загада́ть) жела́ние. Говоря́т, э́то жела́ние сбыва́ется. За не́сколько мину́т до Но́вого го́да я напо́мнила Джо́ну об э́той приме́те: «Джон, когда́ _____ (бить/проби́ть) кура́нты, не забу́дь загада́ть жела́ние». И вот он загада́л. Он пи́шет, что не _____ (возвраща́ться/верну́ться) домо́й, пока́ я не _____ (говори́ть/сказа́ть) ему́ «да».

Коне́чно, я дога́дывалась о его́ чу́вствах. Когда́ мы _____ (встреча́ться/встре́титься) все э́ти ме́сяцы, я _____ (чу́вствовать/почу́вствовать), что нра́влюсь ему́. И вот э́то письмо́. Что же де́лать? Что отве́тить? Наве́рное, я не _____ (говори́ть/сказа́ть) ничего́, пока́ не _____ (разбира́ться/разобра́ться) в свои́х чу́вствах.

Коне́чно, он мне о́чень нра́вится. Но люблю́ ли я его́? Люблю́ ли? Как там поётся в ма́мином люби́мом рома́нсе? «Люблю́ ли тебя́, я не зна́ю, но ка́жется мне, что люблю́».

4 Ско́ро Но́вый год. Вре́мя подводи́ть ито́ги. Напиши́те, каки́м был уходя́щий год для Ива́на Петро́вича, Никола́я и А́нны. Замени́те вы́деленные слова́ слова́ми и выраже́ниями, бли́зкими по значе́нию.

1. Для Ива́на Петро́вича уходя́щий год был уда́чным. **Была́ и́здана** его́ кни́га о ру́сских имена́х, о́тчествах и фами́лиях. Э́то произошло́ **совсе́м неда́вно**. Прия́тно, что кни́гу **охо́тно покупа́ют**.

2. Для Никола́я проше́дший год то́же был уда́чным. Его́ переда́ча о делово́ых же́нщинах ста́ла **лу́чшей переда́чей в году́**. Он был **о́чень удивлён**, узна́в об э́том. Все счита́ют, что Никола́й прекра́сно **зна́ет** все **осо́бенности** же́нской души́. Ну как сказа́ть друзья́м, что э́то **оши́бочное мне́ние**!

3. Для А́ни э́то был год сюрпри́зов. **Пре́жде всего́** её удиви́ло предложе́ние Ле́ны уча́ствовать в пока́зе колле́кции. Коне́чно, **мы́сленно** ей всегда́ э́того хоте́лось. Ну что ж, прия́тно, что **осуществи́лась** её да́вняя мечта́. Ну а са́мое гла́вное, когда́ все **отмеча́ли пра́здник**, Джон незаме́тно дал ей письмо́. Она́ сра́зу же догада́лась, что в нём напи́сано.

5 О чём размышля́ет Ива́н Петро́вич? Напиши́те об э́том, употребля́я глаго́лы **стреми́ться**, **стара́ться/постара́ться**, **пыта́ться/попыта́ться**.

Как я рад за Ле́ночку. Она́ всегда́ _____ к успе́ху, _____ де́лать всё, чтобы дости́чь его́. Рабо́тала и день, и ночь. Я ско́лько раз _____ уговори́ть её немно́го отдохну́ть! Всё напра́сно. И вот тако́й успе́х! Её колле́кция ста́ла лу́чшей! Ле́ночку пригласи́ли в Пари́ж. Ка́ждый модельéр _____ _____ порабо́тать там. Вот то́лько Ко́ля не отпуска́ет её. Ле́на _____ поговори́ть с ним. Но увы́... Коне́чно, я понима́ю Ко́лю. Я то́же _____ удержа́ть свою́ жену́ до́ма. Не получи́лось. Как говори́тся, жену́ к до́му не привя́жешь.

6 Янва́рь в Росси́и — сплошны́е пра́здники. Напиши́те о не́которых из них, допо́лнив предложе́ния слова́ми и выраже́ниями из четвёртой главы́.

В январе́ _____ не́сколько пра́здников. Это
_____, _____, _____,
_____ . Са́мый гла́вный пра́здник — это
_____ год. Почти́ в ка́ждом до́ме мо́жно уви́деть
_____ ёлку (её покупа́ют на _____
база́ре). От ёлки весь дом _____ за́пахом
_____ . _____ ёлку — одно́
удово́льствие. Чего́ то́лько нет на ёлке! Здесь и _____
игру́шки, и _____ дождь, и _____
ла́мпочки. А под ёлкой лежа́т _____ . О́чень ва́жно,
что́бы у всех в _____ ночь бы́ло хоро́шее
_____ . Ведь есть _____ : как
_____ Но́вый год, так его́ и _____ .
7 января́ _____ Рождество́, в ночь с 13 на 14 января́
_____ ста́рый Но́вый год. Ну а пото́м
_____ ёлку. Как не _____ это де́лать! Но
пра́здники не конча́ются. Впереди́ ещё оди́н пра́здник — _____ .
А э́то зна́чит, что ещё приду́т _____ зи́мние холода́,
знамени́тые _____ моро́зы!

Ключи

Глава́ пе́рвая

Что в и́мени тебе́ моём...

2

A

2. = 1)	6. = 7)
3. = 4)	7. = 5)
4. = 3)	8. = 9)
5. = 6)	9. = 8)

Б

10. = 4)	16. = 2)
11. = 5)	15. = 9)
12. = 6)	16. = 8)
13. = 1)	19. = 11)
14. = 3)	20. = 12)
15. = 7)	21. = 10)

3 Не́сколько дней наза́д я был в гостя́х у моего́ да́внего дру́га Ко́ли Чернышо́ва, с кото́рым я не ви́делся **це́лую ве́чность**. У него́ краса́вица-жена́. **Неда́ром** Никола́й называ́ет её Еле́ной Прекра́сной. Впро́чем, сестра́ Ле́ны А́нна то́же удиви́тельно краси́ва. Уви́дев её, я **соверше́нно растеря́лся** и предста́вился, по-мо́ему, сли́шком официа́льно. К сча́стью, А́нна предложи́ла **перейти́ на «ты»**. Так в Росси́и при́нято **обраща́ться к** бли́зким лю́дям. «Я наде́юсь, мы с ва́ми **подру́жимся**», — сказа́ла А́нна.

Все счита́ют, что я **ма́стер говори́ть комплиме́нты**. Но э́то, увы́, не так. Мне сле́довало сказа́ть А́нне, кака́я она́ краса́вица (и э́то была́ бы **чи́стая пра́вда**). Но я почему́-то промолча́л.

А сего́дня ещё ху́же. Мы собира́лись с А́нной и Никола́ем пое́хать на телеви́дение и договори́лись встре́титься у метро́. Я до́лго выбира́л цветы́ для А́нны и... опозда́л. «Ну, наконе́ц-то! Мы тебя́ **заждали́сь**», — воскли́кнул Никола́й. «Ах, Джон, мы уже́ на́чали волнова́ться, почему́ **тебя́ всё нет и нет**, — сказа́ла А́нна. — Что случи́лось?» Что я мог сказа́ть? **Такова́ жизнь!** Хо́чешь сде́лать, как лу́чше, а получа́ется, увы́, наоборо́т.

4 Мы с Ле́ной **познако́мились** в теа́тре. Э́то случи́лось 10 лет наза́д. Да, да, уже́ 10 лет прошло́. **Как бы́стро лети́т вре́мя!** Де́ло бы́ло так. Я до́лжен был пойти́ в теа́тр совсе́м с друго́й де́вушкой. Её **зва́ли** Ната́ша. Я жда́л Ната́шу у вхо́да, но её **всё не́ было и не́ было**. Увы́, Ната́ша всегда́ **заставля́ла себя́ жда́ть**. «Но сего́дня она́ могла́ бы **сде́лать исключе́ние** и прийти́ во́время, — ду́мал я. — Ведь так тру́дно бы́ло доста́ть биле́ты на премье́ру». Вдруг я заме́тил де́вушку. Каза́лось, она́ то́же кого́-то ждёт.

Че́рез пять мину́т начина́лся спекта́кль. Ната́ши не́ было. Незнако́мая де́вушка стоя́ла о́чень гру́стная. Мне ста́ло жаль её. Я подошёл к ней и сказа́л: «Де́вушка, вы хоти́те пойти́ в теа́тр? Я **угада́л?**»

Че́рез не́сколько мину́т мы уже́ бы́ли в теа́тре. Лу́чшего спекта́кля я не ви́дел никогда́ в жи́зни. Я не по́мню, как он **называ́лся**, я не смотре́л на сце́ну, я ви́дел то́лько де́вушку, кото́рая сиде́ла ря́дом.

«Прости́те, но мы ещё не **знако́мы**», — сказа́л я в антра́кте и **почу́вствовал не́которое волне́ние**. «Ну что ж, **дава́йте познако́мимся!** Меня́ **зову́т** Ле́на», — сказа́ла де́вушка и **протяну́ла** ру́ку. Я **пожа́л** ру́ку, взгляну́л в её глаза́ и по́нял, что влюби́лся.

6
2. тёща Никола́я.
3. зять Ива́на Петро́вича и Татья́ны Васи́льевны.
4. свёкор Ле́ны.
5. свекро́вь Ле́ны.
6. неве́стка Серге́я Алекса́ндровича и Наде́жды Алексе́евны.

7

7.5.   1. В 1703 году́ на берегу́ Невы́ был постро́ен го́род. Э́тот го́род **назва́ли** в честь свято́го Петра́ Санкт-Петербу́ргом. С тех пор прошло́ 300 лет. За э́ти го́ды го́род не́сколько раз меня́л своё назва́ние. Он **называ́лся** Петрогра́д, Ленингра́д. И вот сейча́с он опя́ть **называ́ется** Санкт-Петербу́рг. Петербу́ржцы о́чень лю́бят свой го́род. Они́ **называ́ют** его́ ла́сково «наш Пи́тер».

2. Неда́вно я познако́мился с о́чень интере́сным челове́ком. Его́ **зову́т** Ива́н Петро́вич Кузнецо́в. Ива́н Петро́вич — изве́стный фило́лог. Сейча́с он рабо́тает над кни́гой о ру́сских имена́х, о́тчествах и фами́лиях. Он ду́мает о том, как **назва́ть** свою́ кни́гу. У него́ есть не́сколько вариа́нтов. Он **назва́л** мне три вариа́нта: «Како́е вы́брать и́мя», «Как **назва́ть** ребёнка», «Как вас **зову́т**». Интере́сно, как он всё-таки **назовёт** свою́ кни́гу.

7.6.   2. называ́ют, называ́ют, называ́ется;
3. зову́т, называ́ют (зову́т), называ́ют (зову́т);
4. называ́ется;
5. называ́ется.

7.8. 2. Если ты не запомнил, как зовут человека, с которым только что познакомился, спроси его ещё раз.

3. Если ты познакомился с девочкой, сначала назови своё имя, а потом спроси, как её зовут.

4. Если ты хочешь поддержать разговор с человеком, которого ещё плохо знаешь, спроси, как называется книга, которую он сейчас читает, как называются передачи, которые он любит смотреть по телевизору.

5. Если тебе не очень нравится, как тебя назвали, не расстраивайся. Может быть, твоё имя понравится тебе потом.

6. Если тебе не очень нравится, как зовут девочку, с которой ты познакомился, не волнуйся. Главное, чтобы она нравилась тебе сама.

8 2. По субботам в доме (дома) у Николая и Лены собирается вся семья.

3. В субботу в квартире Чернышовых раздался звонок.

4. Это Джон пришёл в гости.

5. Джон поздоровался с Николаем и Леной.

6. Джон пожал руку Николаю.

7. А Лену Джон поцеловал в щёку.

8. Он вручил ей букет цветов.

9. Лена познакомила Джона с родителями.

9 2. Лена сказала Джону, что он совсем не изменился.

3. Татьяна Васильевна сказала Джону, что она много слышала о нём от Коли и Лены.

4. Иван Петрович сказал Ане, что она всегда заставляет себя ждать.

5. Анна сказала папе, что она была на очень интересной лекции.

6. Татьяна Васильевна сказала Саше, что он должен обращаться ко взрослым по имени и отчеству.

8. Саша попросил маму, чтобы она не звала его Сашенькой.

9. Лена попросила папу, чтобы он не задерживался.

10. Иван Петрович попросил Аню, чтобы она не заставляла себя ждать.

11. Анна попросила Джона, чтобы он рассказал о своей новой книге.

12. Николай попросил Лену, чтобы она принесла пирог.

14. Татьяна Васильевна пригласила всех в гостиную.

15. Николай пригласил Джона в комнату.

16. Иван Петрович пригласил Джона в гости.

17. Татьяна Васильевна пригласила Джона выпить чаю.

19. Ле́на предложи́ла продо́лжить бесе́ду за у́жином.

20. Татья́на Васи́льевна предложи́ла подожда́ть А́ню.

21. А́нна предложи́ла Джо́ну поговори́ть о кни́ге, кото́рую он пи́шет.

22. Никола́й предложи́л Ле́не вспо́мнить, как они́ познако́мились.

10 2. Лена поздоро́валась с Джо́ном и сказа́ла, что они́ не ви́делись це́лую ве́чность.

3. Татья́на Васи́льевна поздоро́валась с Джо́ном и сказа́ла, что она́ ра́да познако́миться с ним.

4. Джон поздоро́вался с Ива́ном Петро́вичем и сказа́л, что он чита́л его́ кни́ги и давно́ мечта́л познако́миться с ним.

6. Ле́на познако́мила ма́му с Джо́ном Сми́том, изве́стным америка́нским журнали́стом.

7. Ива́н Петро́вич познако́мил Джо́на со свои́м вну́ком.

8. Татья́на Васи́льевна познако́мила Джо́на с А́ней, свое́й мла́дшей до́черью.

10. Джон попроща́лся с Са́шей.

11. Джон попроща́лся с Татья́ной Васи́льевной.

12. Джон попроща́лся с Ива́ном Петро́вичем.

11

11.1. 2. А́нна спроси́ла Джо́на, как называ́ется кни́га, кото́рую он сейча́с пи́шет.

3. Джон спроси́л А́нну, где её подру́ги.

4. Джон спроси́л А́нну, как он до́лжен её называ́ть.

11.2. 2. Джон хоте́л спроси́ть А́нну, не встреча́ется ли она́ с ке́м-нибудь.

3. Джон хоте́л спроси́ть А́нну, свобо́дна ли она́ в воскресе́нье ве́чером.

4. Джон хоте́л спроси́ть А́нну, влюблена́ ли она́ в кого́-нибудь.

5. Джон хоте́л спроси́ть А́нну, все ли де́вушки в МГУ таки́е же краса́вицы, как она́.

14
1.	4.	7.	10. √
2. √	5. √	8.	11. √
3.	6. √	9.	

15
2. а)
3. в)

16

16.1. 2. а)

3. б)

4. а)

16.2. 2. по ме́ре поступле́ния.

3. лети́т.

4. ве́чность.

5. краса́вица.

17

Мо́жно сказа́ть, что Ива́н Кузнецо́в и Джон Смит **однофами́льцы**. Де́ло в том, что фами́лия Кузнецо́в **происхо́дит** от сло́ва «кузне́ц». А фами́лия Смит **в перево́де** с англи́йского то́же **зна́чит** «кузне́ц». Возмо́жно, **далёкие пре́дки** люде́й с э́тими фами́лиями бы́ли кузнеца́ми. Но на одно́й фами́лии **совпаде́ния** не конча́ются. Ока́зывается, имена́ Джон и Ива́н происхо́дят **от одного́ древнееврейского и́мени** Иоа́нн. И́мя Иоа́нн че́рез **рели́гию** попа́ло во мно́гие языки́ ми́ра.

18

Че́стно говоря́, **у меня́** возника́ет мно́го вопро́сов, когда́ я знако́млюсь **с ру́сскими**. Вот вчера́, наприме́р, Ива́н Петро́вич познако́мил **меня́ с вну́ком Са́шей**. **Ма́льчику** то́лько 5 лет, а Ива́н Петро́вич предста́вил **его́** о́чень официа́льно. «Разреши́те **вам** предста́вить **Чернышо́ва-мла́дшего»**, — сказа́л он. Мне всегда́ каза́лось, что так должны́ представля́ть **взро́слого**, а не **ребёнка**. Я так растеря́лся, что протяну́л **Са́ше** ру́ку. Ра́ньше я счита́л, что **де́тям** ру́ку не протя́гивают.

К сча́стью, Никола́й **мне** всё пото́м объясни́л. Ока́зывается, **Са́ше** хо́чется скоре́е вы́расти. А Ива́н Петро́вич о́чень лю́бит **вну́ка**. Поэ́тому и разгова́ривает **с ним**, как **со взро́слым**. Тепе́рь мне поня́тно, почему́ Са́ша не лю́бит, когда́ **его́** называ́ют Шу́рик и́ли Са́шенька. Ведь так обы́чно обраща́ются к **ма́леньким**.

А вот **мне** нра́вится, когда́ ма́ма называ́ет меня́ Джо́нни. Мне ка́жется, что я ещё ма́ленький и **у меня́** всё впереди́. Такова́ жизнь! **Взро́слым** хо́чется верну́ться **в де́тство**, а **ма́леньким** хо́чется скоре́е вы́расти.

19

2. Серге́й же́нится на Ксе́нии.

   Ксе́ния вы́йдет за́муж за Серге́я.

   Они́ поже́нятся че́рез полго́да.

3. Алёша же́нится на Да́ше.

   Да́ша вы́йдет за́муж за Алёшу.

   Они́ поже́нятся че́рез год.

5. И́горь жени́лся на Ю́ле 7 лет наза́д. Он жена́т на Ю́ле 7 лет.

Ю́ля вы́шла за́муж за И́горя 7 лет наза́д. Ю́ля за́мужем за И́горем 7 лет.

Они́ пожени́лись 7 лет наза́д. Они́ жена́ты 7 лет.

6. Ю́рий жени́лся на Ната́лье 3 го́да наза́д. Он жена́т на Ната́лье 3 го́да.

Ната́лья вы́шла за́муж за Ю́рия 3 го́да наза́д. Ната́лья за́мужем за Ю́рием 3 го́да.

Они́ пожени́лись 3 го́да наза́д. Они́ жена́ты 3 го́да.

20

2. Ба́бушка наста́ивала на том, что́бы и́мя бы́ло доста́точно распространённым.

3. Ма́ма счита́ла, что у сы́на должно́ быть необы́чное совреме́нное и́мя.

4. Па́па полага́л, что ма́льчику бо́льше подхо́дит древнеру́сское и́мя.

21

21.1. 2. Еле́на (древнегре́ческое) — «све́тлая», «со́лнечная».

3. Алекса́ндр (древнегре́ческое) — «защи́тник».

4. Никола́й (древнегре́ческое) — «победи́тель наро́дов».

21.2.
Влади́мир	све́тлая
Людми́ла	владе́ть ми́ром
Светла́на	боро́ться за сла́ву
Борисла́в	владе́ть сла́вой
Владисла́в	ми́лая лю́дям

22

22.1. 2. Ви́ктор · · · 5. Михаи́л · · · 7. Анато́лий

3. Васи́лий · · · 6. Евге́ний · · · 8. Фёдор

4. Никола́й

22.3. 2. Ма́ма — Наде́жда Алексе́евна

3. Сестра́ — Ве́ра Серге́евна

4. Брат — Ви́ктор Серге́евич

5. Племя́нник — Па́вел Ви́кторович

6. Племя́нница — Мари́на Ви́кторовна

23

23.1. 2. А́нна — А́ня, Аню́та, А́ся, Ню́ся, А́ннушка, А́нечка, Ню́ша

3. Никола́й — Ко́ля

4. Алекса́ндр — Са́ша, Шу́ра, Шу́рик, Са́шенька

23.2.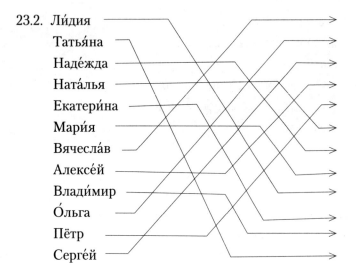

Ли́дия — Сла́ва
Татья́на — О́ля
Наде́жда — Серёжа
Ната́лья — Алёша
Екатери́на — Пе́тя
Мари́я — Ната́ша
Вячесла́в — На́дя
Алексе́й — Ма́ша
Влади́мир — Ли́да
О́льга — Ка́тя
Пётр — Воло́дя
Серге́й — Та́ня

23.3. 2. Ве́рочка

3. На́денька, Надю́ша

4. Ма́шенька

5. Катю́ша

6. О́ленька, О́лечка

7. Серёженька

8. Алёшенька

9. Сла́вик

Ключи́

Глава́ втора́я

Дела́ шко́льные

2

A

2. = 1)	6. = 7)
3. = 6)	7. = 3)
4. = 5)	8. = 9)
5. = 4)	9. = 2)

Б

10. = 5)	17. = 2)
11. = 4)	18. = 14)
12. = 7)	19. = 9)
13. = 13)	20. = 6)
14. = 1)	21. = 10)
15. = 11)	22. = 3)
16. = 12)	23. = 8)

3 Татья́на Васи́льевна **балу́ет Са́шу. Постоя́нно** говори́т ему́, како́й он **спосо́бный**, хоро́ший ма́льчик. Ра́зве так мо́жно? Она́ его́ совсе́м испо́ртит. Коне́чно, Са́ша зна́ет **ма́ссу** стихо́в, уже́ чита́ет. Ба́бушка говори́т, что у него́ **я́вные** гуманита́рные спосо́бности. Я то́же так ду́маю, но то́лько не хочу́ об э́том говори́ть. **Что каса́ется шко́лы, то** на́до бу́дет отда́ть Са́шу в языкову́ю шко́лу. Сейча́с школ **на любо́й вкус (ма́сса)! На днях,** когда́ бу́дет вре́мя, зайду́ в англи́йскую гимна́зию. Говоря́т, там си́льный преподава́тельский **соста́в.** Хотя́ Татья́на Васи́льевна счита́ет, что он ещё мал для шко́лы. Да, моя́ тёща совсе́м **отста́ла от жи́зни!** Сейча́с тако́е вре́мя. Де́ти ра́но взросле́ют. **Ну ла́дно!** Все уже́ **деся́тый сон ви́дят!** И мне **пора́** спать.

4 2. Како́е там послу́шный!

3. Како́е там нельзя́!

4. Како́е там пройдёт!

5. Да ла́дно тебе́ не́рвничать!

6. Да ла́дно тебе́ руга́ть его́!

7. Да ла́дно тебе́ смея́ться над ста́рым челове́ком!

8. Да ла́дно тебе́ иска́ть шко́лу!

5

Т.В. — Ко́ля, Са́ше, по-мо́ему, ра́но идти́ в шко́лу.

Н.Ч. — Почему́ ра́но? **Ра́зве** вы не зна́ете, что де́ти сейча́с иду́т в шко́лу с шести́?

Т.В. — На́до же! С шести́! Так ра́но! Но он ведь ещё ма́ленький!

Н.Ч. — **Како́е там** ма́ленький! Уже́ совсе́м большо́й ма́льчик. Избалова́ли его́, никого́ не слу́шается.

Т.В. — **Да ла́дно тебе́** руга́ться! У вас с Ле́ной чуде́сный сын. Спосо́бный, послу́шный.

Н.Ч. — **Како́е там** послу́шный! Никого́ не слу́шается. Уж о́чень вы его́ балу́ете, Татья́на Васи́льевна. Я ви́дел, как вы ему́ потихо́ньку конфе́ты даёте.

Т.В. — Да, балу́ю. Ну и что? А ты его́ постоя́нно руга́ешь. **Ра́зве** мо́жно ребёнка постоя́нно руга́ть? Хвали́ть его́ на́до поча́ще.

Н.Ч. — **Да ла́дно вам**, Татья́на Васи́льевна! Никто́ ва́шего Са́шу и не руга́ет.

6

1. В на́ше вре́мя дете́й **отдава́ли** в шко́лу с семи́ лет. Сама́ я **пошла́** в шко́лу в во́семь лет. А сейча́с де́ти **иду́т** в шко́лу с шести́. Каку́ю же шко́лу нам вы́брать? Мо́жно, коне́чно, **отда́ть** Са́шу в обы́чную шко́лу. Почему́ нет? К тому́ же проста́я шко́ла совсе́м недалеко́ от на́шего до́ма, во дворе́. Но роди́тели хотя́т **отда́ть** его́ в лингвисти́ческую гимна́зию. А чтобы **поступи́ть** в спецшко́лу, на́до **пройти́** специа́льное собесе́дование. Ле́на говори́т, что к э́тому собесе́дованию Са́шу на́до гото́вить. На собесе́довании у дете́й проверя́ют слух, па́мять. Ребёнок до́лжен уме́ть хорошо́ чита́ть. И, как вы́яснилось, не все де́ти **поступа́ют** в гимна́зию.

2. Ко́ля все вре́мя **руга́ет** меня́, что я **балу́ю** ребёнка. А как же не **балова́ть**? Ведь он же мне внук! Вообще́-то, я ду́маю, что дете́й **нака́зывать** нельзя́. Их на́до то́лько **хвали́ть**. Ле́на, когда́ была́ ма́ленькой, была́ о́чень непослу́шным ребёнком. Я иногда́ её то́же, коне́чно, **руга́ла**. Но никогда́ не **нака́зывала**. А Ко́ля меня́ вчера́ удиви́л. Я про́сто потеря́ла дар ре́чи, когда́ он сказа́л, что Са́шу на́до **нака́зывать**. Наве́рное, в де́тстве его́ и **руга́ли**, и **нака́зывали**.

7

7.3.

Е.Ч. — Па́па облада́ет литерату́рными спосо́бностями.

Н.Ч. — Мой тесть облада́ет спосо́бностью то́чно выража́ть свои́ мы́сли, убеди́тельно дока́зывать свою́ то́чку зре́ния.

Т.В. — Ва́нечка облада́ет лингвисти́ческими спосо́бностями.

Н.Ч. — Ива́н Петро́вич облада́ет спосо́бностью сохраня́ть со все́ми до́брые отноше́ния.

Е.Ч. — Па́па облада́ет спосо́бностью внима́тельно слу́шать собесе́дника.

8

2. И.П. — Иди́ быстре́е в крова́ть.

3. Е.Ч. — Де́душка абсолю́тно прав. Все де́ти уже́ деся́тый сон ви́дят.

4. Т.В. — Оста́вьте ребёнка в поко́е.

5. Н.Ч. — Са́ша соверше́нно не гото́в к шко́ле.

6. Е.Ч. — Са́ша о́чень спосо́бный ма́льчик, и пробле́м со шко́лой у него́ не бу́дет.

7. Н.Ч. — Я о́чень сомнева́юсь в спосо́бностях Са́ши.

8. Н.Ч. — Са́шка никого́ не слу́шается.

9. Т.В. — Чем бо́льше дете́й хва́лишь, тем лу́чше. А Ко́ля его́ всё вре́мя руга́ет.

10. Е.Ч. — В каку́ю шко́лу отда́ть ма́льчика?

11.   Кто́-нибудь из вас слы́шал о шко́ле, кото́рая нахо́дится недалеко́ от на́шего до́ма?

12. И.П. — О́коло нас есть обы́чная шко́ла.

13. Е.Ч. — В на́шем райо́не есть англи́йская спецшко́ла.

14. И.П. — Там си́льный преподава́тельский соста́в?

15. Е.Ч. — Да, си́льный.

16. Н.Ч. — Э́та шко́ла пла́тная?

17. Е.Ч. — Не зна́ю.

18.   Съе́зди в э́ту шко́лу и узна́й о ней подро́бнее.

19.   Не все де́ти мо́гут попа́сть в э́ту шко́лу. Что́бы попа́сть в неё, на́до пройти́ собесе́дование.

20.   Вы слы́шали, что Джон написа́л статью́ о ру́сской шко́ле?

21. Т.В. — Да́йте мне почита́ть э́ту статью́.

13

3. Нет, э́то не так. Обуче́ние в гимна́зиях пла́тное.

4. Нет, э́то не так. В Росси́и есть обы́чные сре́дние шко́лы.

5. Да, э́то ве́рно. Ребёнка отдаю́т в шко́лу в 6 лет.

6. Нет, э́то не так. Обы́чно в кла́ссе у́чится до 30 дете́й.

7. Да, э́то ве́рно. Заня́тия в шко́ле начина́ются в полови́не девя́того.

8. Нет, э́то не так. На большо́й переме́не шко́льники обе́дают.

9. Да, э́то ве́рно. В шко́лах есть гру́ппы продлённого дня.

10. Нет, э́то не так. Дете́й в шко́ле не нака́зывают.

11. Нет, э́то не так. Роди́телей иногда́ вызыва́ют в шко́лу.

12. Нет, э́то не так. Е́сли учени́к пло́хо ведёт себя́ в кла́ссе, его́ мо́гут вы́гнать из кла́сса и́ли отпра́вить к дире́ктору.

13. Да, э́то ве́рно. «Отли́чник» — э́то шко́льник, кото́рый у́чится на «пятёрки».

14. Нет, э́то не так. Поступи́ть в вуз нелегко́.

15. Да, э́то ве́рно. В не́которые ву́зы больши́е ко́нкурсы.

16. Да, э́то ве́рно. Мно́гие шко́льники хо́дят на ку́рсы для абитурие́нтов.

17. Да, э́то ве́рно. Фи́зика, матема́тика, ру́сский язы́к, исто́рия, физкульту́ра — предме́ты, обяза́тельные для всех школ.

18. Нет, э́то не так. Шко́лы са́ми не реша́ют, каки́е предме́ты должны́ быть обяза́тельными.

14

14.1. 2. б)   4. а)   6. б)   8. б)
         3. а)   5. б)   7. б)

14.4. 2. а) Роди́тели, кото́рые по́здно возвраща́ются с рабо́ты, отдаю́т свои́х дете́й в гру́ппы продлённого дня.

     б) Для ученико́в, роди́тели кото́рых по́здно возвраща́ются с рабо́ты, в шко́ле есть гру́ппы продлённого дня.

    3. а) «Отли́чник» — э́то шко́льник, кото́рый у́чится на «отли́чно».

     б) «Отли́чник» — э́то шко́льник, у кото́рого одни́ пятёрки.

     в) «Отли́чник» — э́то шко́льник, отме́тки кото́рого всегда́ о́чень хоро́шие.

    4. а) На филологи́ческий факульте́т, кото́рый явля́ется одни́м из факульте́тов университе́та, поступи́ть нелегко́.

     б) На филологи́ческий факульте́т, ко́нкурс на кото́рый составля́ет бо́лее пяти́ челове́к на ме́сто, поступи́ть нелегко́.

14.5. 2. Сейча́с програ́ммы для большинства́ школ разраба́тываются министе́рством.

    3. Ра́ньше все програ́ммы для школ создава́лись министе́рством.

    4. Мо́жет быть, ско́ро програ́ммы бу́дут разраба́тываться шко́лами без уча́стия министе́рства.

    6. На роди́тельском собра́нии оце́нивается успева́емость ка́ждого шко́льника.

    7. Ра́ньше на таки́е собра́ния приглаша́лся дире́ктор.

    8. Ско́ро на собра́нии бу́дут обсужда́ться пробле́мы выпускны́х экза́менов.

   10. Вчера́ ма́льчик был отпра́влен преподава́телем к дире́ктору.

   11. За́втра роди́тели ма́льчика бу́дут вы́званы дире́ктором в шко́лу.

   13. До́ма ма́льчик был нака́зан.

   14. Ему́ не бу́дет ку́плена но́вая игру́шка.

14.6. 2. Поступи́ть в таку́ю шко́лу непро́сто.

    3. Мно́гим па́пам и ма́мам пла́тные шко́лы не по карма́ну.

    4. В Росси́и де́ти иду́т в шко́лу в шесть лет (с шести́ лет).

    5. В обы́чной сре́дней шко́ле учи́тель ориенти́руется на ученико́в со сре́дними спосо́бностями.

    6. Де́ти, незави́симо от спосо́бностей и интере́сов, занима́ются в одно́м кла́ссе.

    7. У дете́й в нача́льной шко́ле ка́ждый день четы́ре-пять уро́ков (по четы́ре-пять уро́ков).

    8. В ка́ждой шко́ле есть гру́ппы продлённого дня.

    9. Оди́н раз в че́тверть в шко́ле устра́ивают роди́тельское собра́ние. / Оди́н раз в че́тверть в шко́ле устра́ивается роди́тельское собра́ние.

10. На собра́нии обсужда́ют шко́льные пробле́мы. / На собра́нии обсужда́ются шко́льные пробле́мы.

11. Преподава́тели оце́нивают успева́емость и поведе́ние дете́й. / Преподава́телями оце́ниваются успева́емость и поведе́ние дете́й.

12. Успева́емость в ру́сской шко́ле оце́нивают по пятиба́лльной систе́ме. / Успева́емость в ру́сской шко́ле оце́нивается по пятиба́лльной систе́ме.

13. Уче́бные програ́ммы для ру́сских школ разраба́тывает министе́рство. / Уче́бные програ́ммы для ру́сских школ разраба́тываются министе́рством.

14. Есть предме́ты, обяза́тельные для всех школ, незави́симо от про́филя.

15. Кро́ме обяза́тельных предме́тов шко́льникам предлага́ют ряд предме́тов по вы́бору. / Кро́ме обяза́тельных предме́тов шко́льникам предлага́ется ряд предме́тов по вы́бору.

15 Сейча́с в Росси́и повсю́ду открыва́ются шко́лы **с углублённым изуче́нием матема́тики, иностра́нных языко́в, биоло́гии, хи́мии...** Таки́е шко́лы бы́ли и ра́ньше. Но пре́жде они́ называ́лись **спецшко́лами,** и бы́ло их в Росси́и о́чень ма́ло. Сейча́с мно́гие из них ста́ли называ́ться **гимна́зиями и́ли лице́ями.** Учи́ться в таки́х шко́лах счита́ется прести́жным. Но **попа́сть (поступи́ть)** в лице́й и́ли гимна́зию непро́сто. Чтобы **поступи́ть (попа́сть)** в таку́ю шко́лу, ребёнок до́лжен **пройти́** собесе́дование. Не́которые шко́лы ста́ли пла́тными, и мно́гим па́пам и ма́мам **не по карма́ну.** Кла́ссы в таки́х шко́лах ма́ленькие. В них **у́чатся** 6−10 челове́к.

Как же живётся **обы́чному** шко́льнику в **обы́чной** сре́дней шко́ле в Росси́и?

В шко́лу ребёнка роди́тели **отдаю́т** в 6 лет. Кла́ссы в городски́х шко́лах обы́чно переполнены. Иногда́ в кла́ссе быва́ет до **30** дете́й. Все де́ти, незави́симо от **спосо́бностей** и интере́сов, занима́ются в одно́м кла́ссе. Учи́тель на уро́ке обы́чно ориенти́руется на ученика́ **со сре́дними спосо́бностями. Одарённые** де́ти ча́сто скуча́ют в шко́ле.

У малыше́й в **нача́льной** шко́ле ка́ждый день 4−5 уро́ков. **Старшекла́ссники** прово́дят в шко́ле полдня́. Восьмо́й уро́к конча́ется в четвёртом часу́. В ка́ждой шко́ле есть гру́ппы **продлённого дня.** В таки́х гру́ппах де́ти занима́ются, гуля́ют, обе́дают.

Дете́й в шко́ле не **нака́зывают.** Е́сли учени́к пло́хо **ведёт себя́** на уро́ке, преподава́тель запи́сывает замеча́ние в **дневни́к** и про́сит, чтобы **расписа́лись** роди́тели. Е́сли э́то не помога́ет, роди́телей **вызыва́ют** в шко́лу. Оди́н раз в **че́тверть** в шко́ле устра́ивают **роди́тельское собра́ние,** на кото́ром учителя́ говоря́т о ка́ждом ребёнке и оце́нивают его́ **спосо́бности, успева́емость, поведе́ние.** Е́сли учени́к меша́ет други́м **занима́ться,** шуми́т, разгова́ривает, учи́тель мо́жет **вы́гнать** его́ из кла́сса и́ли **отпра́вить** к дире́ктору.

В ру́сской шко́ле **успева́емость** оце́нивается по пятиба́лльной систе́ме. Вы́сший балл 5, ни́зший − 1. **«Отли́чник»** — э́то шко́льник, кото́рый у́чится на «отли́чно», на **пятёрки.** Е́сли ребёнок пло́хо у́чится, его́ мо́гут **оста́вить на второ́й год.** Е́сли шко́льник после́дние не́сколько лет учи́лся на пятёрки, он получа́ет золоту́ю меда́ль. Таки́е шко́льники мо́гут попа́сть в вуз без экза́менов.

16

16.1. Я родила́сь в Сара́тове. Есть тако́й го́род на берегу́ Во́лги. Вы, наве́рное, и не зна́ете. Там я провела́ де́тство. В Сара́тове я <u>учи́лась</u> в шко́ле. Я <u>учи́лась</u> в обы́чной шко́ле. Когда́ я <u>учи́лась</u> в пя́том кла́ссе, я начала́ <u>занима́ться</u> в сту́дии жи́вописи. Сту́дия находи́лась в на́шей шко́ле. Там я <u>занима́лась</u> по вечера́м. В сту́дии рабо́тал прекра́сный педаго́г — Влади́мир Серге́евич. Замеча́тельный был челове́к! Влади́мир Серге́евич <u>занима́лся</u> со мной не то́лько жи́вописью. О! Я <u>научи́лась</u> у него́ мно́гому! Влади́мир Серге́евич <u>учи́л</u> меня́ ду́мать, понима́ть приро́ду, люби́ть люде́й. Он знал ма́ссу стихо́в, прекра́сно пел, игра́л на пиани́но. Представля́ете, Джон, Влади́мир Серге́евич знал всего́ «Евге́ния Оне́гина» наизу́сть! Он говори́л, что <u>вы́учил</u> «Оне́гина» ещё в де́тстве. Вы, Джон, наве́рное, слы́шали, что я немно́го игра́ю на фортепья́но? Так э́то Влади́мир Серге́евич <u>научи́л</u> меня́ игре́ на фортепья́но. Да... У Влади́мира Серге́евича я <u>учи́лась</u> рисова́ть, игра́ть на фортепья́но и да́же петь. Незабыва́емые бы́ли го́ды! В 16 лет я поступи́ла в худо́жественное учи́лище там же, в Сара́тове. Там я <u>учи́лась</u> 4 го́да. В учи́лище бы́ли о́чень серьёзные заня́тия. Мы <u>изуча́ли</u> рабо́ты ста́рых мастеро́в, исто́рию иску́сств, академи́ческий рису́нок и мно́гое друго́е.

16.2.

A

учи́ться	на пя́том ку́рсе, до́ма, <u>в шко́ле</u>, в аудито́рии, в кабине́те, <u>в Аме́рике</u>, в ма́миной ко́мнате, <u>в Кита́е</u>, в па́рке, <u>в Акаде́мии</u>, на берегу́, за столо́м, <u>в учи́лище</u>;
занима́ться	на пя́том ку́рсе, <u>до́ма</u>, в шко́ле, <u>в аудито́рии</u>, <u>в кабине́те</u>, в Аме́рике, <u>в ма́миной ко́мнате</u>, в Кита́е, <u>в па́рке</u>, в Акаде́мии, <u>на берегу́</u>, <u>за столо́м</u>, в учи́лище;

Б

учи́ть	<u>хи́мию в шко́ле</u>; биоло́гию в университе́те; <u>ру́сский язы́к на ку́рсах</u>; ру́сский язы́к в аспиранту́ре филологи́ческого факульте́та; косми́ческое простра́нство; пробле́мы вы́сшего образова́ния;
изуча́ть	хи́мию в шко́ле; <u>биоло́гию в университе́те</u>; ру́сский язы́к на ку́рсах; <u>ру́сский язы́к в аспиранту́ре филологи́ческого факульте́та</u>; <u>косми́ческое простра́нство</u>; <u>пробле́мы вы́сшего образова́ния</u>;

В

учи́ться	<u>му́зыке</u>, <u>пла́ванию</u>, спо́рту, филосо́фии, <u>рисова́нию</u>, <u>ру́сскому языку́</u>, лингви́стике, <u>та́нцам</u>, <u>пе́нию</u>, <u>фотогра́фии</u>, пробле́мам биоло́гии, <u>англи́йскому языку́</u>;
занима́ться	<u>му́зыкой</u>, <u>пла́ванием</u>, <u>спо́ртом</u>, <u>филосо́фией</u>, <u>рисова́нием</u>, <u>ру́сским языко́м</u>, <u>лингви́стикой</u>, <u>та́нцами</u>, <u>пе́нием</u>, <u>фотогра́фией</u>, <u>пробле́мами биоло́гии</u>, <u>англи́йским языко́м</u>.

16.3. 2. занима́лись   5. учи́л   8. занима́лись

       3. занима́лись; учи́л   6. учи́лись   9. учи́лись

       4. учи́лись   7. учи́лись   10. изуча́ли

16.4. 2. Да, Влади́мир Серге́евич учи́л Татья́ну Васи́льевну петь.

       3. Да, ста́рый учи́тель учи́л Татья́ну Васи́льевну игра́ть на роя́ле.

       4. Да, ма́ма учи́ла её говори́ть по-англи́йски.

       5. Да, ма́ма учи́ла Татья́ну Васи́льевну танцева́ть.

16.7. 2. Да, Татья́на Васи́льевна учи́лась пе́нию у Влади́мира Серге́евича.

       3. Да, Татья́на Васи́льевна учи́лась игре́ на роя́ле у ста́рого учи́теля.

       4. Да, она́ учи́лась англи́йскому языку́ у ма́мы.

       5. Да, Татья́на Васи́льевна учи́лась та́нцам то́же у ма́мы.

16.6.   А́ннушке 20 лет. Она́ **у́чится** на психологи́ческом факульте́те МГУ. Хотя́ Аню́та уже́ студе́нтка, но для нас с Ва́ней она́ всё ещё ребёнок. Когда́ А́нна **учи́лась** в шко́ле, она́ была́ о́чень непослу́шной де́вочкой. Нам не оди́н раз приходи́лось быва́ть в шко́ле. Вызыва́ла учи́тельница. Ох, хлопо́т с ней всегда́ бы́ло мно́го! Уж о́чень она́ весёлая. Но **учи́лась** она́ всегда́ прекра́сно. Ведь у неё замеча́тельная па́мять. Она́ почти́ не **занима́лась** до́ма. Всё запомина́ла на уро́ке. Одно́ вре́мя она́ увлека́лась литерату́рой. Вы представля́ете, когда́ в шко́ле проходи́ли «Евге́ния Оне́гина» Пу́шкина, она́ **вы́учила** почти́ всего́ «Оне́гина» наизу́сть. Уже́ в шко́ле А́нечка серьёзно увлекла́сь психоло́гией. Поступи́ла да́же в психологи́ческую шко́лу при университе́те. Вот там она́ **занима́лась** серьёзно. Ни одного́ заня́тия не пропусти́ла. Вы зна́ете, чем она́ **занима́ется** сейча́с? Психоло́гией обще́ния. Она́ **изуча́ет** поведе́ние люде́й в ра́зных ситуа́циях. Я зна́ю, наприме́р, что Ле́на иногда́ сове́туется с ней, как ей вести́ себя́ с деловы́ми партнёрами. Ведь Ле́ночке быва́ет иногда́ о́чень тру́дно. Бе́дная де́вочка!

       Я мечта́ла, что́бы А́ня ста́ла, как и я, худо́жником. В де́тстве я с ней мно́го **занима́лась**. **Учи́ла** её жи́вописи. А́нна де́лала больши́е успе́хи. Е́сли хоти́те, я могу́ показа́ть вам её де́тские рису́нки. Но, к сожале́нию, жи́вопись её интересова́ла ма́ло. Я ви́дела, что **занима́ется** она́ с неохо́той.

       А вот спо́ртом она́ всегда́ **занима́лась** с удово́льствием. Пла́вать она́ **научи́лась** ещё в пять лет. Пла́вать её **учи́л** Ва́ня, когда́ мы отдыха́ли на мо́ре. Да, она́ непло́хо игра́ет в те́ннис. В шесто́м кла́ссе сама́ нашла́ те́ннисный клуб. И е́здила туда́ **занима́ться** два ра́за в неде́лю. И сейча́с она́, по-мо́ему, игра́ет в те́ннис в университе́те.

       В университе́те **учи́ться** ей о́чень нра́вится. **Занима́ется** це́лыми дня́ми. **У́чится** она́ прекра́сно. Одни́ пятёрки. Хо́чет поступа́ть в аспиранту́ру. Дай бог! Мы с Ва́ней за неё о́чень ра́ды.

20	2. = 5)	4. = 4)
	3. = 2)	5. = 1)

Ключи

 Глава́ тре́тья

Делова́я же́нщина

2

А

2. = 8)	4. = 3)	6. = 5)	8. = 7)
3. = 6)	5. = 1)	7. = 4)	

Б

9. = 4)	13. = 11)	16. = 13)	19. = 9)
10. = 8)	14. = 10)	17. = 1)	20. = 6)
11. = 3)	15. = 2)	18. = 7)	21. = 12)
12. = 5)			

3

3.1. 1. **Волнова́ться**

    <u>не́рвничать</u> / спеши́ть / <u>испы́тывать волне́ние</u> / <u>беспоко́иться</u> / быть споко́йным;

2. **Поссо́риться**

    помири́ться / <u>поруга́ться</u> / поговори́ть / <u>повздо́рить</u> / посмея́ться;

3. **Прийти́ некста́ти**

    <u>прийти́ не во́время</u> / задержа́ться / <u>быть нежела́нным го́стем</u> /

    опозда́ть / прийти́, когда́ тебя́ хотя́т ви́деть;

4. **Э́то пустяки́!**

    <u>это не име́ет значе́ния</u> / <u>это ерунда́</u> / это ва́жно / <u>это нева́жно</u> / это не твоё де́ло;

5. **В до́ме шаро́м покати́!**

    · в до́ме есть билья́рдный стол / <u>в до́ме не́чего есть</u> / в до́ме по́лный холоди́льник /

    в до́ме мо́жно ката́ться на ро́ликах;

6. **У меня́ хлопо́т по́лон рот!**

    у меня́ боля́т зу́бы / <u>у меня́ ма́сса дел</u> / я соверше́нно свобо́ден / <u>я о́чень за́нят</u>;

7. **Он сло́вно воды́ в рот набра́л!**

    он хо́чет пить / <u>он ни с кем не разгова́ривает</u> / он пьёт во́ду / он всё вре́мя

    разгова́ривает / <u>он молчи́т</u>;

8. **Он мрачне́е ту́чи!**

    <u>он о́чень расстро́ен</u> / он о́чень ве́сел / он о́чень недово́лен / <u>у него́ плохо́е на-</u>

    <u>строе́ние</u> / <u>у него́ тяжёлые, безра́достные мы́сли и чу́вства</u>.

3.2. 1. **Волнова́ться**

н́рвничать / спеши́ть / испы́тывать волне́ние / беспоко́иться / <u>быть споко́йным</u>;

2. **Поссо́риться**

<u>помири́ться</u> / поруга́ться / поговори́ть / повздо́рить / посмея́ться;

3. **Прийти́ некста́ти**

прийти́ не во́время / задержа́ться / быть нежела́нным го́стем / опозда́ть / <u>прийти́, когда́ тебя́ хотя́т ви́деть</u>;

4. **Это пустяки́!**

э́то не име́ет значе́ния / э́то ерунда́ / <u>э́то ва́жно</u> / э́то нева́жно / э́то не твоё де́ло;

5. **В до́ме шаро́м покати́!**

в до́ме есть билья́рдный стол / в до́ме не́чего есть / <u>в до́ме по́лный холоди́льник</u> / в до́ме мо́жно ката́ться на ро́ликах;

6. **У меня́ хлопо́т по́лон рот!**

у меня́ боля́т зу́бы / у меня́ ма́сса дел / <u>я соверше́нно свобо́ден</u> / я о́чень за́нят;

7. **Он сло́вно воды́ в рот набра́л!**

он хо́чет пить / он ни с кем не разгова́ривает / он пьёт во́ду / <u>он всё вре́мя разгова́ривает</u> / он молчи́т;

8. **Он мрачне́е ту́чи!**

он о́чень расстро́ен / <u>он о́чень ве́сел</u> / он о́чень недово́лен / у него́ плохо́е настрое́ние / у него́ тяжёлые, безра́достные мы́сли и чу́вства.

3.3. 1. Ле́на заде́рживается на презента́ции, в шко́ле, на рабо́те.

2. Дел невпроворо́т у Ле́ны, у Татья́ны Васи́льевны, у Никола́я, на рабо́те.

3. Ле́на с утра́ до ве́чера пропада́ет на рабо́те, в До́ме мо́ды, на вы́ставках, на презента́циях.

4. Эта пробле́ма волну́ет Татья́ну Васи́льевну, ка́ждого, Аме́рику, Никола́я, всех, друзе́й.

5. Татья́на Васи́льевна всегда́ на стороне́ Ле́ны, вну́ка, до́чери, свои́х дете́й.

6. Татья́на Васи́льевна стара́ется не обраща́ть внима́ния на ссо́ры до́чери и зя́тя, на оши́бки Джо́на, на пустяки́, на ерунду́; на то, что происхо́дит до́ма.

7. Хлопо́т по́лон рот у Ле́ны, у ба́бушки, у Никола́я, у Джона, у делово́й же́нщины; у тех, кто занима́ется би́знесом.

8. Татья́на Васи́льевна волну́ется из-за того́, что Ко́ля и Ле́на ча́сто ссо́рятся; из-за того́, что Ива́н Петро́вич рабо́тает по ноча́м.

9. Ле́на и Никола́й ча́сто ссо́рятся из-за Са́ши; из-за того́, что Са́ша не ложи́тся во́время спать; из-за того́, что Ле́на постоя́нно заде́рживается.

4 Вчера́, когда́ я пришёл домо́й, Са́ша сказа́л, что ма́ма **заде́рживается**. Я рассерди́лся, когда́ узна́л, что она́ ещё не пришла́. Я всё понима́ю. Да, она́ сейча́с **кру́тится как бе́лка в колесе́**. Ведь ско́ро бу́дет **презента́ция** её но́вой колле́кции. У неё **хлопо́т по́лон рот** (у неё дел невпроворо́т; у неё дел по го́рло). Но дом есть дом! Ребёнок ничего́ не ел.

В до́ме **шаро́м покати́**! (Пра́вда, Татья́на Васи́льевна сказа́ла, что она́ всё купи́ла. Но моя́ тёща всегда́ **на стороне́ до́чери.)** Ещё Джон вчера́ пришёл о́чень **некста́ти**. Он **заме́тил**, что мы то́лько что **поссо́рились (повздо́рили)**. Да́же спроси́л меня́, почему́ я **мрачне́е ту́чи**. Мог бы не спра́шивать! Неприя́тно. А Джон, как всегда́, весёлый. Да что ему́!? **Во́льный как пти́ца!** Для него́ все на́ши пробле́мы — **пустяки́**! Ещё э́ту переда́чу гото́вить на́до! О́чень не хо́чется.

Да, кста́ти, а не поговори́ть ли мне с Ле́ной?! Что ду́мает моя́ жена́ о би́знесе и делово́й же́нщине? Ду́маю, что э́то бу́дет интере́сно. Ведь Ле́на сде́лала неплоху́ю карье́ру.

5

2. То есть как э́то заде́рживается?!

3. То есть как э́то де́вять часо́в?!

4. То есть как э́то подождёшь ма́му?!

5. Да что мне её колле́кция!

6. Да что мне холоди́льник!

7. Да что ему́ мои́ пробле́мы!

8. Пустяки́! С кем не быва́ет!

9. Пустяки́! С кем не быва́ет!

10. Пустяки́! С кем не быва́ет!

6

На днях у нас презента́ция. Мы **сдаём** но́вую колле́кцию. За́нята безу́мно! У меня́ сейча́с **дел невповоро́т**! Ко́ля меня́ совсе́м не понима́ет. **Да что ему́ моя́ презента́ция!** Он то́лько о свое́й **переда́че** ду́мает.

Да, иногда́ быва́ет, что в до́ме **шаро́м покати́**. Но я всё не успева́ю. И на рабо́те, и до́ма. Везде́ на́до **успе́ть!** Хорошо́, что ма́ма иногда́ в магази́н схо́дит. Вчера́ прихожу́ домо́й, а Никола́й сиди́т **мрачне́е ту́чи**, со мной не разгова́ривает. **Сло́вно воды́ в рот набра́л!** Пото́м на́чал мне говори́ть, что я до́мом не занима́юсь. Ещё Са́ша капри́з-ничает. Почему́-то не хо́чет без меня́ у́жинать. Мо́жет ждать хоть до но́чи. Ну что за ма́льчик! Совсе́м как ма́ленький. Ко́ля **разволнова́лся**, на́чал мне говори́ть, что я неизве́стно где **пропада́ю**. Ма́ма, молоде́ц, всегда́ **на мое́й стороне́.**

Пото́м Джон пришёл, ну совсе́м **некста́ти**. Он, коне́чно, по́нял, что мы **поссо́ри-лись (ссо́рились). Что Джо́ну на́ши ссо́ры?!** Он нежена́тый челове́к. **Во́льный как пти́ца!** Спроси́л Ко́лю, почему́ он тако́й мра́чный. Ко́ля сказа́л ему́, что ничего́ осо́бенного. **Пустяки́!** Немно́го повздо́рили! **С кем не быва́ет!** А по глаза́м-то я ви́жу, что оби́делся.

На́до бу́дет на сле́дующей неде́ле куда́-нибудь сходи́ть с Са́шей и с Ко́лей. В зоопа́рк что ли? Нет, в зоопа́рке мы уже́ бы́ли в про́шлом ме́сяце. В цирк? В ци́рке то́же бы́ли. Ко́ля всё представле́ние в буфе́те просиде́л. Нет, в цирк бо́льше не пойдём. Пусть Са́ша в цирк с де́душкой хо́дит. Куда́ же всё-таки? А позову́-ка я свои́х мужчи́н на **презента́цию** мое́й но́вой колле́кции! Вот э́то вы́ход! Но мири́ться пе́рвой не пойду́!

9

3. Да, э́то так. Ле́на сде́лала прекра́сную карье́ру.

4. Нет, э́то не так. Ле́не в би́знесе иногда́ меша́ло, что она́ же́нщина.

5. Нет, э́то не так. Же́нщина со́здана для би́знеса.

6. Да, это так. В умении договориться женщине нет равных.

7. Да, это так. Сейчас Лена в бизнесе твёрдо стоит на ногах.

8. Нет, это не так. Лена считает, что серьёзно заниматься бизнесом могут и женщины.

9. Да, это так. Для деловой женщины семья — самая сложная проблема.

10. Нет, это не так. Лена считает, что муж понимает её.

11. Да, это так. Женщина обладает такими качествами, которых часто не хватает мужчинам.

12. Нет, это не так. Лена считает, что женщина в бизнесе совершает меньше ошибок, чем мужчина.

| 10 | 2. в) | 4. б) | 6. а) | 8. б) |
| | 3. а) | 5. в) | 7. в) | 9. а) |

| 11 | 2. Зачем на переговоры Лена специально одевалась строго? |

3. Почему женщина, как считает Лена, создана для бизнеса?

4. Когда Лене было очень трудно?

5. Какой была Лена в начале деловой карьеры?

6. Несмотря на что в доме Лены бывают ссоры?

7. Что должна решить женщина, прежде чем начать заниматься бизнесом?

8. Почему увлечение бизнесом часто становится причиной семейной драмы?

9. Каких качеств, по мнению Лены, не хватает мужчинам?

12		А		
	2. = 7)	4. = 9)	6. = 2)	8. = 3)
	3. = 8)	5. = 6)	7. = 1)	9. = 4)

Б

10. = 11)	13. = 1)	16. = 3)	19. = 5)
11. = 6)	14. = 12)	17. = 9)	20. = 10)
12. = 8)	15. = 2)	18. = 4)	21. = 7)

| 13 | Лена недолго **дулась** на Николая. На следующий день они помирились. И Лена **дала** Николаю **интервью** для передачи, которую он делает на телевидении.

Лена считает, что женщина **создана** для бизнеса. Женщина редко **совершает** ошибки. Она хорошо **разбирается в людях**. Женщина **облагораживает** деловой мир. **Женщине нет равных в умении договориться.**

К сожалению, деловой женщине **не хватает** времени на семью. Поэтому часто из-за увлечения бизнесом муж и жена ссорятся и даже расходятся. Но **Лене повезло с мужем!**

Никола́й лю́бит и понима́ет свою́ жену́. К сожале́нию, Ле́на ма́ло **уделя́ет внима́ния до́му и Са́ше.** Поэ́тому в семье́ иногда́ быва́ют ссо́ры.

Фи́рма Ле́ны **кре́пко стои́т на нога́х.** Мо́дную оде́жду, кото́рую создаю́т в До́ме мо́ды, зна́ют во мно́гих стра́нах ми́ра.

14

1. Же́нщине нет ра́вных в би́знесе, в веде́нии перегово́ров.
2. Делова́я же́нщина не принадлежи́т себе́, семье́, де́тям, друзья́м.
3. Делова́я же́нщина ма́ло уделя́ет внима́ния му́жу, семье́, ребёнку, до́му.
4. Делова́я же́нщина должна́ облада́ть таки́ми ка́чествами, как рассуди́тельность, терпели́вость, осторо́жность.
5. Ча́сто же́нщине в би́знесе не хвата́ет жёсткости, хладнокро́вия, реши́тельности.
6. Ча́сто причи́ной семе́йной дра́мы стано́вится увлече́ние би́знесом, игро́й в ка́рты, спо́ртом.
7. Ле́на произво́дит соли́дное впечатле́ние на партнёров, на друзе́й, на колле́г.
8. Ле́не повезло́ с му́жем, с рабо́той, с роди́телями, с кварти́рой.
9. Ле́на чу́вствует себя́ счастли́вой, люби́мой, ну́жной.
10. Рабо́та де́йствует как нарко́тик на Ле́ну, на неё, на делову́ю же́нщину, на делово́го мужчи́ну.
11. Ле́на создана́ для семьи́, для би́знеса, для любви́, для Никола́я.
12. Ле́не на́до бо́льше внима́ния обраща́ть на сы́на, на му́жа, на отноше́ния в семье́, на дом.

16

16.1.

1. В семье́ же́нщине прихо́дится регули́ровать отноше́ния, иска́ть компроми́ссы,

поэ́тому, е́сли челове́к начина́ет занима́ться би́знесом, он не мо́жет поверну́ть наза́д.

2. Мужчи́ны не всегда́ ви́дят в же́нщине серьёзного партнёра,

поэ́тому без труда́ мо́жет определи́ть неделово́го челове́ка.

3. Ча́сто увлече́ние же́нщины би́знесом стано́вится причи́ной семе́йной дра́мы,

поэ́тому в би́знесе же́нщина соверша́ет ме́ньше оши́бок, чем мужчи́на.

4. Же́нщина хорошо́ разбира́ется в лю́дях,

поэ́тому молода́я же́нщина иногда́ прибавля́ет себе́ во́зраст.

5. Би́знес — э́то нарко́тик,

поэ́тому же́нщина, пре́жде чем заня́ться би́знесом, должна́ реши́ть, что для неё важне́е — её де́ло и́ли семья́.

17

17.1. жесто́кий — жесто́кость
мя́гкий — мя́гкость
нереши́тельный — нереши́тельность
осторо́жный — осторо́жность
рани́мый — рани́мость

рассуди́тельный — рассуди́тельность
ре́зкий — ре́зкость
терпели́вый — терпели́вость
чу́ткий — чу́ткость

18

2. успе́ха
3. партнёра
4. впечатле́ние
5. во́зраст
6. стро́го
7. би́знеса
8. отноше́ния, компроми́ссы

9. ра́вных
10. нога́х
11. семью́
12. принадлежи́т
13. нарко́тик
14. внима́ние
15. счастли́вой

16. дра́мы
17. приро́де
18. делово́й
19. облада́ет
20. же́нщины
21. разбира́ется
22. оши́бок

19

19.1. 1. Делова́я же́нщина должна́ <u>уделя́ть</u> большо́е <u>внима́ние</u> своему́ туале́ту. Она́ не должна́ одева́ться крикли́во, чтобы <u>не привлека́ть</u> к себе́ осо́бого <u>внима́ния</u>. На перегово́ры ей на́до одева́ться стро́го, чтобы <u>не отвлека́ть внима́ние</u> свои́х партнёров. В туале́те делово́й же́нщины осо́бого <u>внима́ния заслу́живает</u> длина́ ю́бки: ю́бка не должна́ быть о́чень коро́ткой. Делова́я же́нщина должна́ <u>обраща́ть внима́ние</u> на свой макия́ж. Её гу́бы не должны́ быть сли́шком я́ркими, а причёска — о́чень сло́жной.

2. Джон неда́вно был в теа́тре на премье́ре. Спекта́кль был замеча́тельный. Он <u>произвёл</u> на Джо́на си́льное <u>впечатле́ние</u>. Джон и сего́дня <u>нахо́дится под впечатле́нием</u> от него́: ду́мает, вспомина́ет, пережива́ет. Он реши́л <u>подели́ться</u> свои́ми <u>впечатле́ниями</u> с Ле́ной. Ведь Ле́на то́же делова́я же́нщина. Но снача́ла он реши́л пересказа́ть ей основно́е содержа́ние спекта́кля. Вот нача́ло его́ расска́за.
Гла́вная герои́ня — совреме́нная делова́я же́нщина. Она́ <u>уделя́ет</u> огро́мное <u>внима́ние</u> рабо́те и совсе́м не занима́ется до́мом, му́жем и ребёнком. Её <u>внима́ние привлека́ет</u> молодо́й челове́к — делово́й партнёр. Он <u>ока́зывает</u> ей <u>внима́ние</u>, уха́живает за ней. До́ма разы́грывается семе́йная дра́ма. Муж ухо́дит от неё и забира́ет ребёнка. Молодо́й челове́к ока́зывается моше́нником. И совсе́м <u>не заслу́живает</u> её <u>внима́ния</u>.

19.2. Мы познако́мились с Ко́лей в теа́тре, верне́е, о́коло теа́тра. Э́то случи́лось 10 лет наза́д. Моя́ подру́га купи́ла биле́ты, но почему́-то не пришла́. Я стоя́ла о́коло вхо́да в теа́тр. Уже́ прозвене́л пе́рвый звоно́к. А её всё не́ было. Моё внима́ние **привлёк** молодо́й человек. Он то́же кого́-то ждал. «Наве́рное, ждёт де́вушку. Уж о́чень волну́ется», — поду́мала я. Это был Никола́й. Внача́ле он не **произвёл** на меня́ никако́го впечатле́ния. Но мне о́чень хоте́лось попа́сть на спекта́кль. А подру́ги всё не́ было и не́ было. Я хоте́ла, чтобы молодо́й челове́к **обрати́л** на меня́ внима́ние. И я четы́ре ра́за прошла́ ми́мо него́: туда́ и обра́тно, туда́ и обра́тно. Никако́го впечатле́ния. «Ну, — ду́маю, — всё. На́до домо́й идти́». И вдруг слы́шу: «Де́вушка, вы хоти́те пойти́ в теа́тр. Я угада́л?» «Ещё бы! Коне́чно, угада́л, — поду́мала я, — чего́ я то́лько не де́лаю, чтобы **привле́чь** твоё внима́ние». Спекта́кль, и пра́вда, был неплохо́й. Но молодо́й челове́к всё вре́мя погля́дывал на меня́ и **отвлека́л** моё внима́ние. По́сле спекта́кля он пошёл меня́ провожа́ть. Мы мно́го смея́лись, **дели́лись** впечатле́ниями, чуть не опозда́ли на метро́. Вот так я познако́милась с мои́м бу́дущим му́жем. Интере́сно, а что Ко́ля расска́зывал о на́шем знако́мстве?

20 В Москве́ у меня́ есть знако́мая — Еле́на Чернышо́ва. Ле́на — но́вый тип ру́сской же́нщины. Она́ **делова́я** же́нщина. Ле́на — дире́ктор До́ма **мо́ды**. Ей всего́ 30 лет. Но она́ уже́ сде́лала **карье́ру**. Доби́лась **успе́ха**. Когда́ её фи́рма то́лько **станови́лась на́ ноги**, ей бы́ло о́чень нелегко́. Ведь мужчи́ны не всегда́ ви́дят в же́нщине **серьёзного партнёра**. Чтобы производи́ть на партнёров **соли́дное впечатле́ние**, ей да́же приходи́лось прибавля́ть **себе́ во́зраст**. Но сейча́с все тру́дности позади́. Её фи́рма кре́пко **стои́т на нога́х**.

Еле́на счита́ет, что же́нщина создана́ **для би́знеса**. Ведь же́нщине постоя́нно прихо́дится в семье́ регули́ровать **отноше́ния**, иска́ть **компроми́ссы**. Би́знес, по ее мне́нию, — э́то **уме́ние договори́ться**, а в э́том же́нщине нет **ра́вных**. Же́нщина хорошо́ впи́сывается **в жёсткий, а иногда́ и жесто́кий** делово́й мир. По приро́де свое́й **мя́гкая, чу́ткая, рани́мая**, она́ облагора́живает э́тот мир. В её прису́тствии всегда́ успе́шнее и ле́гче прохо́дят **перегово́ры**. Она́ терпели́ва, **осторо́жна, рассуди́тельна**. Сли́шком большо́й риск — **не для неё**. Она́ прекра́сно **разбира́ется в лю́дях**. Поэ́тому же́нщина, по мне́нию Еле́ны, соверша́ет в би́знесе **ме́ньше оши́бок**, чем мужчи́на.

Когда́ Еле́на то́лько начина́ла занима́ться би́знесом, она́ о́чень измени́лась. Она́ ста́ла **ре́зкой, авторита́рной**. Это бы́ло тру́дное для неё вре́мя.

Еле́на за́мужем, у неё очарова́тельный сын. Но она́ счита́ет, что же́нщина, пре́жде чем заня́ться би́знесом, должна́ реши́ть, что для неё важне́е — **её де́ло и́ли семья́**. Би́знес, по мне́нию Ле́ны, де́йствует **как нарко́тик**. Би́знес — э́то **о́браз жи́зни**. Челове́к, занима́ющийся би́знесом, себе́ не **принадлежи́т**. Очень ча́сто увлече́ние же́нщины би́знесом стано́вится причи́ной **семе́йной дра́мы**. Ведь делова́я же́нщина ма́ло **уделя́ет вре́мени** семье́. Еле́не **повезло́**. Муж понима́ет её, хотя́ и в их семье́ быва́ют **ссо́ры**. Еле́на — счастли́вый челове́к. Она́ нашла́ себя́ и в семье́, и в рабо́те.

21 7. Делово́й же́нщине нельзя́ име́ть дете́й.
12. Краси́вой же́нщине ле́гче сде́лать делову́ю карье́ру.

Ключи

 Глава четвёртая

Раз в крещенский вечерок...

2

A

2. = 3)   6. = 5)
3. = 2)   7. = 4)
4. = 9)   8. = 8)
5. = 1)   9. = 7)

Б

10. = 2)   16. = 9)
11. = 10)   17. = 4)
12. = 3)   18. = 7)
13. = 1)   19. = 5)
14. = 8)   20. = 11)
15. = 6)

3 **В первую очередь** этот год был удачным для Лены. Ведь её коллекция одежды была признана **коллекцией года**. Лену даже пригласили в Париж, вот только Коля **не отпускает её**. Он **в глубине души** считает, что женщине лучше **сидеть** дома. Впрочем, это **заблуждение** многих русских мужчин. Но Коля не должен ошибаться, ведь он прекрасно **разбирается во всех тонкостях** женской души.

Для Николая прошедший год тоже был успешным. Его передача о деловых женщинах стала **передачей года**. Узнав об этом, он был **поражён до глубины души**.

Уходящий год был удачным и для Ивана Петровича. В этом году **вышла** его книга о русских именах, отчествах и фамилиях. Это случилось **буквально на днях**. Приятно, что книга **идёт нарасхват**.

Скоро и **Джону представится** возможность принимать поздравления. **В старый Новый год** состоится презентация его новой книги «Россия глазами американца».

4 А.К. — **Полной неожиданностью** для меня было приглашение Лены участвовать в показе её коллекции. Ведь я никогда не собиралась стать моделью, хотя **в глубине души** мне очень этого хотелось. Ну что ж, приятно, что **сбылось** моё давнее желание.

Т.В. — Вот и прошёл ещё один год. **Как быстро летит время!** Особенно быстро оно **бежит**, когда тебе уже за 50. Но не надо о грустном. Пусть в Новый год будет хорошее **настроение**. Ведь есть примета: **как встретишь Новый год, так его и проведёшь**. Впрочем, не буду **скромничать**. Для меня прошедший год тоже был неплохим. Я занималась любимым делом. Со мной рядом муж, дети, внук. О чём же ещё можно **мечтать**?

С.Ч. — Это был отличный год! Наконец-то бабушка поняла, что я уже вырос. **Ещё бы!** Ведь мне скоро будет шесть! Она даже стала **отпускать** меня гулять одного. Я сейчас целый день бегаю во дворе и делаю всё, что хочу. А бабушка **сидит дома** и занимается своими делами.

6

6.4. Как вы знаете, моя жена — художница. Она **стремится** вносить в нашу жизнь красоту. Она **старается** украсить дом, **старается** красиво накрыть на стол. И у неё это всегда получается. Когда девочки были маленькими, они **старались** помочь жене и тоже украшали дом. Может быть, поэтому они всегда **стремились** к прекрасному.

Аня в детстве **стремилась** стать актрисой. Она **старалась** делать всё, чтобы достичь этой цели: учила стихи, училась петь и танцевать. И вот сейчас она играет в студенческом театре МГУ.

Лена, как и все в юности, **стремилась** найти свой идеал. Она **стремилась** всех сделать красивыми. Вот и стала модельером. Леночка **старается** сделать всё, чтобы её новая коллекция была лучше предыдущей.

6.6. Утром Джон **пытался** дозвониться до Анны. Но никто не подходил к телефону. Днём он **пытался** взять билеты на премьеру в Большой театр. Но касса была закрыта на обеденный перерыв. Вечером с ним поздоровался очень симпатичный молодой человек. Джон **пытался** вспомнить, где он его видел, но не мог. «Да, сегодня не мой день, — подумал Джон. Завтра мне надо быть активнее, и тогда всё будет по-другому. Я **постараюсь** дозвониться до Анны. Я **постараюсь** купить билеты в театр. Я **постараюсь** сделать всё, что задумал».

6.7. С.Ч. — Ура! Я скоро пойду в школу! Бабушка часто говорит мне, что человек должен **стремиться** к знаниям. Я и **стремлюсь**. **Стараюсь** больше читать. **Пытаюсь** даже научиться писать, но ничего не получается. Буквы выходят кривые. Ничего! В школе научусь!

Т.В. — Очень волнуюсь о Саше. Родители **стремятся** отдать его в какую-то особенную школу. Я **пытаюсь** сказать им, что главное — это хороший учитель. Но всё напрасно. Николай считает, что я отстала от жизни. Главное сейчас — это престижная школа. Бедный ребёнок! Готовится к собеседованию. Изо всех сил **старается** делать всё, что говорят ему родители.

А.К. — Я бу́дущий психо́лог. Я **стремлю́сь (стара́юсь)** поня́ть, о чём ду́мают лю́ди, **стара́юсь (пыта́юсь)** разобра́ться в их чу́вствах. Но, че́стно говоря́, у меня́ не всегда́ э́то получа́ется. Вот и сейча́с я не зна́ю, почему́ Джон так на меня́ смо́трит. Что он **пыта́ется** мне сказа́ть?

6.8. Т.В. — А́нечка — целеустремлённый челове́к. Она́ **стреми́лась** учи́ться в МГУ. И вот, ви́дите, у́чится.

И.П. — А́ня всегда́ **стреми́тся (стара́ется)** прийти́ на по́мощь. Я по́мню вот како́й слу́чай. В Москву́ на гастро́ли прие́хала моя́ люби́мая певи́ца. Мы с жено́й **пыта́лись** попа́сть на конце́рт, но не смогли́ доста́ть биле́тов. Я о́чень расстро́ился. И вдруг ко мне подхо́дит А́ня и протя́гивает свой биле́т.

Е.Ч. — А́нна **стреми́тся (стара́ется)** ви́деть в лю́дях то́лько хоро́шее, и лю́ди ря́дом с ней действи́тельно стано́вятся лу́чше.

С.Ч. — А́ня — весёлый челове́к. Ле́том роди́тели **стремя́тся (стара́ются)** как мо́жно ра́ньше отпра́вить нас с ба́бушкой на да́чу. А мне там ску́чно, все друзья́ в Москве́. Когда́ приезжа́ет А́ня, она́ **стара́ется** развесели́ть меня́. Она́ расска́зывает смешны́е исто́рии, игра́ет со мной. И я не скуча́ю. Хоро́шая у меня́ тётя!

9

1. ___√___ В Но́вый год вся семья́ собира́ется за пра́здничным столо́м.
2. ___√___ Как встре́тишь Но́вый год, так его́ и проведёшь.
3. ___*___ Пе́ред Но́вым го́дом в дома́х наряжа́ют ёлки.
4. ___*___ Пода́рки кладу́т под ёлку.
5. ___√___ За нового́дним столо́м вспомина́ют всё хоро́шее, что бы́ло в уходя́щем году́.
6. ___√___ В Но́вый год пьют шампа́нское.
7. ___√___ В 12 часо́в но́чи бьют кура́нты.
8. ___√___ В нового́днюю ночь зага́дывают жела́ние.
9. ___√___ О зага́данном в Но́вый год жела́нии никому́ нельзя́ говори́ть.
10. ___*___ В Свя́тки все де́вушки гада́ют.
11. ___*___ Са́мый лу́чший для гада́ния — восьмо́й день Свя́ток.

10

Но́вый год, Рождество́, Свя́тки, ста́рый Но́вый год, Креще́ние.

11

Рождество́ — 7 января́.
Креще́ние — 19 января́.
Свя́тки — 8 января́ — 18 января́.

12

12.1.

А

2. = 7)	5. = 1)
3. = 2)	6. = 5)
4. = 6)	7. = 3)

Б

8. = 5)	11. = 2)
9. = 4)	12. = 1)
10. = 3)	

12.3. Джон услы́шал э́тот разгово́р 15 января́.

13

13.1. 2. Чего́ то́лько нет на столе́!

3. Чего́ то́лько нет у Са́ши!

4. Чего́ то́лько нет в магази́не пе́ред Но́вым го́дом!

6. Как же ей хоте́лось узна́ть и́мя жениха́!

7. Как же ему́ хо́чется, что́бы оно́ сбыло́сь!

8. Как же ему́ хоте́лось узна́ть, что положи́л под ёлку Дед Моро́з!

14

2. б)	4. а)
3. б)	5. а)

15

15.1. 2. Когда́ в новогоднюю ночь садя́тся за пра́здничный стол, вспомина́ют всё хоро́шее, что бы́ло в уходя́щем году́.

3. Когда́ стре́лки часо́в приближа́ются к 12, в фуже́ры разлива́ют шампа́нское.

4. Когда́ слы́шится бой кура́нтов, все встаю́т, чо́каются, поздравля́ют друг дру́га с Но́вым го́дом.

5. Когда́ наступа́ют свя́тки, все де́вушки гада́ют.

6. Когда́ сейча́с де́вушки гада́ют, они́ броса́ют не башмачки́, а ту́фельки, и не за воро́та, а пря́мо с балко́на.

15.2. 2. Когда́ стре́лки часо́в прибли́зились к 12, в фуже́ры разли́ли шампа́нское.

3. Когда́ послы́шался бой кура́нтов, все вста́ли, чо́кнулись, поздра́вили друг дру́га с Но́вым го́дом.

4. Когда́ кура́нты проби́ли 12 раз, наступи́л Но́вый год.

15.3. 2. Пока́ все сиде́ли за пра́здничным столо́м, Са́ша вре́мя от вре́мени встава́л из-за стола́ и подходи́л к ёлке.

3. Пока́ роди́тели Ле́ны пе́ли пе́сню свое́й мо́лодости, Никола́й разлива́л в фуже́ры шампа́нское.

4. Пока́ би́ли кура́нты, Джон зага́дывал жела́ние.

15.4. 2. Ива́н Петро́вич не хо́чет выходи́ть на у́лицу, пока́ не ко́нчатся креще́нские моро́зы.

3. Джон не вернётся домо́й, пока́ не дождётся отве́та А́нны.

4. Ле́на не бу́дет разбира́ть ёлку, пока́ не ко́нчатся все янва́рские пра́здники.

15.5.   Дорога́я А́ня!

Когда́ я **прие́хал** в Москву́ не́сколько ме́сяцев наза́д, я **не ду́мал**, что встре́чу здесь таку́ю замеча́тельную де́вушку, как ты. Когда́ я впервы́е **уви́дел** тебя́, я **по́нял**, что в мое́й жи́зни произошло́ что́-то о́чень ва́жное. Когда́ ты **вошла́** в ко́мнату, я совсе́м растеря́лся. Я мо́лча **смотре́л** на тебя́, пока́ ты **не улыбну́лась** мне и **не сказа́ла**: «Джон, дава́йте перейдём на "ты". Я наде́юсь, мы с ва́ми подру́жимся». Пока́ мы **говори́ли** с тобо́й, я ничего́ **не замеча́л** и ничего́ **не ви́дел** вокру́г. И так **происходи́ло** всегда́, когда́ я **встреча́лся** с тобо́й все э́ти ме́сяцы.

За не́сколько мину́т до Но́вого го́да ты сказа́ла мне: «Джон, когда́ **бу́дут бить** кура́нты, загада́й жела́ние». Пока́ **би́ли** кура́нты, я **ду́мал**, что же загада́ть. Жела́ний бы́ло так мно́го! Пока́ я размышля́л, кура́нты уже́ **проби́ли** 10 раз. Но я успе́л! Ты, наве́рное, дога́дываешься, что я загада́л. Э́то жела́ние ещё неда́вно каза́лось мне соверше́нно несбы́точным. Неуже́ли оно́ испо́лнится! Я **не верну́сь** домо́й, пока́ оно́ **не сбу́дется**. Я **бу́ду ждать (подожду́)**, пока́ ты **не ска́жешь** мне «да».

                                           Джон

16. 2. Весь дом наполня́ется за́пахом хво́и.

3. Ёлку покупа́ют на ёлочном база́ре.

4. Украша́ть ёлку — одно́ удово́льствие.

5. На ёлке мо́жно уви́деть мно́го игру́шек.

6. Пода́рки обы́чно кладу́т под ёлку.

7. Ёлка стои́т до ста́рого Но́вого го́да.

8. По́сле ста́рого Но́вого го́да ёлку разбира́ют.

17 Сегодня — восьмой день Святок. Все девушки **гадают**. Помните, как у Жуковского: «Раз в **крещенский** вечерок девушки **гадали**, за **ворота** башмачок, сняв с ноги, **бросали**». Теперь, правда, **бросают** не башмачки, а **изящные** туфельки, и не за **ворота**, а прямо с **балкона**. Мы с подругой тоже пошли на балкон и бросили наши туфли. А потом побежали смотреть, куда **глядит** носок. Но я об этом так и не узнала. Когда я спустилась вниз, я увидела молодого человека. Он держал в руках мои туфли. Тут я вспомнила о другой **примете**. Говорят, что имя первого встреченного в этот день мужчины будет таким же, как и имя **жениха**. Я хотела спросить: «Как вас зовут?» Но потом подумала: «Зачем **искушать** судьбу? Скорее всего, его зовут Виктор или Игорь, но, увы, не Джон».

Ключи́

Прове́рьте себя́!

Глава́ пе́рвая. Что в и́мени тебе́ моём...

1 В до́ме Чернышо́вых все говоря́т об имена́х. Де́ло в том, что Ива́н Петро́вич рабо́тает сейча́с **над кни́гой**. Э́то кни́га **о ру́сских имена́х, о́тчествах и фами́лиях**.

Джо́ну нра́вятся мно́гие ру́сские имена́. Но **са́мым поэти́чным** ему́ ка́жется и́мя А́нна. **В перево́де с древнееврейского** и́мя А́нна означа́ет «благода́ть». Когда́ Джон слы́шит э́то и́мя, он вспомина́ет **А́нну Керн, герои́ню рома́на Толсто́го А́нну Каре́нину** и, коне́чно, **дочь Яросла́ва Му́дрого**, кото́рая ста́ла короле́вой Фра́нции.

Сего́дня Джон познако́мился **с сестро́й Ле́ны**. **Её** то́же зову́т А́нна. Когда́ Джон взгляну́л **на А́нну**, он почу́вствовал **не́которое волне́ние**. Он не знал, как **к ней** обрати́ться. К сча́стью, А́нна предложи́ла перейти́ **на «ты»**. Джон наде́ется, что он подру́жится **с А́нной**. А мо́жет быть, он рассчи́тывает на бо́льшее? Не бу́дем иска́ть отве́ты **на все вопро́сы** сра́зу. Что бу́дет, пока́жет вре́мя.

2 1. Фами́лия Кузнецо́в происхо́дит от сло́ва «кузне́ц».

2. Фами́лия Смит в перево́де с англи́йского то́же зна́чит «кузне́ц».

3. Мо́жет быть, далёкие пре́дки Ива́на Петро́вича и Джо́на бы́ли кузнеца́ми?

4. На одно́й фами́лии совпаде́ния не конча́ются.

5. Имена́ Джон и Ива́н происхо́дят от одного́ древнееврейского и́мени.

6. И́мя Иоа́нн че́рез рели́гию попа́ло во мно́гие языки́ ми́ра.

3 1. Никола́й поздоро́вался с Джо́ном и сказа́л, что он рад его́ ви́деть.

2. Татья́на Васи́льевна сказа́ла Джо́ну, что она́ мно́го слы́шала о нём от Ко́ли и Ле́ны.

3. Никола́й познако́мил Ива́на Петро́вича с Джо́ном Сми́том, свои́м да́вним дру́гом.

4. Никола́й попроси́л Ле́ну, что́бы она́ принесла́ пиро́г.

5. Ле́на пригласи́ла всех к столу́.

6. Ле́на предложи́ла продо́лжить бесе́ду за у́жином.

7. А́нна спроси́ла Джо́на, как называ́ется его́ но́вая кни́га.

8. Джон спроси́л А́нну, свобо́дна ли она́ в воскресе́нье ве́чером.

9. Джон попроща́лся с Татья́ной Васи́льевной и Ива́ном Петро́вичем.

4 1. Ле́ночка, **угада́й**, кто к нам сего́дня придёт. Ты прекра́сно зна́ешь э́того челове́ка, хо́тя мы с ним не ви́делись **це́лую ве́чность**. Он **ма́стер** говори́ть комплиме́нты. Он пи́шет кни́гу **«Росси́я глаза́ми америка́нца»**. И, наконе́ц, э́то наш **да́вний знако́мый**.

2. Ну наконец-то! Мы тебя **заждались**! Уже все собрались, а **тебя всё нет и нет**. Могла бы сегодня **сделать исключение** и не задерживаться! Проходи скорее, у нас гости.

5

Жену Николая **зовут** Елена. Лена очень красивая женщина, поэтому Николай **называет** её в шутку Еленой Прекрасной (так **звали** героиню русских народных сказок). Сейчас Николай готовит на телевидении передачу, которая **называется** «Какое выбрать имя». В ней будут говорить о том, как **назвать** ребёнка, как лучше **называть** детей дома, в школе. Обсудят и многие другие проблемы.

6

Как быстро **летит время**! Шесть лет назад, когда Джон улетал из Москвы, Коля и Лена только собирались **пожениться**. А сейчас у них уже **растёт** сын Саша. Саша **воспитанный** мальчик. Он обращается ко взрослым **по имени и отчеству**. Только вот как **называть** Джона? Ведь он американец, а у американцев нет **отчеств**. Джон предложил **сделать исключение** и звать его просто Джон. А Саша попросил Джона **не называть** (не звать) его Шуриком или Сашенькой. Ведь он уже не маленький. **Такова жизнь!** Взрослым хочется вернуться в детство, а детям — скорее **вырасти**.

Ключи

Проверьте себя!

Глава вторая. Дела школьные

1 Саша очень непослушный ребёнок. Татьяна Васильевна очень балует **мальчика**. Только хвалит **его**. Он **никого** не слушается, даже **меня**. Я иногда ругаю **Сашу**. А что делать?! Разве бабушка может воспитать настоящего мужчину? Боюсь, что в школе у Саши будет масса **проблем**. Я знаю, что в школе учитель ориентируется **на учеников со средними способностями**. Боюсь, что Саше будет скучно в обычной школе. Ведь он очень способный мальчик. В этом я совершенно согласен с Лёной, хотя ей я этого не говорю. Надо отдать **Сашу в гимназию**. Там сильный преподавательский состав и сильные дети. Ведь поступить **в гимназию** непросто. Надо пройти **собеседование**. Ребёнок к школе должен уметь уже читать, считать, знать наизусть стихи. Да, Саша способный мальчик. Но поведение! За плохое поведение ученика могут отправить **к директору**. Да, думаю, что проблем **со школой** будет много. Боюсь, что с директором мы будем видеться часто.

2
1. Занятия в школе начинаются в половине девятого утра.
2. Урок продолжается сорок минут.
3. Перемены между уроками десять минут.
4. У детей в начальной школе каждый день четыре-пять (по четыре-пять) уроков.
5. В начальной школе есть группы продлённого дня.
6. В таких группах остаются дети после уроков.
7. Детей в школе не наказывают.
8. Ученик должен хорошо вести себя на уроке: не шуметь, не разговаривать.
9. В программе каждой школы есть обязательные предметы и предметы по выбору.
10. В начальной школе есть занятия по музыке, пению, рисованию.
11. Два раза в неделю у детей уроки физкультуры.

3

3.1. Саша обязательно должен учиться в музыкальной школе. Недавно я говорила с соседкой, дочка **которой** ходит в музыкальную школу. Школа, **в которую** отдали девочку, находится рядом с нашим домом. Наша соседка, из разговора **с которой** я узнала о школе, начала учить свою дочку музыке с семи лет. Чтобы поступить в музыкальную школу, **в которой** учится её девочка, надо пройти ... нет, нет, не собеседование. Туда надо пройти прослушивание. Да-да. Детей, **которые** хотят поступить в музыкальную школу, прослушивают: преподаватели проверяют музыкальные способности ребёнка.

В шко́лу не мо́гут поступи́ть де́ти, **у кото́рых** нет слу́ха. Но Са́шенька, **кото́рый** так замеча́тельно поёт, обяза́тельно посту́пит в э́ту шко́лу. На́до бы поговори́ть с его́ роди́телями. Бою́сь, что Никола́й бу́дет про́тив. Он всегда́ про́тив всего́, что я предлага́ю.

3.2. 1. В про́шлом году́ при университе́те бы́ли организо́ваны ку́рсы для абитурие́нтов.

2. Програ́мма ку́рсов была́ разрабо́тана преподава́телями ву́за.

3. Сейча́с заня́тия на ку́рсах прово́дятся преподава́телями и профессора́ми ву́за.

4. Успева́емость на ку́рсах оце́нивается по пятиба́лльной систе́ме.

5. В сле́дующем году́ кро́ме обяза́тельных предме́тов уча́щимся бу́дет предло́жен ряд предме́тов по вы́бору.

6. Раз в полго́да на ку́рсах бу́дут устра́иваться экза́мены.

|4|

1. Н.Ч. — Са́ша, **марш** в свою́ ко́мнату. Все де́ти уже́ **деся́тый сон ви́дят.** Тебе́ давно́ **пора́** быть в посте́ли!

2. Т.В. — **Оста́вьте** ребёнка **в поко́е.** Пусть досмо́трит мультфи́льм.

3. Н.Ч. — Ах, Татья́на Васи́льевна! **Вы опя́ть за своё!** Са́ша, мой ру́ки и спать!

4. Т.В. — **Да ла́дно** руга́ть ребёнка! Лу́чше бы поду́мали о шко́ле.

5. Е.Ч. — Не **не́рвничай,** ма́ма. **Что каса́ется шко́лы,** то я уже́ шко́лами интересова́лась. Сейча́с **школ на любо́й вкус!** Ко́ля, ты зна́ешь, о́коло метро́ есть гуманита́рная гимна́зия. **На днях** пойду́ в гимна́зию поговори́ть с дире́ктором. Пра́вда, она́ пла́тная.

6. Н.Ч. — Пла́тная!? **Пла́тная шко́ла мне не по карма́ну!**

7. И.П. — Не понима́ю я э́того. Заче́м плати́ть за шко́лу, когда́ ря́дом **ма́сса** хоро́ших беспла́тных школ? Вон у нас во дворе́ есть шко́ла. **Шко́ла как шко́ла!** Чем она́ вам не нра́вится?

8. Е.Ч. — Извини́, па́па, но я хочу́, что́бы Са́ша ходи́л в гуманита́рную шко́лу. Он **спосо́бный (одарённый)** ма́льчик.

9. Н.Ч. — Ну что ты говори́шь?! Ра́зве мо́жно так говори́ть о пятиле́тнем ребёнке!

10. Т.В. — **Ну ла́дно!** Бо́льше не хочу́ слу́шать. Пойду́ почита́ю статью́ Джо́на.

|5|

5.1.   Никола́й — замеча́тельный веду́щий. Он облада́ет **спосо́бностью** хорошо́ и доказа́тельно говори́ть. **Спосо́бность** бы́стро реаги́ровать — о́чень ва́жная черта́ его́ хара́ктера. И кроме́ того́, Никола́й прекра́сно поёт. О его́ **спосо́бностях** к му́зыке никто́ и не знал. Но в после́дней переда́че ему́ на́до бы́ло испо́лнить не́сколько мело́дий. И он сде́лал э́то замеча́тельно.

5.2.   А́ня **у́чится** в МГУ. У́тром она́ **занима́ется** в университе́те, а ве́чером идёт в спорти́вный клуб. Там она́ **занима́ется** пла́ванием. А́ня **научи́лась** пла́вать о́чень ра́но, в пять лет. В клу́бе она́ не то́лько пла́вает сама́, но и **у́чит** пла́вать други́х.

Зáвтра у Áни трýдный день. Ýтром бýдет контрóльная по англúйскому языкý. Áне нýжно всё повторúть, **вýучить** нóвые словá. А днём Áня выступáет на семинáре. Онá сейчáс **занимáется** психолóгией общéния, **изучáет** поведéние людéй в рáзных ситуáциях.

6 Дéти в Россúи **идýт** в шкóлу в шесть лет. Все дéти **незавúсимо от спосóбностей** занимáются в однóм клáссе. Éсли ученúк плóхо **ведёт себя** на урóке, его мóгут **вýгнать** из клáсса. Раз в чéтверть в шкóле устрáивается **родúтельское собрáние.** Éсли ученúк плóхо учúлся в годý, его мóгут **остáвить на вторóй год**. В рýсской шкóле существýет **пятибáлльная систéма** оцéнок. Вýсший балл — 5, нúзший — 1. **«Отлúчник»** — это шкóльник, котóрый ýчится на «отлúчно», на **пятёрки**. Дéти в шкóле получáют **разносторóннее** образовáние. В прогрáмму вхóдят предмéты, **обязáтельные для всех школ.** Крóме обязáтельных предмéтов шкóльникам предлагáются **предмéты по выбору.**

Ключи́

Прове́рьте себя́!

Глава́ тре́тья. Делова́я же́нщина

1 Никола́й гото́вит переда́чу **о деловы́х же́нщинах**. Неда́вно он взял интервью́ **у директора рестора́на** — Ве́ры Кулешо́вой. Пре́жде всего́, **Никола́я** волнова́ли пробле́мы семьи́. Ве́ра рассказа́ла, как счита́ет Никола́й, гру́стную исто́рию. Ве́ра ча́сто заде́рживалась **на рабо́те**. Рестора́н! Всё поня́тно! Иногда́ приходи́ла домо́й по́здно ве́чером. Не́ было вре́мени погуля́ть с ребёнком, удели́ть внима́ние **му́жу**, пригото́вить обе́д. Муж ча́сто ду́лся **на неё**, ссо́рился **из-за пустяко́в**. Неде́лями не разгова́ривал. Увлече́ние **би́знесом** ста́ло **причи́ной разво́да**. Вот уже́ три го́да, как они́ разошли́сь. Но Ве́ра сча́стлива. Она́ говори́т, что она́ со́здана **для би́знеса**. Она́ счита́ет, что **ей** о́чень повезло́ в жи́зни — у неё есть ма́ма, кото́рая сиди́т с ребёнком, во́дит его́ в шко́лу, гото́вит обе́ды.

2 1. Же́нщину нельзя́ привяза́ть к до́му!

2. Ка́ждой же́нщине необходи́мо де́лать карье́ру.

3. Же́нщине нет ра́вных в би́знесе.

4. Би́знес де́йствует как нарко́тик.

5. Челове́к, занима́ющийся би́знесом, себе́ не принадлежи́т.

6. Же́нщина уме́ет регули́ровать отноше́ния, иска́ть компроми́ссы.

7. Же́нщина прекра́сно разбира́ется в лю́дях.

8. Же́нщина облагора́живает делово́й мир.

9. Же́нщина соверша́ет в би́знесе ме́ньше оши́бок, чем мужчи́на.

10. Же́нщина прекра́сно впи́сывается в жёсткий делово́й мир.

3 Ле́на заде́рживается на рабо́те, **поэ́тому** Са́ша не спит. Он смо́трит телеви́зор, **хотя́** уже́ 9 часо́в. Мы собира́емся домо́й, **потому́ что** за́втра на́до ра́но встава́ть, — у Ива́на Петро́вича ле́кция. Но **что́бы** уйти́, на́до дожда́ться Ле́ну.

Никола́й реши́л поу́жинать, **поэ́тому** пошёл на ку́хню. **Хотя́** холоди́льник по́лный, Никола́й не дово́лен. Поня́тно! Жены́ нет до́ма. Коне́чно, на́до, **что́бы** Ле́ночка приходи́ла пора́ньше. Уж сли́шком ча́сто они́ ста́ли ссо́риться. Лю́бят они́ друг дру́га, я э́то зна́ю, **хотя́** ссо́рятся. Ссо́рятся, ми́рятся. Де́ло молодо́е!

Я накры́ла на стол. Позвала́ Ва́ню. Са́ша то́же пришёл, **хотя́** он уже́ у́жинал. Никола́й на́чал крича́ть: «Почему́ Са́ша не в крова́ти?» Он вообще́ в после́днее вре́мя стал не́рвным, наве́рное, **потому́ что** де́лает э́ту переда́чу о дел//овы́х же́нщинах. Сли́шком мно́го делjeloвы́х же́нщин в стране́ ста́ло, **поэ́тому** и поря́дка нет. И вообще́, не нра́вятся мне э́ти интервью́. Куда́ Ле́на смо́трит?!

4   Почему́ у меня́ сего́дня тако́е плохо́е настрое́ние? Ну, **поссо́рились** вчера́ с жено́й немно́го. **С кем не быва́ет**! Жаль, что ссо́риться мы ста́ли ча́ще. А происхо́дит э́то потому́, что у жены́ **хлопо́т по́лон рот (дел невпроворо́т, дел по го́рло)**. Пришёл вчера́ домо́й, в до́ме **шаро́м покати́**. Коне́чно, я на́чал **горячи́ться**. Ле́на же **сло́вно воды́ в рот набрала́**. Лишь сказа́ла мне, что жену́, **к до́му не привя́жешь**. А тёща всегда́ **на стороне́ до́чери**! Вот Ива́н Петро́вич меня́ защища́ет. Он то́же счита́ет, что жена́ должна́ бо́льше **уделя́ть внима́ния до́му. Как мне повезло́ с те́стем**! Жаль мне, коне́чно, Ле́нку! И кто э́то приду́мал, что же́нщина **со́здана́** для би́знеса?!

5   Прошло́ уже́ не́сколько дней, а я всё ещё **нахожу́сь** под впечатле́нием от на́шей ссо́ры. Почему́ э́то произошло́? Я стара́юсь всегда́ **уделя́ть** внима́ние семье́. С больши́м внима́нием **слу́шаю** му́жа, когда́ он **де́лится** со мной свои́ми впечатле́ниями, сомне́ниями, мы́слями. В после́днее вре́мя он стал крича́ть на сы́на, ре́зко говори́ть с ма́мой. Я стара́юсь на всё э́то не **обраща́ть** внима́ния. Уста́л. Ещё э́та переда́ча! Ко́ля кру́тится как бе́лка в колесе́! Коне́чно, семья́ **заслу́живает** бо́льшего внима́ния. А би́знес постоя́нно **отвлека́ет** моё внима́ние от му́жа, от семьи́. Что же де́лать? Не зна́ю.

6   Мне ка́жется, что же́нщина со́здана́ **для би́знеса**. Ведь би́знес — э́то **уме́ние договори́ться**. А в э́том же́нщине **нет ра́вных**.

Же́нщина **по приро́де** свое́й мя́гкая, чу́ткая, рани́мая. Но она́ хорошо́ **впи́сывается** в жёсткий делово́й мир. Же́нщина терпели́ва, **осторо́жна, рассуди́тельна**. Слишко́м **большо́й риск** не для неё. Поэ́тому же́нщина **соверша́ет** в би́знесе ме́ньше оши́бок, чем мужчи́на. Но пре́жде чем заня́ться би́знесом, же́нщина должна́ реши́ть, что для неё важне́е — **её де́ло и́ли семья́**. Челове́к, занима́ющийся би́знесом, **себе́ не принадлежи́т**. Поэ́тому о́чень ча́сто увлече́ние же́нщины би́знесом стано́вится причи́ной **семе́йной дра́мы**.

Ключи

Проверьте себя!

Глава́ четвёртая. Раз в креще́нский вечеро́к...

1 Джон впервы́е встреча́л Но́вый год в Росси́и. **По тради́ции** Но́вый год встреча́ют **в семе́йном кругу́.** Поэ́тому в новогоднюю ночь вся семья́ Чернышо́вых собрала́сь **за пра́здничным столо́м.** К Ле́не и Никола́ю пришли́ Ива́н Петро́вич, Татья́на Васи́льевна, А́ня. Снача́ла вспо́мнили всё хоро́шее, что бы́ло **в уходя́щем году́.** Ива́н Петро́вич по́днял **бока́л вина́** и сказа́л **тост:** «Прошёл ещё оди́н год. Он был уда́чным **для всех нас.** Дава́йте вы́пьем **за всё хоро́шее,** что бы́ло в нём».

Са́ша вре́мя от вре́мени встава́л **из-за стола́** и подходи́л к ёлке. **Ему́** о́чень хоте́лось загляну́ть **под ёлку** и узна́ть, како́й пода́рок принесли́ ему́ Дед Моро́з и Снегу́рочка.

Ро́вно в 12 часо́в разда́лся бой **кура́нтов.** Джон загада́л **жела́ние.** Э́то жела́ние ещё совсе́м неда́вно каза́лось **ему́** соверше́нно **несбы́точным.** Он зна́ет, что жела́ние никому́ нельзя́ говори́ть, а то оно́ не сбу́дется. Он и молчи́т. Заче́м искуша́ть **судьбу́?**

2 1. В Свя́тки все де́вушки гада́ют.

2. Ра́ньше де́вушки снима́ли башмачки́ и броса́ли их за воро́та.

3. Сейча́с де́вушки броса́ют с балко́на изя́щные ту́фельки.

4. Куда́ гляди́т носо́к, отту́да и ждут появле́ния жениха́.

5. Са́мый лу́чший для гада́ния — восьмо́й день Свя́ток.

6. И́мя пе́рвого встре́ченного мужчи́ны бу́дет таки́м же, как и и́мя жениха́.

7. Молоды́м лю́дям хо́чется пройти́сь в э́тот день под о́кнами люби́мых де́вушек.

8. Никто́ не хо́чет искуша́ть судьбу́!

3 Когда́ я **познако́милась** с Джо́ном, я не **поняла́** сра́зу, что в мое́й жи́зни произошло́ что-то о́чень ва́жное. Я по́мню, как он растеря́нно **смотре́л** на меня́, пока́ я ему́ **не улыбну́лась** и **не предложи́ла** перейти́ на «ты». Пото́м мы до́лго говори́ли о его́ жи́зни в Москве́. Он рассказа́л мне о кни́ге, кото́рую он пи́шет. А когда́ Джон **попроси́л** меня́ показа́ть ему́ мои́ люби́мые места́ в Москве́, я **согласи́лась** э́то сде́лать. Когда́ мы с ним **гуля́ли** по Кра́сной пло́щади, я **вспо́мнила** об одно́й новогодней приме́те. Обы́чно, когда́ **бьют** кура́нты, **зага́дывают** жела́ние. Говоря́т, э́то жела́ние сбыва́ется. За не́сколько мину́т до Но́вого го́да я напо́мнила Джо́ну об э́той приме́те: «Джон, когда́ **бу́дут бить** кура́нты, не забу́дь загада́ть жела́ние». И вот он загада́л. Он пи́шет, что **не вернётся** домо́й, пока́ я **не скажу́** ему́ «да».

Коне́чно, я дога́дывалась о его́ чу́вствах. Когда́ мы **встреча́лись** все э́ти ме́сяцы, я **чу́вствовала,** что нра́влюсь ему́. И вот э́то письмо́. Что же де́лать? Что отве́тить? Наве́рное, я **не бу́ду говори́ть** ничего́, пока́ **не разберу́сь** в свои́х чу́вствах. Коне́чно, он мне о́чень нра́вится. Но люблю́ ли я его́? Люблю́ ли? Как там поётся в ма́мином люби́мом рома́нсе? «Люблю́ ли тебя́, я не зна́ю, но ка́жется мне, что люблю́».

4 1. Для Ива́на Петро́вича уходя́щий год был уда́чным. **Вы́шла** его́ кни́га о ру́сских имена́х, о́тчествах и фами́лиях. Э́то произошло́ **буква́льно на днях**. Прия́тно, что **кни́га идёт нарасхва́т**.

2. Для Никола́я проше́дший год то́же был уда́чным. Его́ переда́ча о деловы́х же́нщинах ста́ла **переда́чей го́да**. Он был **поражён до глубины́ души́**, узна́в об э́том. Все счита́ют, что Никола́й прекра́сно **разбира́ется во всех то́нкостях** же́нской души́. Ну как сказа́ть друзья́м, что э́то **заблужде́ние**!

3. Для А́ни э́то был год сюрпри́зов. **В пе́рвую о́чередь** её удиви́ло предложе́ние Ле́ны уча́ствовать в пока́зе колле́кции. Коне́чно, **в глубине́ души́** ей всегда́ э́того хоте́лось. Ну что ж, прия́тно, что **сбыла́сь** её да́вняя мечта́. Ну а са́мое гла́вное, когда́ все **собрали́сь за пра́здничным столо́м**, Джон незаме́тно дал ей письмо́. Она́ сра́зу же догада́лась, что напи́сано в нём.

5 Как я рад за Ле́ночку. Она́ всегда́ **стреми́лась** к успе́ху, **стара́лась** де́лать всё, что́бы дости́чь его́. Рабо́тала и день, и ночь. Я ско́лько раз **пыта́лся** уговори́ть её немно́го отдохну́ть! Всё напра́сно. И вот тако́й успе́х! Её колле́кция ста́ла лу́чшей! Ле́ночку пригласи́ли в Пари́ж. Ка́ждый модельер **стреми́тся** порабо́тать там. Вот то́лько Ко́ля не отпуска́ет её. Ле́на **пыта́лась** поговори́ть с ним. Но увы́... Коне́чно, я понима́ю Ко́лю. Я то́же **пыта́лся** удержа́ть свою́ жену́ до́ма. Не получи́лось. Как говори́тся, жену́ к до́му не привя́жешь.

6 В январе́ **отмеча́ют** не́сколько пра́здников. Э́то **Но́вый год**, **Рождество́**, **ста́рый Но́вый год**, **Креще́ние**. Са́мый гла́вный пра́здник — э́то **Но́вый** год. Почти́ в ка́ждом до́ме мо́жно уви́деть **пуши́стую** ёлку (её покупа́ют на **ёлочном** база́ре). От ёлки весь дом **наполня́ется** за́пахом **хво́и**. **Наряжа́ть** ёлку — одно́ удово́льствие. Чего́ то́лько нет на ёлке! Здесь и **я́ркие** игру́шки, и **сере́бряный** дождь, и **светя́щиеся разноцве́тные** ла́мпочки. А под ёлкой лежа́т **пода́рки**. О́чень ва́жно, что́бы у всех в **нового́днюю** ночь бы́ло хоро́шее **настрое́ние**. Ведь есть **приме́та**: как **встре́тишь** Но́вый год, так его́ и **проведёшь**.

7 января́ **пра́зднуют (отмеча́ют)** Рождество́, в ночь с 13 на 14 января́ **встреча́ют** ста́рый Но́вый год. Ну а пото́м **разбира́ют** ёлку. Как **не хо́чется** э́то де́лать! Но пра́здники не конча́ются. Впереди́ ещё оди́н пра́здник — **Креще́ние**. А э́то зна́чит, что ещё приду́т **суро́вые** зи́мние холода́, знамени́тые **креще́нские** моро́зы!

КНИГИ ИЗДАТЕЛЬСТВА «ЗЛАТОУСТ» ЗА ПРЕДЕЛАМИ РОССИИ ВЫ МОЖЕТЕ ПРИОБРЕСТИ:

Argentina: **SBS Librerнa Internacional** (Buenos Aires), Avelino Dнaz 533.
Tel/fax: +54 11 4926 0194, e-mail: sbs@sbs.com.ar, www.sbs.com.ar

Australia: **Language International Bookshop** (Hawthorn), 825 Glenferrie Road, VIC 3122.
Tel.: +3 98 19 09 00, fax: +3 98 19 00 32, e-mail: info@languageint.com.au, www.languageint.com.au

Austria: **OBV Handelsgesellschaft mbH** (Wien), Frankgasse 4.
Tel.: +43 1 401 36 36, fax: +43 1 401 36 60, e-mail: office@buchservice.at, service@oebv.at, www.oebv.at

Belgium: **La Librairie Europeenne — The European Bookshop** (Brussels), 1 rue de l'Orme.
Tel.: +32 2 734 02 81, fax: +32 2 735 08 60, ad@libeurop.eu, www.libeurop.be

Brazil: **DISAL S.A** (San Paulo), Av. Marques S.Vicente 182 - Barra Funda,
Tel: +55 11 3226-3100, e-mail: comercialdisal@disal.com.br, www.disal.com.br

Croatia, Bosnia: **Official distributor Sputnik d.o.o.** (Zagreb), Krajiška 27/1.kat.
Tel./fax: +385 1 370 29 62, +385 1 376 40 34, fax: + 358 1 370 12 65,
mobile: +358 91 971 44 94, e-mail: info@sputnik-jezici.hr, www.sputnik-jezici.hr

Czech Republik: **MEGABOOKS CZ** (Praha), Třebohostická 2283/2, 100 00 Praha 10 Strašnice.
Tel.: + 420 272 123 19 01 93, fax: +420 272 12 31 94,
e-mail: info@megabooks.cz, www.megabooks.cz
Styria, s.r.o. (Brno), Palackého 66. Tel./fax: +420 5 549 211 476,
mobile: + 420 777 259 968, e-mail:styria@styria.cz, www.styria.cz

Cyprus: **Agrotis Import-Export Agencies** (Nicosia).
Tel.: +357 22 31 477/2, fax: +357 22 31 42 83, agrotisr@cytanet.com.cy

Estonia: **AS Dialoog** (Tartu, Tallinn, Narva). Tel./fax: +372 7 30 40 94,
e-mail: info@dialoog.ee; www.dialoog.ee, www.exlibris.ee
Tallinn, Gonsiori 13 – 23, tel./fax: +372 662 08 88, e-mail: tallinn@dialoog.ee;
Tartu, Turu 9, tel.: +372 730 40 95, fax: + 372 730 40 94, e-mail: tartu@dialoog.ee;
Narva, Kreenholmi 3, tel.: +372 356 04 94, fax: + 372 359 10 40, e-mail: narva@dialoog.ee;

Finland: **Ruslania Books Corp.** (Helsinki), Bulevardi 7, FI-00100 Helsinki.
Tel.: +358 9 27 27 07 27, fax +358 9 27 27 07 20, e-mail: books@ruslania.com, www.ruslania.com

France: **SEDR** (Paris), Tel.: +33 1 45 43 51 76, fax: +33 1 45 43 51 23, e-mail: info@sedr.fr, www.sedr.fr
Librairie du Globe (Paris), Boulevard Beaumarchais 67.
Tel. +33 1 42 77 36 36, fax: 33 1 42 77 31 41,
e-mail: info@librairieduglobe.com, www.librairieduglobe.com

Germany: **Official distributor Esterum** (Frankfurt am Main). Tel.: +49 69 40 35 46 40,
fax: +49 69 49 096 21, e-mail Lm@esterum.com, www.esterum.com
Kubon & Sagner GmbH (Munich), Heßstraße 39/41.
Tel.: +49 89 54 21 81 10, fax: +49 89 54 21 82 18, e-mail: postmaster@kubon-sagner.de
Kubon & Sagner GmbH (Berlin), Friedrichstraße 200. Tel./fax: +49 89 54 21 82 18,
e-mail: Ivo.Ulrich@kubon-sagner.de, www.kubon-sagner.de
Buchhandlung "RUSSISCHE BÜCHER" (Berlin), Kantstrasse 84, 10627 Berlin, Friedrichstraße 176–179.
Tel.: +49 3 03 23 48 15, fax +49 33 20 98 03 80,
e-mail: knigi@gelikon.de, www.gelikon.de

Greece: **«Дом русской книги "Арбатъ"»** (Athens), El. Venizelou 219, Kallithea.
Tel./fax: +30 210 957 34 00, +30 210 957 34 80, e-mail: arbat@arbat.gr, www.arbat.gr
«Арбат» (Athens), Ag. Konstantinu 21, Omonia.
Tel.: + 30 210 520 38 95, fax: + 30 210 520 38 95,
e-mail: info@arbatbooks.gr, www.arbatbooks.gr
Avrora (Saloniki), Halkeon 15. Tel.: +30 2310 23 39 51,
e-mail info@avrora.gr, www.avrora.gr

Ireland: **Belobog** (Nenagh). Tel.: +3053 87 2 96 93 27, e-mail: info@russianbooks.ie,
www.russianbooks.ie

Holland: **Boekhandel Pegasus** (Amsterdam), Singel 36.
Tel.: +31 20 623 11 38, fax: +31 20 620 34 78, e-mail: pegasus@pegasusboek.nl, slavistiek@pegasusboek.nl
www.pegasusboek.nl

Italy: **il Punto Editoriale s.a.s.** (Roma), V. Cordonata 4. Tel./fax: + 39 66 79 58 05, e-mail: ilpuntoeditorialeroma@tin.it,
www.libreriarussailpuntoroma.com
Kniga di Doudar Lioubov (Milan). Tel.: +39 02 90 96 83 63, +39 338 825 77 17, kniga.m@tiscali.it
Globo Libri (Genova), Via Piacenza 187 r. Tel./fax: +39 010 835 27 13,
e-mail: info@globolibri.it, www.globolibri.it

Japan:	**Nauka Japan LLC** (Tokyo). Tel.: +81 3 32 19 01 55, fax: +81 3 32 19 01 58, e-mail: murakami@naukajapan.jp, www.naukajapan.jp
	NISSO (Tokyo), C/O OOMIYA, DAI 2 BIRU 6 F 4-1-7, HONGO, BUNKYO-KU. Tel: + 81 3 38 11 64 81, e-mail: matsuki@nisso.net, www.nisso.net
Latvia:	**SIA JANUS** (Riga), Jēzusbaznīcas iela 7/9, veikals (магазин) "Gora". Tel.: +371 6 7 20 46 33, +371 6 7 22 17 76 +371 6 7 22 17 78, e-mail: info@janus.lv, www.janus.lv
Poland:	**MPX Jacek Pasiewicz** (Warszawa), ul.Garibaldiego 4 lok.16A. Tel.: +48 22 813 46 14, mobile: +48 0 600 00 84 66, e-mail: jacek@knigi.pl, www.knigi.pl
	Księgarnia Rosyjska BOOKER (Warszawa), ul. Ptasia 4. Tel.: +48 22 613 31 87, fax: +48 22 826 17 36, mobile: 504 799 798, www.ksiegarniarosyjska.pl
	«Eurasian Global Network» (Lodz), ul. Piotrkowska 6/9. Tel.: +48 663 339 784, fax: +48 42 663 76 92, e-mail: kontakt@ksiazkizrosji.pl, http://ksiazkizrosji.pl
Serbia:	**DATA STATUS** (New Belgrade), M. Milankovića 1/45, Novi. Tel.: +381 11 301 78 32, fax: +381 11 301 78 35, e-mail: info@datastatus.rs, www.datastatus.rs
	Bakniga (Belgrade). Tel. +381 658 23 29 04, +381 11 264 21 78
Slovakia:	**MEGABOOKS SK** (Bratislava), Laurinska 9. Tel.: +421 (2) 69 30 78 16, e-mail: info@megabooks.sk, bookshop@megabooks.sk, www.megabooks.sk
Slovenia:	**Exclusive distributor: Ruski Ekspres d.o.o.** (Ljubljana), Proletarska c. 4. Tel.: +386 1 546 54 56, fax: +386 1 546 54 57, mobile: +386 31 662 073, e-mail: info@ruski-ekspres.com, www.ruski-ekspres.com
Spain:	**Alibri Llibreria** (Barcelona), Balmes 26. Tel.: +34 933 17 05 78, fax: +34 934 12 27 02, e-mail: info@alibri.es, www.books-world.com
	Dismar Libros (Barcelona), Ronda de Sant Pau, 25. Tel.: + 34 933 29 65 47, fax: +34 933 29 89 52, e-mail: dismar@eresmas.net, dismar@dismarlibros.com, www.dismarlibros.com
	Arcobaleno 2000 SI (Madrid), Santiago Massarnau, 4. Tel.: +34 91 407 98 45, fax: +34 91 407 56 82, e-mail: info@arcobaleno.es, www.arcobaleno.es
	Skazka (Valencia), c. Julio Antonio, 19. Tel.: +34 676 40 62 61, fax: + 34 963 41 92 46, e-mail: skazkaspain@yandex.ru, www.skazkaspain.com
Switzerland:	**PinkRus GmbH** (Zurich), Spiegelgasse 18. Tel.: +41 4 262 22 66, fax: +41 4 262 24 34, e-mail: books@pinkrus.ch, www.pinkrus.ch
	Dom Knigi (Geneve), Rue du Midi 5. Tel.: +41 22 733 95 12, fax: +41 22 740 15 30, e-mail info@domknigi.ch, www.domknigi.ch
Turkey:	**Yab-Yay** (Istanbul), Barbaros Bulvarı No: 73 Konrat Otel Karşısı Kat: 3 Beşiktaş, İstanbul, 34353, Beşiktaş. Tel.: +90 212 258 39 13, fax: +90 212 259 88 63, e-mail: yabyay@isbank.net.tr, info@yabyay.com, www.yabyay.com
United Kingdom:	**European Schoolbooks Limited** (Cheltenham), The Runnings, Cheltenham GL51 9PQ. Tel.: + 44 1242 22 42 52, fax: + 44 1242 22 41 37
	European Schoolbooks Limited (London), 5 Warwick Street, London W1B 5LU. Tel.: +44 20 77 34 52 59, fax: +44 20 72 87 17 20, e-mail: whouse2@esb.co.uk, www.eurobooks.co.uk
	Grant & Cutler Ltd (London), 55–57 Great Marlborough Street, London W1F 7AY. Tel.: +44 020 70 20, 77 34 20 12, fax: +44 020 77 34 92 72, e-mail: enquiries@grantandcutler.com, www.grantandcutler.com
USA, Canada:	**Exclusive distributor: Russia Online** (Kensington md), Kensington Pkwy, Ste A. 10335 Kensington, MD 20895-3359. Tel.: +1 301 933 06 07, fax: +1 240 363 05 98, e-mail: books@russia-on-line.com, www.russia-on-line.com

ЗДЕСЬ ВЫ МОЖЕТЕ ПОЛУЧИТЬ КОНСУЛЬТАЦИИ ПО ИСПОЛЬЗОВАНИЮ УЧЕБНЫХ МАТЕРИАЛОВ «ЗЛАТОУСТА»:

Austria: **Russisches Kulturinstitut** (Wien), tel.: +43 1 505 82 14,
fax: +43 1 505 82 14 24, russ.kulturinstitut@chello.at

Belgium: **Centre Culturel et Scientifique** (Bruxelles), tel.: +2 219 01 33,
fax: +2 640 99 93, centcultrus@skynet.be

Croatia: **Sputnik d.o.o.** (Zagreb), tel//fax: +3851 370 29 62, www.sputnik-jezici.hr,
info@sputnik-jezici.hr

Finland: **Russian Culture and Science Centre** (Helsinki), tel.: +358 9 40 80 25,
fax: +358 9 44 47 84, helsinki@ruscentre.org, http://www.ruscentre.org

France: **Centre Culturel de Russie** (Paris), tel.: +33 44 34 79 79,
fax: +33 1 44 34 79 74, www.russiefrance.org, ruscentr@wanadoo.fr

Germany: **RHWK** (Berlin), tel.: +49 30 2030 22 52, fax: +49 30 204 40 58,
www.russisches-haus.de, info@russisches-haus.de

Greece: **Pushkin Russian Language Institute of Athens**, tel.: +30 210 330 20 51,
fax: +30 210 381 21 95, www.pushkin.gr, info@pushkin.gr

Luxembourg: **Centre Culturel A.S. Pouchkine** (Luxembourg),
tel.: +352 22 01 47, +352 49 33 71

Poland: **Ewropa.ru (Warszawa)**, tel: +48 609 536 701, www.gazetarosyjska.pl,
ewropa.ru@wp.pl, biuro@gazetarosyjska.pl

Slovenia: **Ruski Ekspres d.o.o.** (Ljubljana), tel.: +386 1 546 54 56, fax: +386 1 546 54 57, mob. +386 031 662 073, www.ruski-ekspres.
com, info@ruski-ekspres.com

Spain: **Fundacion Pushkin** (Madrid), tel.: +34 91 448 33 00, fax: +34 91 591 2797, director@fundpushkin.org

UAE: **Russian Training Centre** (Dubai), tel.: +971 4 361 60 49,
fax: +971 4 366 45 88, rtfsz@eim.ae, www.eim.ae

ПОСОБИЯ «ЗЛАТОУСТА», ВЫПУЩЕННЫЕ ПО ЛИЦЕНЗИИ, МОЖНО ЗАКАЗАТЬ:

Южн. Корея: **«Пушкинский дом»** (Сеул), fax: +82 2 22 38 93 88,
pushkinhouse@pushkinhouse.co.kr

Китай: **Foreign Language Teaching and Research Press** (Beijing),
tel.: +86 10 88 81 95 97, international@fltrp.com
Shanghai Foreign Language Education Press (Shanghai),
tel: +86 21 65 17 33 93, fax: + 86 21 65 42 29 56,
www.sflep.com.cn, hcliu@sflep.com.cn, huachuliu@online.sh.cn

Польша: **Wydawnictwo REA s.j.** (Warszawa), tel./fax: +48 22 673 28 16,
673 28 16, 673 28 20, rea@rea-sj.pl, www.rea-sj.pl
Ewropa.ru (Warszawa), tel: +48 609 536 701, www.gazetarosyjska.pl,
ewropa.ru@wp.pl, biuro@gazetarosyjska.pl

Турция: **Multilingual Yabanci dil Yayinlari** (Istanbul), tel./fax: +90 212 518 47 55,
lozank@veezy.com

Германия: **Esterum** (Frankfurt am Main). Tel.: +49 69 40 35 46 40,
fax: +49 69 49 096 21, e-mail Lm@esterum.com, www.esterum.com

USA, Canada: **Exclusive distributor: Russia Online** (Kensington md), Kensington Pkwy, Ste A. 10335 Kensington, MD 20895-3359. Tel.:
+1 301 933 06 07, fax: +1 240 363 05 98,
e-mail: books@russia-on-line.com, www.russia-on-line.com